격동의 세월

(실향 : 이산의 세월)

글쓴이 윤 국 열

圖書出版 修書院

머리말

필자는 일제의 한반도 강점기시절 대한의 독립 및 광복을 위해 민족주의 애국자들이 상해에서 임시정부를 수립하고 일제의 탄압을 피해 임시청사를 상해로 부터 중국 곳곳으로 옮겨 다니며 일제와 맞서 대항해 왔으나 임정 등이 주관한 독립, 광복군이 일제의 항복을 받는 전쟁에 직접 참전하지 못한채 미군과 뒤늦게 참전한 소련군에 의해 1945년 8월 15일, 36여 년의 일본식민지에서 광복을 맞았으나 임정의 지위를 무시 당한채 미·소가 한반도를 38도선으로 경계를 분할 점유하며 군정을 행하다가 남·북한이 민주·사회주의 체제로 각각 정부를 수립하면서 남·북 간 민족의 왕래는 물론 혈육의 안부조차 알 수 없는 분단 70여 년의 한맺힌 세월을 보내게 되었음을 비통해 하는 동안에, 북에서 남하한 실향민, 혈족들이 가볼 수 조차 없는 고향산천을 그리워하며, 혈육상봉에 목매여 하던 숱한 사연들이 책으로, 드라마, 영화로 실향민을 포함한 많은 사람들의 심금을 울리기도 했습니다.

필자는 함경남도 단천군에서 파평윤씨 문중의 후손으로 출생한 부친(윤기선)과 같은 향리에서 김해김씨 문중 후손으로 출생한 모친(김춘화)의 혼인을 전후한 구한 말, 일제강점기를 살아오신 증조부, 조부모의 시대상을 시작으로, 남한 땅 서울에 정착해 광복을 맞으며 미군정청 공직생활을 시작한 부친께 며느리인 모친과 작은 손자인 차남을 데려다준 후 북향했던 조부께서 큰 손자인 장남을 데리고 다시 남하하겠다 했으나 남·북 분단의 통금으로 상면하지 못한 사연, 일가친척 하나 없는 남한 땅에서 북에 남겨두고 온 장남과 혈연의 상봉, 고향방문을 학수고대하며 남한 땅에서 출생한 삼·사·오남 등 네 아들을 사회일원의 훌륭한 구성원으로 성장시키면서 굳건한 삶을 사시다가 망향의 한을 안은채 타계하신 두 분의 삶을 재조명하기 위해 세월의 흔적을 찾아 집필하게 되었습니다.

일제의 강점기시절 조선의 독립을 위해서는 조선을 식민지로 강점한 일본을 알아야 한다는 일념으로 일본 와세대대학 법문학부에 입학, 재학시절 관동대지진으로 학업을 포기한채 귀향한 조부께서는 자신이 이루지 못한 강렬한 학구열정을 아들인 부친께 훈육하며, 함남의 척박한 곳에서 경성의 유학도 생각 못한 것을 일본대학으로 유학시킨 사연, 일제의 강제징집 후 초급장교로 조선군 사령부에서 해방을 맞은 부친께서 미군정청 운수부 해사국의 공직생활을 서울에서 시작한 것을 계기로 1947년 2월 혹독한 강추위에도 불구하고 조부께서 며느리인 모친과 손자들인 장·차남을 남한 땅 서울에 데려다 주기 위해 남하를 결심했으나 증조모, 조모의 간곡한 요청에 못이겨 큰손자인 장남을 떼어놓고 며느리인 모친과 작은 손자인 차남만을 대동해 서울로 데려다 주고, 북으로 귀향하신 후 남·북 분단의 통금으로 상봉조차 하지 못한 세월의 비극상…!

부친께서 정착한 서울 충무로의 일본인 기와집(적산가옥)을 불하 받고, 북에서 남하한 모친과 차남뿐 일가친척 하나 없는 남한 땅에서 혈연관계는 없지만 실향의 아픔을 함께하는 고향사람들을 기거시키며 서로간 의지토록 하면서, 남한 땅에서 삼·사남의 출생을 맞고 북괴의 남침으로 험난하고 고단한 피난생활을 수년간 겪은 후 피난지 경남 송정에서 오남의 출생을 맞았다. 서울수복과 함께 상경한 부친은 해운관료의 최고위직인 관리관(1급, 차관보)을 거치며 정부로부터 황조근정훈장을 수상받고, 대학에서 강의, 국회전문위원, 고향인 함남 단천군 명예군수, 파평윤씨대종회 서울 종로·중구 화수회장, 해사보좌인 협회회장, 도선사협회 해사고문직을 수행하던 1989년 1월 타계시 까지 조부모와 장남 등 혈육상봉은 물론 안부조차 알지 못한채 실향의 아픈 세월을 마감하셨고, 모친께서는 북에서 남하한 후 쌀과자 행상을 거치며 토기공장을 세워 재화를 축적, 고향 사람들에게 온갖 온정을 베풀며 생활하고 부친 생존시엔 공직생활로 임했던 모든 것들로 행여 북의 혈육들이 인신피해를 입을까 엄두도 내지 못한 것을 과감하게 안부 정도는 알아야겠다며 슬하의 삼·사남을 독려해 중국 국적의 조선족 동포를 매개체로 동향을 파악, 북의 혈육사진, 안부를 서신으로 접하며 한스러움에 젖었다. 체제는 달라도 남·북한이 UN 동시 가입국이 되었음에도 실향민들은 고향땅 방문, 혈육상봉 및 교류조차 못하고 있는 세상사의 실정을 통분해 하면서 남한 땅의 혈육들이 서울 종로 구기동에 거주하며 화목하게 살아가고 있음을 다행으로 생각하면서 고향땅 북에 두고 온 혈육의 상봉조차 하지 못한채 1998년 5월 망향의 한을 남기고 타계하시기 까지의 세월 이야기를 필자인 사남이 두 분 양친을 주역으로 하여 구한말, 일제강점기를 거쳐 광복의 세월, 북괴 남침의 피난세월, 서울수복 이후 4·19와 5·16군사쿠데타, 유신세월, 5·18민주화운동, 군사독재를 마감한 문민정부를 겪으며 굳건히 살아오신 격동의 세월 시대상을 담으며, 양친께서 전해온 지난 세월의 이야기, 고향어르신, 지인들의 얘기는 물론 해운관계인들을 포함하여 역사적 세월의 기고를 바탕으로 집필에 임했다. 부친께서 고향을, 혈육을 그리워하며 창작한 수필, 시와 함께 기록적 삶의 사진들과 공직생활에서 수상한 상훈 및 임명장 등을 부록에 담아 추모회한에 임하며, 실향민들과 함께하고자 또 하나의 사연을 올립니다.

이 세상 땅 그 어느 곳에서도 유례가 없는 민족교류, 혈육상봉이 차단된 한반도 땅에 고향을, 혈육을 그리워하며 고향산천을 가보지도 못하고 혈육안부는 물론 상봉조차 해보지 못한채 생을 마감하신 실향민과 혈육들의 한맺힌 넋을 위로해 드리고, 전 세계에 이를 알려 실향민, 후손들의 고향방문, 혈육상봉의 길이 하루 빨리 올 수 있기를 기원하며 집필에 도움을 주신 이북오도 함남도민회, 파평윤문 화수회, 한국도선사협회 등 해운단체와 찬조 후원해 주신 김계식, 이성우, 변이규, 안혁원 대표와 오십년지기 모임인 한솔정우회 회원들께 감사드리며 격동의 세월을 출간해주신 도서출판 수서원의 손광춘 대표를 비롯한 임직원 여러분의 노고 또한 치하드립니다.

필자 **윤 국 열** 드림

목 차

〈격동의 세월 주요 인물〉

윤극영 : (尹極英) 1897년 10월 5일 함남 단천군 광천면 출생. 일본 와세다대학 법문학부 재학 중 관동대지진으로 중퇴, 함남 단천군에 보현의 숙(중·고 과정)을 설립운영, 1947년 2월 자부(김춘화), 손자(윤국철)와 동행 남하, 1947년 3월 북으로 귀향 후 남한땅 혈육상봉차단, 1971년 1월 2일 타계.

※ 조선족 중국 동포중재의 북한 인척과 서신 왕래로 확인.

윤기선 : (尹基善) 1918년 6월 26일 함남 단천군 광천면 출생. 일본 동경 전수대 법문학부 재학 중 일제에 의해 강제징집, 일본 공병학교 수료(소위 임관), 조선군 사령부 근무, 경성대(서울대학교 전신) 법학부 졸업, 미군사 영어학교 수료, 서울대 대학원 정치학과, 서울대 행정대학원 1기 졸업, 미군정청 운수부 해사국 관료를 거쳐 건국 후 상공부 해무청 해운국장, 교통부 해운국장, 중앙해난 심판원장(관리관), 국회교체위 전문위원, 함남 단천군 명예군수, 파평윤씨 화수회 종로·중구회장, 신한민주당 당무위원, 한국도선사협회 상임고문, 1989년 1월 8일 망향의 한을 안은채 타계.

김춘화 : (金春花) 1917년 4월 3일 함남 단천군 광천면 출생. 함흥영생중, 함흥고녀 편입 후 중퇴. 1933년 2월 10일 윤기선과 혼인, 1947년 2월 큰아들(국진)을 북에 남겨두고 남하, 남한땅에서 차·삼·사·오남을 보육, 수복표, 일동토기 대표, 국진빌딩 등 부동산 임대사업자, 1998년 5월 21일 망향의 한을 안은채 타계.

1장 구한말의 세월

파평윤씨 문중 유래

고려를 창건한 왕건은 건국에 공을 세운 문·무공신에 대해 성씨를 하사하는 귀족적 범주의 작위를 내렸던 바 당시 문·무를 겸직했던 신달장군께 파평윤(坡平尹)의 성씨를 하사하고 태사부로 임명, 파평윤씨문중의 시조(윤신달)로 대한민국 7대 성씨로까지 번창하게 됨.

고려시대에 여진족을 물리치는 등 혁혁한 공을 세운 윤관 장군은 조정이 문숙공으로 작위를 내렸으며 문숙공의 차남이 계파를 형성한 소이공파가 파평윤씨의 대다수를 이룸.

파평윤문에서 잉어를 먹지 말라고 내려오는 양대설에는, 시조인 윤신달이 탄생할 때 가슴결에 잉어비늘살을 갖고 있었다는 설과, 문숙공 윤관 장군이 여진 오랑캐에 쫓겨 저수지 강가에 이르러 더 이상 필마로 달릴 수 없게 되자 이제 운명을 다했구나 하며 하늘을 쳐다보고 있었는데 잉어들이 하나 둘씩 모여 다리를 놓아 그 강을 건널 수 있었고, 윤관 장군이 강을 건넌 이후엔 오랑캐가 쫓아오지 못하도록 잉어들이 흩어져 구사일생으로 살아 윤문을 지킬 수 있게 되었다는 설로 파평윤문에서는 낚시를 해서 잉어를 잡았다 해도 놓아주어 이를 보은하라 했다는 속설이 이어지고 있음.

조선시대에 왕비를 여러명 배출한 파평윤문은 섭정을 하던 대왕대비

(문정왕후)의 남동생 윤원형이 영의정까지 오르며 그 일족들이 온갖 권세를 누리며 백성을 괴롭혔다 하여 문정왕후 타계 이후 함경도와 제주도 등지로 귀향, 위배의 형벌을 받은 바 함경남도 일대에 파평윤씨 문중의 일부가 정착하며 뿌리를 내렸다는 역사설이 있음.

조선말엽인 1878년 함경남도 단천군 광천면 운천리 189번지에서 파평윤씨 문숙공 소이공파 후손의 장자로 출생한 윤의헌(증조부)은 유년시절인 1884년 12월 갑신정변을 지켜보고, 1889년 삼남지방의 대가뭄으로 함경도 일대의 방곡령 선포로 초목면피 등 쪼들리고 배고픈 기아생활을 겪어내었다. 호서지방에서 시작된 동학농민혁명 초기인 1892년 9월 10일 14세의 나이로 당시 관습적으로 연상의 민며느리를 보는 관행에 따라 3세 연상인 광천면 용전리 76번지 심관일 여식인 심우혁(1875년 11월 28일생)과 혼인한 후 한학을 배워가며 조정등용을 위해 과거시험을 준비 중 1894년 일제가 청일전쟁에서 승리하면서 조선찬탈(1893년 러시아의 시베리아 철도부설 등)을 묵과할 수 없다며 독립협회를 구성하는 양반가 선비들의 움직임이 시작되자, 조정에서는 과거제를 폐지시켜 양반가의 후손들은 조정등용의 길이 막혀버림.

과거시험에 의해 조정에 등용코자했던 길을 접어야했던 윤의헌은 참담한 심경에 방황을 일삼기 일쑤였고 1895년 8월 20일(양력 10월 8일) 명성황후가 일본 낭인들에 의해 시해되고 시신마저 소각되었다는 소식이 전해져 울분을 삼키지 못했고, 1896년 2월 딸이 출생했으나 백일을 넘기지 못하고 사망한 후 1897년 10월 5일 19세의 나이가 되던 해에 아들 윤극영(조부)이 출생함.

세계정세의 혼란 속에 조선이 의지했던 청나라가 서서히 기울어 가고 있어 이를 압사하려는 국제열강들의 움직임을 소문으로 들어가며 척박한 농지의 땅 함남에서의 적응이 힘들어 경성을 찾아가 일자리를 찾아본다며 가출을 반복했으나 부패해진 조정은 백성의 안위에 신경조차 쓰지 못하던 중 1898년 조정이 각종 규합을 하며 조정을 헐뜯는 독립협회를 해산시켜버려 경성에서 더 이상 특별히 할 것은 없겠다 싶어 윤의헌은 향리로 돌아와 정착하며 유·소년을 위해 계속 서당에서 한학을 훈육함.

1901년

1월 22일	영국의 빅토리아여왕 사망
2월 12일	조정은 금본위제의 화폐조례 공포
4월	조정은 주미공사 임명
9월 6일	미국대통령 매킨리 무정부주의자에게 저격 사망
9월 7일	의화단사건(북청사건으로 요약), 강화도 의정서조선 (북청요지점령 4억 5,000만냥 배상)
	조선은 굶주림 구호를 위해 조정에 혜민원 설치
11월 7일	청나라 이홍장 사망
12월 10일	첫 노벨상 시상

1902년

3월	조선 조정은 통신원, 경인간 전화가설 시작
4월	조선 조정은 경의선 철도 기공
5월	일본제일은행이 조선에 은행권을 발행
10월	조선 곳곳에 콜레라가 창궐하여 많은 인명 사망

1903년

8월	러시아가 극동총독부 신설, 조선영토의 39도선 분할을 일본에 제시하며 러시아 동양함대가 인천에

입항
12월 미국의 라이트형제가 최초로 비행 성공

1904년

2월 러시아, 일본 국교 단절, 일본함대가 인천해상에서 러시아함대를 공격 후 인천상륙 입성
2월 22일 조·일 의정서 조선
6월 조선에 세브란스의학 전문학교 설립
8월 20일 친일파 송병준, 이용구 등이 일진회 조직
11월 10일 경부선 철도 완공(1905년 1월 1일 개통)

8월 22일 조선과 일본의 외국인용빙협정을 체결한 후 일본의 상인과 광산업자들이 함남 단천군 일대의 금광, 철광석 채굴권을 얻기 위해 조정을 압박해 채굴권을 취득한 후, 조선인 노동자를 저임금으로 고용하여 상당량의 금을 채굴해가자 단천군 소재 선비들이 일본에게 제공한 금광 등의 채굴권 허가를 취소해 달라며 단천군수 등에 호소했으나 조정 당상관들이 결정한 사항이라며 항변을 받아들이지 않았음. 윤의헌 등 서당교육 훈주들이 조정에 상소까지 올렸으나 답서조차 없어 청·장년층이 모여 광산 앞에서 성토 시위까지 하자, 일본 광산업자들은 일본인 낭인들을 앞세워 폭력을 일삼고 이를 관아에 제기하면 외면해 버리기가 일쑤였음. 조선에 상주한 외국인 선교사를 통해 중재를 요청해도 선교활동에만 주력하고, 조상을 섬기는 유학자들을 배타하며 협력하지 않아 썩어가고 있는 조정의 중신들에 대한 원성이 깊어가기만 함. 많은 단천군민들이 척박한 함남 땅에서의 농사일을 접고 만주로 이주해 가는 동안 윤의헌은 그래도 민족정신은 지켜야 한다는 일념으로 유·소년의 민족성 함양을 위한 훈육에 열정을 다함.

1905년

1월	일본 헌병대가 경성 일원의 경찰권을 장악, 조선 왕궁수비까지 맡음.
6월	조정은 충청, 황해, 평안 3도의 해안 어로권을 일본인에 부여하는 치욕을 감내
7월 1일	일본 제일은행 경성지점을 조선중앙으로 발족
8월 1일	대한매일신보 창간
9월	이용익 보성학원 설립
11월 5일	경의선 철도 개통
11월 9일	일본 특명 전권대사 이등박문 조선 방문
11월 17일	일본, 조선과 을사보호조약 강제 체결
11월 20일	황성신문 사설에 시일야성대곡(장지연) 게재본 정간
12월 20일	일본정부 조선 통감부 이사청관제 공포
12월 22일	청국과 일본이 만주 이권에 관한 조약 조인 (조선은 청나라에 조공을 바쳤던 속국이 아니라 독립된 군주국으로 대한제국으로 고종을 황제로 등극시키고 사실상 통감부가 입법, 사법, 행정, 군 통수권 찬탈 계기)

1906년

2월 1일	조선통감부 설치, 이등박문이 통감으로 부임
5월 19일	항일의병 발원(전판서 민종식 주관, 홍주성 점거)
5월 22일	명신여학교(현 숙명여대) 설립
6월	최익현, 박병찬 등이 순창에서 항일 의병을 일으킴
7월 2일	일본경찰, 경북궁의 경비권을 강취

8월 조선 각급 학교령을 제정, 학제를 개혁, 함남 단천에서 서당을 운영한 윤의헌은 일본이 조선 각급학교령을 제정한 것은 조선의 서당 등 교육방향을 철폐하겠다는 선언으로 받아들여 함남 각지의 훈주들과 함

께 함흥에서 성토를 이어가자 경찰권을 장악한 일본헌병에 의해 체포 구금되었다가 열흘 후에 석방됨. 일본은 조선에 사령부를 설치한 후 9월 진해 영흥만을 일본군항으로 대여해 조정을 압박한 후 압록강, 두만강 삼립협동약관을 체결케하는 사이에 조선인 의병들이 강원, 경북지역에서 계속 일어났고 함남에도 영향을 줌.

11월 30일 이인식의 신소설(혈의 누) 발표로 조선인 감정 폭발

1907년

3월	나인영이 조선 조정의 오적대신을 암살시도하다 실패
5월 22일	조선 조정은 의정부 참정대신에 이완용 임명
6월 15일	고종은 헤이그에서 개최되는 제2의 만국평화회의에 이상설, 이준 등 3인을 친서(을사보호조약 부당)를 보냈으나 직접 회의에 참석할 수 없게된 이준이 분사로 순국함
7월 19일	일본은 고종을 양위시키는 조서를 발표
7월 20일	양위식을 거행하고 순종을 등극시킴

함남 단천에도 고종황제가 일본에 의해 퇴위되었다는 소식을 접하게 되어 수 많은 군민들이 읍내에 모여 성토하기에 이르자, 일본경찰권을 행사한 헌병들에 의해 많은 인사가 체포되어 윤의헌 등 훈주들은 궐기문을 제작·배포하며 성토를 이어가자 체포, 구금되어 옥사를 치룸.

7월 27일	집회, 결사금지의 보안법과 언론탄압의 신문법 선포
7월 31일	조선군 해산조서를 발표한 후 8월 1일 군대 해산 (시위대와 일본군 간 시가전이 벌어져 대대장 박승환 자결함)

8월 31일 일본이 조선의 연호를 "융회"로 개정 원주의 진위대가 일본군과 충돌하며 각지에서 항전

9월 안창호 등이 신민회를 조직

12월 조선 황태자를 강제로 일본이 끌고감

1908년

8월 각급 재판소가 개청

10월 신민회를 조직한 안창호가 청년학우회를 조직

10월 1일 최남선 "소년" 발간(일제가 1911년 2월 폐간)

11월 15일 청나라 서태후 사망

12월 28일 일본이 조선 경제를 독점·착취하기 위해 동양척식(주) 설립, 17개 지점과 52지사 설치

1909년

4월 6일 미국의 "페아리" 북극탐험 성공

7월 6일 일본 조정 각의에서 조선 병합 결정

7월 31일 조선군부 폐지, 궁중에 친위부 설치

9월 콜레라 전 지방에 창궐

9월 4일 청·일간 간도 이권에 관한 협약 조인

10월 26일 안중근이 대동아공영권을 주창한 이등박문을 하얼빈역에서 암살(1910년 3월 26일, 여순감옥에서 사형 순국)

단천군에서도 안중근이 조선통감을 지낸 이등박문을 하얼빈역에서 암살했다는 소식을 전해듣고 조선 찬탈의 원흉암살은 민족정신을 함양한 의거라며 소문을 퍼지게 함.

10월 29일 조선은행 설립(11월 24일 개업)

11월 4일 일진회가 조·일합방을 제창하자 대한협회성토원각사 발족(근대주의 효시)

1910년

2월	황성신문 폐간, 대한국민회가 미국 샌프란시스코에서 발족
6월 24일	조선의 경찰권을 일본정부에 위임
8월 16일	제3대 한국 통감 데라우치 마사타케는 당시 총리대신이었던 이완용을 비밀리에 만나 합병조약안을 제시했음
8월 22일	한일합병조약 조인 (조선의 종말을 고하고 일제가 조선을 식민지화로 굳힌 전문 8개조의 치욕적 망국)

2장 일제 강점기의 세월

일본은 한·일합방 조약 조인을 1910년 8월 29일 발표하고, 세계 각국에 이를 알리며 조선이 식민지화되었음을 선포해 함남 단천의 선비들은 거리로 나와 통곡을 하며 무력한 조선 대신들을 성토함.

9월 30일 조선총독부 관제가 공포된 후 11월 1일 조선총독부에 일본인 무관이 부임한 후 훈령 등에 따라 조선인 관리들을 추방하고 함남 단천군수를 비롯, 각급학교 교장, 경찰서장 등이 일본인으로 임명받아 부임하면서 일본인 상인들 또한 개선장군이 된 듯 물밀 듯이 시장 상권을 장악하고 있어 이를 성토하는 양반가의 선비들이 일제 찬탈을 성토시위하자 무력으로 저지, 구금 체포하고 있어 윤의헌은 외아들인 윤극영에게 나라를 빼앗긴 설움이 무엇인지 깊이있게 느끼고 강인해지지 않으면 약육강식으로 짓밟힘을 뼈저리게 느끼라며 앞으로 국제사회의 모든 정세를 파악해야 한다며 훈육 또한 철저히 시킴.

11월 20일　작가 톨스토이 사망

12월 27일　안명근의 총독암살계획이 탄로(105인 사건, 1912년 6월 윤치호 등 신민회원 기소근원) 만주 유하현에서 신흥강습소 개설(신흥무관학교 전신)

1911년

3월 29일　조선은행법 공포(8월 15일 시행)

4월 17일　조선토지 수용령 공포

함남의 척박한 전·답·임야를 선대로 이어받아온 윤의헌은 토지의 수용령으로 양반가의 모든 토지를 착취코자하는 조선총독부의 훈령에 일방적으로 따를 수 없다며 일본인 단천군수를 독대하여 항의하고, 심씨·염씨·이씨 등으로 집성촌을 이룬 문중 인사들을 규합하여 단식농성에 임하였으나 일정면적 이상의 농지를 양반가의 개인이 보유할 수 없고 소작인을 통해 경작하여 부를 축적한 양반사회는 결코 용납할 수 없는 것이 토지수용령 공포의 이유라며 일정 면적을 제외한 농지는 수용하겠다하여 윤의헌은 일제에 의해 강탈당하는 것보다는 소작인들에게 농지를 배분하는 것이 바람직하겠다 생각되어 일부 농지와 임야만을 보유하고 소작인들에게 배분해 버리자, 단천군수 등 관리들은 편법 이동방식이라며 총독부 훈령에 반기를 드는 것이라며 체포했으나 배분한 것을 소유개념이 아니라고 주장, 소작농민의 소유를 강변하여 풀려남. 일부 면적의 농지와 임야를 갖고 생활하기가 궁핍할 수 밖에 없었지만 달리 방법을 찾을 수가 없었음.

학제개편 등에 따라 일본인 보통학교에 입학을 거부한 유소년을 위해 서당에서 훈육을 계속하며 민족정신 함양을 더욱 주장함.

11월 1일 압록강 철교 개통
12월 16일 청국 혁명군 남경에서 (가)정부수립
(12월 29일 임시 중화민국 대통령 손문 당선)

1912년

1월 1일 청국이 중화민국으로 국명을 개칭, 러시아는 사회민주노동당 결성
3월 18일 조선은 재판소 조직을 지방, 복심 고등법원의 3급 3심제로 제정

8월 13일　토지조사령을 공포하고 동양척식(주)가 구축되어 양반계층의 지주권을 식민지적 지주계층으로 개편, 무지주, 무신고 토지의 국유화, 통치기구의 재정, 조세확보차원 형성, 자유노동자로 농민이 권리를 상실하고 영세소작인을 화전민으로 전락케 함. 조선총독부는 전국 토지의 40%에 해당하는 전답과 임야를 차지하는 대지주가 되어버림.

10월 17일　발칸전쟁 발발

1913년

2월 10일 윤의헌은 외아들 윤극영이 17세의 나이에 매파를 통해 단천군 남두일면 신평리 107번지 양반가 안동김씨 김경회의 여식인 5세 연상 22세의 김상화와 혼인시킴. 당시 윤극영은 보통학교를 월반하여 졸업 후 함흥에 소재한 영생학원(현 중·고 과정)을 재학하고 있었고, 혼인 결정에 따라 단천군에 내려와 한 주간 머물다가 함흥으로 돌아감. 김상화는 시모인 심우혁께 신랑을 따라 함흥으로 이주시켜 달라 애원하 듯 매달렸지만 심우혁은 외아들인 윤극영이 학업을 위해 함흥에 가있는 것인데 아낙네가 공부 방해되게 따라갈 사항이 아니라며 농사일을 도우며 생활하길 촉구, 고부 간의 갈등이 심하게 생기기 시작, 윤극영은 방학 때 향리에 오래 머물지 않고 며칠씩 머물다가는 경성 등지로 돌아다니며 많은 것을 보고 익혀야 한다며 집안일 등에 관심을 갖지 않아 김상화는 속상해하며 양반가문의 여식을 이렇게 대하느냐며 수차 시어머니인 심우혁과 언쟁을 일삼고 항변함.

5월 13일　안창호가 미국 로스엔젤레스에서 홍사단 발족

10월　6일　중화민국 1기 대통령 선출

1914년

3월 22일	호남선 철도 개통
6월 28일	오스트리아 황태자부부, 사라예보에서 세르비아인에 피살, 제1차 세계대전 원인
7월 8일	세계 1차 대전
8월	경원선 철도 개통 독일, 러시아가 선전포고. 영국, 독일에 선전포고 미국은 장외 중립을 선언

함흥에 기거한 윤극영은 장남 윤기준 출생 소식을 듣고 향리에 들러 일시 생활하다 아들 보육을 잘하라며 김상화께 부탁한 후 함흥으로 돌아감.

1915년

4월	경신학교 대학부 개설(1917년 연희전문학교 전신)
9월	경복궁에서 조선물산 공진회 개막
12월 25일	중국에 제3혁명(운남독립운동)

윤극영은 방학기간에 향리로 돌아와 생활하며 부친인 윤의헌의 서당 훈육은 유학을 중심으로 이루어져 세계정세의 발빠른 변화를 쫓아가지 못하고 있다고 하면서 일제강점기에 독립해야할 민족적 정신을 구축하기 위해 혁신적 변화를 만들어야 한다고 의견들을 제시하며 열띤 토론을 계속함.

1916년

4월 1일	전문학교 관제 공표
5월 31일	영·독 북해 대해전

8월 27일 이태리, 독일에 선전포고
8월 29일 미국이 필리핀 자치를 허용
11월 5일 아인슈타인 상대성이론 발표
12월 16일 조선총독 새로 부임

1917년

3월 12일 러시아 2월혁명
9월 박용만 뉴욕 세계약소민족 대표회의 참석
9월 10일 손문, 관동에서 군정부 조직(남·북정부의 대립)
10월 7일 한강 인도교 준공
11월 7일 러시아 10월혁명(소비에트정부수립 레닌수상)
12월 5일 러·독·오스트리아·터키 휴전조약

1918년

2월 조선총독부가 전국 각지에서 유학을 바탕으로 운영되고 있는 서당에 대해 규칙을 제정하면서 조선민족성의 말살을 계획하고 있어 윤의헌은 서당마저 잠정적으로 폐지시키려는 의도에 분노하고, 조선의 오랜 세월 뿌리로 각인된 성씨마저 개명을 유도하고 단발을 강요하는 것에 항거함.

6월 26일 윤극영의 차남 윤기선이 함남 단천군 광천면 운천리 고옥에서 출생. 윤극영은 함흥의 영생학원을 수료한 후 경성 등을 오가며 민족 함양 운동을 모색하기 시작함.

10월 1일 조선 식산은행 설립
11월 11일 연합국 대독휴전조약(세계 1차대전 종결)
11월 동삼성의 독립지사 여준 등 39명 조선독립선언서 발표

1919년

1월 22일	고종황제 서거(3·3 국장)
2월 8일	동경유학생 800여 명이 독립운동을 모의해 일본이 이들을 수배 시작함. 재미부인회(조선부인회) 윌슨 미대통령에 독립청원
2월	김동인 동경에서 "창조" 출간
3월 1일	민족대표 33인 파고다공원에서 독립선언서 발표, 전국 각지에서 태극기 들고 시가지 시위

함남 단천읍에서도 독립선언서가 발표되었음을 알고 3월 10일 시가지에서 만세운동을 펼치다 윤의헌이 운영하는 서당의 학생 상당수가 일본경찰에 검거되어 훈장의 지시여부 등을 문책, 윤의헌을 강제 연행하여 구금함. 윤극영은 당시 경성에서 3·1운동 독립선언서 발표를 지켜보며 세계 정세를 살피는 움직임을 가속화함.

3월 17일	상해에서 대한민국 임시정부 수립 (4월 11일 임시헌장 10개조 발표. 이승만, 김구, 이시영, 김규식 중심) 만주유하현에서 대한독립단 발족, 북간도에서 한교 자치기관으로 국민회 조직
3월 23일	이태리 무소리니가 파시스트 결성
4월 1일	일본은 용산에 20사단 사령부 개설
5월 3일	만주 통화현에서 신흥학교 개교(1920년 5월 신흥무관학교 개편). 김규식, 임정 대표로 파리평화회의에 독립청원
5월 4일	산동문제로 북경서 반일운동 발발
6월 28일	베르사이유 강화조약(국제연맹규약, 국제노동협약 체결)
7월 10일	미국 캘리포니아 대한여자애국단 조직

윤극영은 상해에 임시정부가 수립되었음을 알고 경성에서 단천으로 돌아와 장남(윤기준, 당시 6세), 차남(윤기선, 당시 2세)을 양친인 윤의헌, 심우혁과 부인 김상화에 잘 보육토록 부탁하고, 사촌인 윤성영, 윤하영 형제들에게도 부탁한 후 상해 임정을 찾아가 자신이 할 수 있는 일을 맡겨 달라 하였으나, 학업을 더하고 후일 임정에 도움되는 일을 해달라하여 윤극영은 임정요인의 추천장을 받아 만주(당시 용정) 용정고보(중·고 과정)에 편입, 재학하며 다시금 객지생활을 함.

8월 1일	독일 바이마르헌법 제정
8월 21일	상해 임정, 기관지 "독립신문" 창간 서일, 김좌진 등 북간도서 군정부 조직(12월 북로군 정서 개편)
9월 2일	강우규 서울역에서 신임조선총독에 포탄 투탄했으나 살해 미수
9월 11일	상해 임정, 임시헌법제정 (1927년 개정, 임시대통령 이승만)
11월 9일	김원봉, 길림성에서 의열단 조직

1920년

1월	임정은 안창호, 여운형, 한계식을 모스크바에 특파 (소련정부 임정에 100루블 기증)
2월	만주 관도현에서 광복군 사령부 발족
3월 1일	배화, 배재학당 독립만세운동
3월 5일	조선일보 창간
4월 1일	동아일보 창간
6월	월간지 "계란" 창간 북간도국민회 소속 독립군(총사령 : 홍범도) 임창현 봉오동에서 일본군 대부대 격파(봉오동전투)

7월 31일	조선체육회 발족(월간지 "폐허" 창간)
8월 24일	미국 상하양원의원 38명 내한시 조선인 만세운동, 문일민(청년단연합회) 평남 경찰부 폭탄투하
9월 5일	조선일보 사설 필화(총독정치 비난 12월 26일 정간)
9월 14일	의열단 박재혁 부산경찰서 폭탄투하(경찰서장 즉사)
9월 26일	동아일보 정간(일본 3종신기 비방)
10월 20일	김좌진, 이범석 등의 북로군·정서군 청산리에서 일본 대부대를 섬멸(청산리 전투)
10월 30일	3·1독립선언 민족대표 실형언도(손병희 등 7명 3년형, 최남선 등 4명 2년 6월형)

1921년

2월 윤극영은 만주 용정고보의 졸업장을 받고 고향인 단천에 들러 부친 윤의헌 등 가족들에게 일본으로 건너가 학문을 더 학습하고 돌아오겠다며 양해말씀을 올리자, 일본에서의 생활비와 학비 등을 어떻게 마련할 것이냐를 걱정하며 일시적으로 움직일 자금을 대줄뿐 스스로 벌어서 움직여야 한다고 해 염려하지 말 것을 당부하고, 부인 김상화께는 오랜 세월을 떨어져 외롭게 만들고 있음을 미안해하면서 어떻게든 조선의 독립을 위해 조선을 식민지로 만든 일본을 깊이 알지 않고는 답이 나오지 않는다며 미국, 중국 등지에서 독립을 위해 움직이는 독립열사 가족들이 힘겨운 생활을 하고 있음을 공감하여 아이들 보육을 철저히 해달라며 3월초 일본으로 건너감.

동경제국대학 입학을 청했으나 원만히 되지 않아 사립대학인 동경와세다대학 법문학부에 입학함.

일본인 대학생들 상당수가 조선인을 무시하고 냉대했지만 일부 학생들은 나라잃은 식민지의 민족일지라도 나름의 민족정신을 갖고 학구열이 불타있음을 찬사하며 지지해 대학부근의 자취생활 방을 구해 낮에는 학교수업에, 야간에는 인력거 등을 몰며 학비와 생활비를 벌어 생활함.

5월 1일 중국 광동정부 수립(대통령 : 손문 취임)
6월 28일 흑하사변 발발(소련의 무장해제에 불응한 흑룡강 자유시 한국독립단부대 급습사건)
7월 1일 중국공산당 결성
9월 12일 의열단원 김익상, 총독부에 폭탄투하. 임정은 미국의 태평양회의에 서재필, 이승만 파견
10월 9일 대동강 가교공사 기공
11월 12일 워싱턴에서 군축회의 개최
12월 1일 조선은 우측통행(1906년 실시)을 좌측통행으로 변경
12월 3일 임경직 주관의 조선어연구회 발족(이후 조선어학회 개편, 후일 46년 2월 한글학회 개편)
윤백남의 최초 극영화 "월하의 맹세" 제작

1922년

2월 월간 문예지 "백조" 창간
3월 28일 철혈단원 김익상, 상해 황천만에서 일본군 대장 등에 포탄 투척했으나 살해 미수
6월 1일 조선 미술전람회 개최
7월 일본신학서 한국인 노동자 100명 학살
12월 이병훈·염상섭이 문인회 결성, 윤백남 토월회 조직

12월 22일 관동대지진(동경대지진)이 있자 일본은 사회혼란의 참혹상을 해소하기 위한 일환으로 조선 밀항인들이 우물에 독극물을 투입했다는 루머를 퍼트리며 일본에 거주하는 조선인 상인은 물론 유학생을

무차별적으로 체포, 구금 내지는 저항하는 조선인을 살인하고 조선인을 추방, 말살운동을 극대화하자 일본에 유학 중인 윤극영 또한 피신을 계속하면서 당시 여러 도움을 주었던 일본인 대학생 숙소에서 며칠 머물면서 상의를 거듭한 끝에 학업을 계속할 수 없겠다는 결심이 들어 대학당국에 2년 수료의 증명을 받아 미국으로 밀항을 생각했으나 대학 당국이 증명발급을 해주지 않아 홀연 단신으로 미국으로 가서 학업생활을 유지하는 것이 여의치 않을 것 같아 일본인 대학생 친지들의 도움을 받아 밀항으로 조선 땅에 귀향.

12월 30일　소비에트 사회주의 공화국 연방설립

1923년

1월 12일 김상옥이 종로서에 폭탄투하로 조선인들의 공모자를 수배하는 속에 2월 윤극영은 밀항선을 이용하여 부산을 거쳐 경성으로 돌아온 후 이제 무엇을 해야 할까를 고심하며 지인들을 만나 협의 끝에 민족정신 함양을 위해 학교를 설립해 훈육하는 것이 최우선 사항이라는 생각을 갖고 단천군 향리로 돌아옴.

3월 14일　의열단원 김시현 등이 항일 투쟁용 폭탄을 밀수한 사건으로 피랍

윤극영은 일제의 교육편성 방식이 소학교는 보통학교로 각 면단위로 설치하고, 일제의 내선일체 방식으로 한글을 배타하고 일어를 사용케 하는 상황을 지켜보며, 부친 윤의헌이 조선총독부의 압박 통제 속에서도 계속 서당을 유지하여 한학을 가르치며 훈육하고 있는 것에 대해 일본은 일찍이 국제사회와의 교류를 갖기 위해 문호를 개방했음에도 조

선은 쇄국정책을 유지해 결국은 서구 열강들에 의해 강탈지로 전락되고, 끝내 일본의 식민지가 되었음은 후세대들이 선대의 인사들을 얼마나 비난할 것인지 깊이 생각해야하는 사항이라며 조선의 독립국을 위해 상해 임시정부와 독립군 형성에 발맞추기 위해 신학문을 갖고 후학들을 훈육함이 절대적으로 필요함을 읍소함. 보통학교를 졸업 후 사실상 진학의 길이 막혀 있는 학생들을 위해 중학과정의 민족정기를 살리는 학교 설립이 필요하다며 함흥, 흥남 등을 전전해 움직이며 도청에 사립중학과정의 설립인가를 신청했으나 이런 저런 이유를 내세우며 인가를 기피해 인가등록이 필요없는 전수학교의 중학과정인 "보현의 숙" 간판을 걸고 단천읍 유지가 제공하는 100여 평의 터에 개소하고, 보통학교를 졸업한 학생의 부모를 동분서주 방문하여 입학토록 행하고, 전문학교 과정을 마친 청년들을 부목(선생)으로 임명, 교육에 임하게 하면서 수시로 경성 등을 오가며 지인들을 만나 재원을 마련함.

일제 순사들은 "보현의 숙"이 제대로 인가받지 않은 중학과정의 교습소라는 이유로 수시로 윤극영을 소환해 왜 일본어를 국어과목으로 가르치지 않고 조선의 역사에 치중하고 있는가를 따져 물으며 온갖 핍박을 가하여 폐쇄시키려 했으나 이를 단호히 거부하고 중학과정(현재 중·고 통합과정)을 계속함.

당시 향리에는 장남인 윤기준이 9세로 광천보통학교에 재학 중이었고 차남인 윤기선은 5세로 집안 마당 뜰에서 동네 아이들과 놀다가 형이 하교하면 함께 어울리며 집안일도 도와주는 우애 깊은 사이로 지내고 있었음.

7월 14일　천도교는 고려 혁명위원회를 조직
9월 2일　동경 경시청 일왕 암살을 꾀한 박열이 검거

11월 30일　평북도청이 의주에서 신의주로 이전

1924년

1월 21일　소련의 레닌 사망
2월　3일　미국의 윌슨 대통령 사망
3월 31일　시대일보 창간(1926년 폐간됨)
5월　2일　조선의 경성제국대학교 관제공포(1926년 4월 의학부, 법문학부 개설)
10월　월간지 "조선문단" 창간

11월 함남지방에 돌림 전염병이 확산, 각 마을 가옥마다 환자가 속출되는 가운데 윤극영의 장남 윤기준이 보통학교 4학년 재학 중인 10세에 학교에서 전염된 듯 시름시름 앓아 누워있다가 병세가 회복되지 않고 사망함.

당시 윤극영은 경성에 머물며 지인들을 만나 조선독립을 염원하며 움직이고 있어서 장남이 돌림 전염병으로 사망한 사실을 알지 못해 부친인 윤의헌 등 어른들이 장례를 치루고 통곡에 휩싸인 가운데, 윤극영이 단천읍내에 돌아와 소식을 접하고 향리에 도착, 부인 김상화의 모진 험담과 통곡에 제대로 슬퍼할 겨를도 없이 난감스러움에 처했고, 형의 유고로 함께해준 혈육이 없어 실의에 빠진 차남 윤기선을 어루만지며 어쩔 수 없는 운명을 받아들이고 더욱 굳건하게 성장해 주기를 당부함.

1925년

2월　소련은 트로츠키가 실각하고 스탈린이 집권
3월 2일　손문 사망
3월 3일　조선총독부 철도국 신설, 남만주철도 운영 위탁해제

4월 윤극영의 차남 윤기선이 만 7세로 광천보통학교 입학

4월 17일	조봉암, 조선공산당을 조직
4월	이화여자전문학교 설립(1887년 창립한 이화학당의 후신)
10월 25일	조선 경성운동장 개장

1926년

1월 8일	조선총독부 새청사로 이전
4월 26일	순종황제 서거
4월 28일	송학선, 창덕궁 금호문 앞에서 총독을 시해하려 했으나 미수(금호문 사건)
6월 10일	순종 국장일을 계기로 6·10만세사건

윤극영의 장녀 윤기숙이 출생해 오랜만에 아이의 울음소리를 듣게 되었다며 자축하고 있는데 모친 심우혁은 윤문의 대를 이어갈 손자들이 기대한 것에 미치지 못한다며 자부인 김상화를 못마땅하게 여기며 핀잔을 주고 냉대함.

11월 15일	중외일보 창간
11월 30일	경성 방송국 창립
	극영화 "아리랑"(나운규 감독) 상영
12월 28일	의열단원 라석린, 조선은행, 동양척식(주) 폭탄투하

1927년

3월	중국 국민혁명군 상해, 남경 점령
5월 21일	미국 린드버그대위, 대서양 무착륙비행 성공

5월 28일　일본, 중국 산동에 출병
12월 20일　조선총독에 일본군 대장 임명 부임

1928년

5월 3일　중국 장개석의 북벌군이 일본군과 충돌, 재남사건 발생
6월 3일　장작림 공산주의자 북평철거 후 일본 관동군열차 폭파로 폭사함.

9월 1일 함경선 철도가 개통되면서 함남 단천읍, 광천역이 생기고 철도이용이 가능해져 그간 버스 등으로 이동하던 왕래 상황이 변화하기 시작해 상인들과 어촌의 어민들이 원활하게 수산물을 각지에 공급이 활성화됨.

윤극영의 차녀 윤기난이 출생하자 심우혁은 자부인 김상화에게 또 딸을 낳았느냐며 냉대하고, 윤문의 혈손이 번창해야 하는데 "간나"(이북 사투리의 딸을 칭함)들만 줄줄이 낳으면 집안 부흥은 어찌할 것이냐며 항상 양반가문의 안동김씨임을 주장하면서 파평 윤문의 양반가를 유지할 생각을 갖지 않느냐며 심하게 타박해 고부 간의 갈등이 심화되었으나 윤극영은 모친께 그것이 사람의 힘으로 되는 것이 아님을 잘 아시면서 며느리를 좀더 따뜻하게 안아주시라고 읍소하자, 심우혁은 손자인 윤기선을 제대로 혼인시키는데 역량을 모으라 함.

10월 8일　중국 장개석 국민정부 주석 취임

1929년

4월 1일　여의도와 울산에 비행장 개장

11월 3일　식민지 차별교육 반대
일본 타도의 광주학생운동 발발
12월　김좌진 장군 중국 영안현서 한족자치연합회를 조직했으나 피살됨.
세계 경제공황으로 뉴욕주가 폭락(10월 24일)

1930년

1월 25일　상해에서 이동영, 이시영, 김구 등이 한국 독립당 결성
5월 30일　간도에서 항일 무장 폭동
7월 13일　조선 전국에 큰 수해(사상자 2,657명)

함남 단천군민들 다수가 일본인들 주도의 삼림조합을 반대하며 군청, 경찰서를 습격하자, 도청관하에서 출동한 일본경찰은 "보현의 숙"을 운영하는 윤극영이 이를 사주하는 등 주동했다며 구속 수감시킴. 30일 후에 구금해제 석방함.

1931년

7월 2일　만주 황보산 삼성루에서 수전개간공사로 한·중 농민간 충돌, 각처에서 보복습격사건 발생
6월 18일　만주사변으로 만주거주 한국인 384명 사망, 이재민 19,304명
10월 18일　발명왕 에디슨 사망
상해 배일운동 폭동으로 일본 육전대 상륙
11월 1일　월간지 "신동아" 출간
11월 7일　중국 소비에트 임시정부 수립(모택동 주석)

1932년

1월 8일 애국단원 이봉창, 동경루전문 밖에서 일왕에 포탄투하했으나 미수로 구금됨.

1월 28일 상해사변 발생

2월 윤기선이 광천보통학교 졸업 후 함흥의 혜령상업학교에 응시했으나 일본인들 위주의 선발에 낙방하여 부친 윤극영 운영의 "보현의숙"에서 중학과정 수업을 받음.

3월 1일 만주국 독립선언(일본이 앞장서 청국의 선통폐지 후 마지막 황제인 푸이를 집정시킴)

4월 29일 애국단원 윤봉길, 홍구공원에서 일왕생일 경축식장에 포탄투하, 일본 육군대장을 즉사시킴(일본군에 의해 체포 후 12월 19일 처형).

7월 21일 독일 총선거에서 나치스당 승리(히틀러)

12월 13일 윤의헌이 54세의 나이로 타계하자 함남 각처의 선비들과 양반가의 훈장 등 많은 인사들이 애통해하며 문상하고, 일본인 단천군수가 문상 오는 것을 가로막는 유학자들의 시위까지 있었으나 윤극영은 이를 제지하며, 민족은 달라도 문상온 인사를 박대하는 것은 동방예의를 지켜온 우리 민족으로서는 있어서는 안되는 일이라며 문상을 허락하고 당시 관습대로 만장을 앞세워 장의를 모시고, 사촌형제인 윤성영, 윤하영 등과 함께 아들 윤기선, 딸 윤기숙·윤기란을 보듬어 안고 조선의 독립을 염원하며 일상을 충실히 하라 함.

윤극영은 상해 임정요인으로부터 윤봉길 의사가 12월 19일 처형당했다는 사실을 전해 듣고, 독립을 염원하는 많은 애국지사들이 각지에서 헌신을 행하고 있는데 그 어떤 역할도 하지 못하고 있음을 탄식하면서 만주에서 태어나 생활했던 유석창(후일 건국대 설립자) 등을 만나 시국에 대한 얘기를 수 없이 나누고, 단천에 들리게 되면 찾아와 달라하여 수차 단천을 고향처럼 느낀다며 담소를 나누며 각지에서 애국을 향해, 독립을 위해 의병으로 무장하여 투쟁하는 것은 당연히 필요하지만 후학을 민족정신 함양으로 육성하는 것은 당대의 지식인들이 해야 하는 일로 고등교육의 중요성을 심도있게 논의함. 항상 따뜻하게 맞이해 주는 윤극영을 향해 만주에서 태어나 생활했지만 단천을 고향으로 생각하고 경성에서 할 일을 찾아보겠다 함.

1933년

1월 30일	독일 히틀러 내각성립
2월	이승만 국제연맹에 임정의 한국대표로 참석, 일제의 만주침략 공박

1월 윤극영의 사촌인 윤성영은 윤기선의 혼사를 자청하여 단천군 광천면 동향의 김해김씨 김한록의 장녀 김춘화가 총기가 밝으며 성품이 곧은 것으로 단천군내에 잘 알려져 있었음. 함흥에서 영생중학 재학 중 함흥고녀(중·고 과정)에 편입학하여 4월에 개학을 앞둔 것을 인지하고, 부농집안 어른인 김한록을 찾아가 사촌형인 윤극영이 일본 와세다대학까지 다녔고, 민족성이 강한 파평윤씨 가문의 장자로 “보현의 숙”까지 설립하여 후학 양성에 힘쓰고 있으므로 양가문이 혼사를 맺으면 더 이상 바람직한 일 아니냐며 혼인을 결정해 주길 청함. 결혼을 결정해 주시면 규수의 함흥고녀 편입학 수학을 위해 윤기선과 함께 함흥으로 이주시켜 학업생활을 계속 지원할 수 있을 것이라며 몇 차례 매달려 혼인승

낙을 받기 위해 힘을 씀.

김한록은 윤극영이 샛골 어른으로 칭송받고 있는 사실을 잘 알고 있어 장녀인 김춘화를 불러 혼사 의사를 전하자, 김춘화는 신학문을 배우겠다고 함흥고녀까지 편입해 놓은 지금 혼인이 중요하지 않음을 이유로 혼사를 미루어 주길 청했음. 당시 일본은 조선 여자들을 강제로 모집·동원하는 사례가 수 없이 발생해 편치않은 마음도 있고, 계속 외지인 함흥에 혼자 보낼 수 없다고 판단되어 혼사를 결정하려 하자, 김한록의 장남인 김진만(김춘화의 오빠)이 과거엔 많은 농지를 갖고 있던 집안이긴 하지만 일제가 구획정리 차원에서 많은 농지, 임야를 가져가 협소한 농지에 시중들어줄 사람도 없을텐데 어떻게 결혼시켜 고생시키려 하느냐며 반대함. 윤극영 어른에 대한 칭송은 있지만 소문을 들으면 신랑될 윤기선이 함흥의 혜령상업학교 시험에 응시했으나 낙방한 점도 있어 심사숙고를 부탁했지만 김한록은 모든 것은 자기 할 노릇이라며 혼사를 결정, 윤극영의 사촌인 윤성영에게 사주단자를 보내라며 혼인을 수락함.

윤극영은 사촌동생 윤성영으로 부터 이같은 사실을 전해듣고 빈곤한 살림에 부농의 집안에서 자란 김춘화가 제대로 생활을 안식해 갈 수 있을지 걱정하며 아들인 윤기선에게 어떻게든 함흥의 혜령상업학교에 합격해 함흥에서의 생활을 조성해 주겠다고 독려함.

김춘화는 김한록과 김순녀의 육남매 중 오빠인 김진만 다음의 장녀로 밑으로 남동생 세 명과 여동생 한 명이 있는 부농집안에서 소작인의 여식으로부터 시중을 받고 성장하며 큰 아씨로 호칭받고, 함흥 영생학교 재학시절 함흥의 주택에서 생활하며 방학이나 주말엔 귀경해 신학문을 배우겠다는 일념으로 움직였는데, 한 동네에서 협소한 농지를 일

구는 농민의 여식이 김춘화를 보면 따라다니며 언니라고 호칭하면 소작인 여식이 시중들며 동행하다 언니라고 부르는 아이를 혼내면서 길에서 보게되면 아씨라고 호칭하라며 구박해 김춘화는 그렇게 하지 말라며 언니호칭이 좋다고까지 함.

중재에 임했던 윤성영은 사촌형인 윤극영께 매파를 통해 사주단자를 김한록의 집으로 보낸 후 2월 10일을 혼인날짜로 잡자 신랑인 윤기선은 쪼랑말을 타고 신부 집으로 향해가는 길목마다 동네 아낙네들이 킥킥 웃고 하는 것을 보고 쑥스러워하며 제대로 고개도 들지 못한채 신부댁의 넓은 마당에 들어가 혼례식을 치룸.

사흘 후 꽃가마를 타고 혼수물을 등에 맨 여러명의 소작인들과 신랑집에 도착한 신부 김춘화는 "보현의 숙" 분원의 간판이 걸린 기와집(넓은 마루채) 한 채와 사랑채를 비롯한 살림할 곳이 초가삼간으로 되어 있어 자신이 살아왔던 생활 환경과는 너무도 다른 궁핍함이 보여 몇 날 며칠을 집으로 돌아가고 싶다는 상념에 젖어 우울해 하면서 함흥에 이주해 살면 되겠지 하며 4월의 개학시기를 기다리고 있던 중 시어머니인 김상화가 자신이 안동김씨 양반가의 후손이라며 김해김씨 문중의 며느리 집안이 농지가 많고 부자였는지 모르지만 출가외인은 출가한 후 시댁에서 모든 삶을 함께 해야하는 것이라 함. 친정 생각은 버리라며 부엌일부터 시키려하자 시할머니인 심우혁이 시어머니 김상화를 질타하고, 모든 것을 천천히 해야 한다며 새댁을 편케 해주라하여 부엌에 얼씬거리지 못하게 해 보이지 않는 갈등이 생김.

당시 16세인 신랑 윤기선과 17세인 연상의 신부 김춘화는 별채의 초가삼간에서 머물며 신랑 윤기선의 함흥소재 혜령상업학교 편입시험을 준비하는 것을 도와주었는데, 공부하기를 게을리하고 있다가 부친인 윤극영이 갑자기 들이닥치면 책을 거꾸로 들고 공부하는척 하다가 야단맞기가 일쑤였던 상황에 편입시험에 낙방해 김춘화는 친정집을 방문해 혼자서라도 함흥에 가서 함흥고녀에서 공부를 계속할 뜻을 비추며 생활거처를 마련해 달라 청했으나 친정아버지 김한록은 시댁에서의 결정사항에 따르라며 출가외인임을 당부함.

시아버지인 윤극영은 자부인 김춘화가 아들 윤기선의 함흥소재 혜령상업학교 편입시험에 낙방한 것에 심한 우울증에 젖어 있음을 알고 자부인 김춘화에게 혼자 함흥으로 보낼 상황이 아니므로 1년간 함흥고녀의 입학을 유예하고 "보현의 숙" 중·고 통합과정을 수시로 수강받고 신랑 윤기선의 학업증진에 힘써 달라고 함. 이미 출가한 상황에서 친정집에서도 출가외인 취급하며 시댁결정에 따르라하니 어쩔 도리가 없어 어린시누이(기숙, 기난)들과 놀아주고 틈틈이 농사일을 거들면서 혼사를 허락한 친정아버지 김한록에 대해 원망도 함.

신랑 윤기선이 학업증진을 태만히 하고 있을 때는 역정을 내며 공부하기가 싫으면 밭에 나가 농사일이나 하라며 공부에 진력하길 다그치기가 일쑤였음.

8월 19일	독일 히틀러가 헌법개정 총통에 취임
9월 18일	소련 국제연맹에 가입
11월 1일	부산~장흥간 직통열차 운행개시

1934년

2월 윤기선이 재차 함흥의 혜령상업학교 편입시험에 응시했으나 낙방하자, 윤극영은 만주에 있는 동원중학을 방문하여 친분을 갖고 있던 교장선생 등과 논담을 갖고 편입학을 협의, 수락받고 향리로 돌아와 아들인 윤기선에게 만주에 가서 학업을 철저히 하겠다는 굳건한 다짐을 받고, 자부인 김춘화에게는 함흥으로의 이주를 접고 만주로 가서 함께 생활할 것을 하문하자, 이국땅인 만주로 갈 생각은 없으며 부모님 모시면서 어린 시누이들을 보살피고, 신학문을 익혀보려고 함흥고녀에 입학했던 모든 것을 접어버리겠다 하여 윤극영은 너무도 미안하고 염치없게 된 것을 마음아파하며 자부의 생각이 너무도 고맙다하고 아들인 윤기선에게 짐을 꾸리게한 후 동행하여 만주 동원중학에 입학·편입시키고 하숙 겸 자취할 수 있는 주거지를 마련해 주고 국제정세의 흐름을 살리며 학업정진을 당부하고 귀향. 김춘화는 시모인 김상화로 부터 자신은 안동김씨 양반가문에서 자랐는데 자부인 김춘화는 김해김씨 가문으로 평민이나 다를 바 없는 집안에서 농지를 많이 갖고 있다 해서 양반이 되는 것은 아니라 하자, 김춘화는 김해김씨의 본은 김수로 왕의 근본에 있었던 왕가의 가문이었기에 양반, 평민을 가릴 것도 없다며 지금 조선이 망해 일제강점기하에 있는 판에 양반 운운해서 무엇하겠느냐며 어차피 파평윤씨 문중에 입문한 이상 자손을 번창케 함은 물론 지아비인 남편을 위상에 맞게 잘 내조하기 위해 어떻게든 금전적, 물질적 부를 축적하는 방법뿐이 없다며 시모와의 갈등을 제어함. 친정집에서 호사하며 지냈던 모든 생활을 내려놓고 조그만 임야와 밭을 제대로 일궈보겠다 하여 시조모와 시모가 나름대로 기특하다며 다독거림.

김춘화는 임야에 담배농사를 하고 밭에 있는 옥수수는 베어 버리고 감자를 심고, 모래땅에는 메밀과 땅콩을 재배함. 처음에 농사하는 일이 쉽지 않아 친정집에서 소작했던 농부와 일꾼들의 보조를 받기도 했으나 친정아버지는 재차 출가외인이 친정집 관련 사람들을 불러 쓰지 말라하여 이후 배타함. 큰 시누이를 데리고 농사일에 매달렸지만 좀체로 수익이 발생되지 않아 단천군청에 담배 경작허가 면적을 늘려가며 수익을 올려 논이 아닌 임야와 밭을 늘려가기 시작함. 김춘화가 36년까지 늘린 임야, 밭은 3,000평에 이름. 만주 동원중학에 재학 중 방학 때 고향을 방문한 윤기선께는 농사일에는 신경쓰지 말고 시부 윤극영의 '보현의 숙'에서 조교식으로 도움을 드리면서 만주에서 계속 학업할 사항이 아니라 조선독립을 위해서는 일본을 알아야 한다는 시부의 생각을 명심해 시간을 헛되게 보내지 말 것을 당부하면서 공부하기 좋아하는 사람이 많지 않지만 그래도 공부하는 것이 그 어떤 것보다 편하다고 얘기함.

1935년

3월 16일	독일, 베르사이유 조약파기 선언(군비 증강 단행)
7월	중국 남경에서 5개 분산정당이 민족혁명당 통합
11월 15일	필리핀 공화국 성립

1936년

2월 윤기선은 고향 단천에서 면면을 가졌던 김창락이 자동차 운전수 조수로 일하던 사항을 만주에서 마주하게 되어 기뻐하며 논담을 가진 상황에서 김창락은 단천을 떠나 만주로 가게된 것은 소작인 자식으로 농사일에 매달려 그 어떤 보람도 가질 수 없어 자동차 운전수가 모든 것에 대접받고 있는 실정에서 넓은 땅 만주에서 자동차 운전수로 생활하고 싶어 왔다고 함. 운전을 하려면 조수생활을 해야되므로 운전수 밑에서 온갖 욕설에 때로는 매를 맞으며 기술을 습득하고 있다면서 윤기선께 만주로 와서 공부까지 하는 것을 부러워하며 자동차 운전수가 되면 고향에서 당당하게 마주보자 함.

3월 윤극영은 아들 윤기선이 만주 동원중학에 재학하고 있는 것은 일본을 깊이 있게 알 수 없다는 심경을 갖고 일본을 방문, 와세다대학 법문학부 재학시절 인연을 갖게된 동문들을 찾아다니다 일본 경도 성봉중학교장에 있는 동문과 상의 끝에 윤기선의 전학허가를 받고 만주로 가서 전학을 신청, 재가받은 후 윤기선의 짐을 싸게 하고 고향 단천으로 내려와 여러날 생활하게 한 후 4월 일본에 동행하여 일본 경도 성봉중학(중·고 통합과정)으로 전학 편입시킴.

7월 17일	스페인 혁명(프랑코 정권 수립)
8월 9일	베를린 세계올림픽 조선인 손기정이 마라톤 우승 (동아일보, 일장기 말소사진을 실어 8월 29일 정간)
12월 10일	영국 에드워드 8세 퇴위
12월 12일	중국 서안사건(장학림이 장개석 구금)
12월 26일	함남 강산, 광일인민전선 결성

1937년

3월 17일	조선총독부, 조선의 말살 일환으로 일본어의 강제 사용 시달에 항의 시작
5월 1일	동북 항일연합군, 최산진 보천루주재소 습격(보천루 사건)
7월	임정 외곽단체, 한국 광복전선 구성, 좌익진영은 조선민족 전선 구성
7월 7일	중·일 전쟁 발발(8월 15일 전면 확대)
8월 20일	조선총독부 훈령, 군비부담 → 금비녀 헌납
11월	상해 임정, 호남성 장사로 이전('38년 7월 광동 이전,

10월 광저성 유주이적 40년 9월 증평으로 이전 거듭)

11월 6일 중국 국민정부 중경으로 천도

12월 13일 일본군 남경을 점령

김춘화는 임신 중 출산은 하였으나 미숙한 여아가 바로 사산함. 시조모 심우혁은 김춘화가 출산 후 사산한 것은 시모 김상화가 자부를 편케해 주지 않은 탓으로 잘못된 것이라며 시모를 타박, 고부 간의 갈등이 쌓이자 상당히 곤경에 처하여 하늘의 뜻을 어떻게 하겠냐며 서로 감싸안게 함.

1938년

3월 조선총독부가 함남일대에 양귀비 농사를 독려하며 경작권 허가를 시행해 허가받은 경작지를 김춘화가 방문, 경작일을 익히는 도우미 생활을 시작함.

3월 조선총독부, 중학과정에 조선어 과목 삭제, 안창호 보석 중에 사망

3월 18일 히틀러, 독일과 오스트리아 합방선언

4월 3일 숙명여자전문학교 설립

5월 10일 일본이 국가 총동원법 공표

7월 7일 정신 총동원 조선연맹 발족

7월 12일 소련, 일본군이 장기본서전투(8월 10일 정전)

10월 조선민족 전 세계, 조선의용군 편성

11월 3일 일본정부, 대동아 신질서 건설 성명 발표

1939년

4월 1일 월간 문예지 “문장” 창간

5월 5일 조선, 금 매상, 철제품 회수 시작(군비품 축적 시행)

5월 22일 독, 이태리 군사동맹

7월 3일	총독부 경방단 조직
9월 1일	독일, 폴란드 진주

9월(음 7월 27일) 윤기선의 장남 윤국진이 향리에서 출생. 윤극영은 윤문의 대를 이어갈 첫 손자를 보게해준 자부 김춘화에게 마음고생 많이 하면서도 잘 이겨내 주고 있다며 감사와 찬사를 보내고, 심우혁은 오랜 세월동안 기다리던 손자를 안아보며 대견해하고, 김상화 또한 고부 간의 갈등을 삭히며 동네잔치를 준비함.

시누이 기숙, 기난은 어린 새 생명의 탄생을 보면서 자기들이 키우고 보살피겠다며 김춘화에게 집안 일은 걱정하지 말라고 격려함.

윤기선은 이 소식을 일본에서 전해받고 부친 윤극영께 작명을 청함.

9월 3일	제2차 세계대전 발발(영, 프랑스, 호주, 이집에 선전포고)
9월 30일	일본은 조선인 징용령 발동, 내선일체('45년까지 45만명 동원령)
10월 27일	총독부, 물가통제 시작
11월	임정, 군사특파단 서안에 파견
12월 14일	국제연맹, 소련제명(9월 17일 폴란드 진격, 필란드 개전 등 이유)

1940년

2월 11일 조선총독부의 훈령으로 한국인의 성씨를 일본성씨를 따르도록 창시제도를 시행하며 "보현의 숙"을 운영하는 윤극영에 모든 군민들이 이를 따르도록 선도해 달라고 함. 오랜세월 뿌리를 갖고 있는 성씨를 창시할 수 없다고 항의하며 양반가의 선비 등 훈주 등을 동원하여 시위하자, 내선일체에 항변한다며 구금하며 압박을 가했으나 응하지 않자 훈방함.

3월　　　임정은 건국강령 제정

김춘화는 양귀비 농사의 도우미로 생활하며 익혀가던 중 경작지의 허가권을 받은 주인이 경성으로 이주하게 된 사항에서 경작권을 넘긴다는 것을 알고 윤극영의 사촌인 윤성영께 경작권을 인수받을 수 있도록 중재를 요청한 후, 시아버지인 윤극영께 거주 및 농사하고 있는 전·답 등을 담보로 사용케 해달라 하자 윤극영은 양귀비 농사의 결정은 아편을 생산하는 것인데 이 같은 일은 바람직하지 않다고 만류하려하자, 조선내에서 판매하는 아편도 아니고 조선총독부가 이를 중국에 수출하는 독과점이라는 사실을 설명하고 척박한 농지에서 쌀과 잡곡 등을 수확해봐야 쪼들린 생활을 개선할 수 없음은 물론 일본 유학 중인 윤기선의 생활비와 학비를 보내는 것에도 모든 가족이 지치고 있음을 재차 인식시켰음. 윤극영은 옛말에 개 같이 벌어서 정승같이 쓰라는 말이 있긴 하나, 그만한 벌이가 될지 알 수 없지만 자부의 생각이 굳건한 것이라면 그렇게 해보자 하여 전답과 허가받은 삼림을 담보하는 조건으로 삼림조합에서 대출, 경작권을 인수받고 추가 경작권도 승인받아 본격적인 양귀비 농사에 매달리며 시누이 윤기숙께 만 1세도 되지 않은 장남 윤국진의 보육을 부탁함.

김춘화는 시부 윤극영의 사촌인 윤성영의 아들 윤기윤(윤기선과 6촌)께 부탁하여 경작지의 출입을 차단하는 촘촘한 가시나무를 심기 위해 인부들을 동원하여 작업을 종용시키고, 마을 아낙네들을 고용하기 위해 기존 경작지에서 함께 있었던 아낙을 반장으로 지명해 면접을 통해 고용 후 양귀비 농사일을 교육시킴.

김춘화는 기존 경작권자로부터 씨앗 상당량을 인수받은 사항에서 고용된 아낙네들에 식목사항을 할당해 제대로 된 양귀비 농사를 위한 철저한 방향을 강구시키고, 윤기윤을 야방장으로 지명해 주·야로 식목사항이 훼손되지 않게 경작지 주위를 순찰을 돌게하고 출입구에는 황구 두 마리를 지키게 만드는 등 경작할 때 익혔던 관행을 답습함.

비료도 주고 수시로 식목이 잘 자라고 있는지를 확인하며 여름철 만개 후 꽃향기가 멀리서도 맡을 수 있을 선상에서는 더 더욱 경계를 철저히 시키고, 가을초엽에 만개 후의 양귀비 줄기에서 액을 채취, 동그랗게 감아말아 놓은 후 음지에서 말리면 검은색으로 변해 아편뭉치로 보관하고 있다가 조선총독부 훈령의 파견반 검수에 따라 할당량을 납품하고 양곡, 현금 등을 수령받아 금융대출이자 및 원금을 분할납부하고 노임 및 관리비용을 지불함.

김춘화는 할당량을 검수받아 납품 후 초과하는 상당량을 몰래 감추어 놓고 경작도우미로 일했을 때 알고 있었던 밀매 중개인을 통해 선금 준비금을 지불, 중국에서 건너온 밀매업자를 은밀히 만나 금괴로 교환하여 땅에 묻어두며 금전적 이득을 취하기 시작함.

첫 수확 때 전라도 사투리를 쓰는 중개인을 통해 중개선금을 건넸는데 이를 착취하고 도망가 애를 먹여 한 번도 가보지 못했던 전라도 사람들은 사기에 능한 사람이라 생각되어 분통을 가졌지만 밀매사항을 군청이나 경찰에 신고할 수도 없던 상황에서 이를 악물고 참았다. 지역을 폄하하는 것이 옳지 않은 일이고 같은 함경도 사람도 사기행각을 벌일 수 있다는 생각에 철저하게 모든 것을 관리해야할 필요성을 구축해 중국 만주에서 건너온 마적단 화적들을 은밀히 교섭한 후 매년 수확시 일정량을 금괴와 교환하는 방식으로 움직이며 거래시에 경계 및 경호인을 세우기도 함.

한 해는 할당량이 기후조건에 맞지 않아 채우지 못했다며 양해시키고 밀매할 할당량을 늘려가며 금괴 교환을 하며 땅에 묻어두는 형태로 금전이득을 상쇄시켜 주변의 아는 사람들 사이에서는 억척같은 여인네라며 여장부라 부르기도 함.

김춘화는 시부인 윤극영께 모아둔 상당량의 금괴를 상해임정 요인들에게 독립운동 자금으로 보태어 쓸 수 있도록 별도로 보관시키게 해 윤극영은 처음에 잘한 일이 아닌 듯해 망설임을 가졌는데 생각보다 사업수완이 좋고하여 자부인 김춘화가 농사일을 전혀 해보지 않았던 혼전사항에서 고생을 많이 시킨다 생각하고 나라의 독립 염원을 함께 해주어 고맙다고 함.

5월	한국광복군이 한국독립당 결성
5월 11일	영국 처칠내각 성립
6월 14일	독일군 프랑스 파리점령 입성
6월	프랑스 드골, 자유 프랑스정부 수립
8월 10일	조선총독부, 조선, 동아일보 폐간 결정
9월 27일	독, 이태리, 일본 3국간 동맹
10월 5일	조선총독부, 국민총력연맹 조직(황국 신민화운동 강요)

1941년

2월 12일	사상범 예방구금령 공포(공산주의 찬양, 기독교 칭송인사 대거 구금)
3월 1일	독일, 불가리아 진주

윤기선은 일본 경도의 성봉중학을 졸업하고 4월 동경전수대학 법문학부에 입학을 결정받고 2월 고향인 단천을 방문하여 열흘여 간 머물면서 국제정세의 흐름(2차 세계대전 등)을 부친 윤극영과 논담해 가며 향후

행보 지침을 상의함.

4월 1일	조선총독부, 군축을 위해 생필품 통제령 공포
5월 6일	소련 스탈린 수상 취임
6월	중앙선 철도 개통
8월	농작물 공출제도 강행
9월 3일	조선총독부, 조선 임전보국단 결성
12월 8일	일본군 진주만 기습, 미·영에 선전포고(태평양 전쟁)

윤극영은 세계 정세가 2차 세계대전으로 혼란스러운 상황에 처하자 중국 임정요인들이 한반도의 각지를 돌면서 광복독립자금을 마련하고 있음을 알고 있어 친분을 유지했던 요인이 단천을 방문했을 때 자부 김춘화가 땅에 묻어두었던 금괴 1냥과 천원(현시세 3,000만원 수준)을 독립운동 자금으로 공여함(후일 임정요인이 독립채권증서를 내어주며 감사인사함).

1942년

1월 2일	일본군이 마닐라 점령
3월 1일	일본군이 자바 상륙
3월 17일	미국 맥아더 장군, 필리핀 탈출(4월 19일 서남 태평양 연합사령관 취임)

윤기선은 방학 중 향리로 돌아와 생활하면서 부친 윤극영으로부터 머지않아 세계대전의 종식이 있을 것임을 논의하며 조선독립을 위해 임정과 광복군이 제 역할을 다해주길 희망한다며 일본에서의 대학 재학기간에 경거망동하지 말고 세심하고 냉철한 자세로 생활하기를 독려하고 당부함.

윤기선은 친분을 쌓았던 김후렴(후일 제주대학장, 박정희 대통령 비서실장,

김좌렴의 친형)이 말을 타고 단천군 광천면에 놀러와 이틀간을 숙식해가며 세계 정세의 흐름을 논의하고 청년들이 조선독립의 기를 불태워야 한다 함.

5월 25일	조선인 군속을 모집, 포로수용소 배치
6월 5일	일본 해군 미드웨이 해전서 대패

9월 8일 조선총독부의 훈령으로 금속제품회수 강제권이 발동되자 단천군 각 지역에 일본순사 및 관리들이 들이닥쳐 금속제품을 마구 탈취해가 밥해먹을 솥단지까지 가져가 버린다며 아우성을 치며 항변했지만 군축을 위해 철제품을 회수하는 국가발동은 당연하다며 항변자는 구금하겠다고 압박.

9월 10일	일본군, 말레이 전선의 영국포로를 경성, 인천에 데려와 포로수용
9월 30일	조선의 청·장년 주민등록 실시(징집용)
10월 1일	최현배 등 30여명 조선어학회 사건 조선청년 특별연성령 공포(17~21세 징병대상자 군사훈련 실시)

방학 중 일본에서 귀향한 윤기선의 세탁물 옷가지에서 일본인 여학생 사진을 발견한 김춘화는 일본 유학의 생활 및 학비조성을 위해 밤낮을 가리지 않고 온 힘을 다 쏟고 있는데 일본에서 딴짓하고 있느냐며 다그치자, 누가 장난치며 사진을 주머니에 넣어둔 것이라며 일본인 여학생이 조선인 유학생을 제대로 취급도 안한다며 지금 학업에 매진하고 있다고 위기를 넘긴 사항도 있었음.

당시 경성에서는 경성제국대학에 다니는 대학생들께 호감을 얻기 위해 이름난 요정의 기녀들이 공짜 술까지 주면서 환대했고 연희, 보성전문학교 학생들 또한 지식층으로 존대받고 있었음.

일본에서 대학을 다닌 유학생들이 사각모를 쓴 교복차림으로 경성거리에서 돌아다니면 일본헌병, 경찰들도 함부로 대하지 않고 예의를 지켜주었음.

1943년

5월 12일	북아프리카 전선 독, 이태리 항복
6월 1일	일본, 백금회수 강행
6월 10일	조선총독부, 경성 7구제 실시
7월 25일	이태리 무소리니 실각
9월 3일	미·영군 이태리 반도 상륙(이태리 무조건 항복)
10월 20일	조선총독부, 학도병제 실시(12월 5일 미지원학도 징용령 발동)
11월 27일	조선독립을 선언하는 카이로선언 발표

1944년

4월	임정, 임시헌장개정 발표

4월 15일(음 3월 27일) 윤기선의 차남 윤국철은 함남 단천군 광천면 출생. 윤극영은 장손자 윤국진을 나라國에 떨칠振으로 작명했 듯이 차손자 윤국철을 나라국자 돌림에 밝을哲로 작명, 둘째 손자까지 맞게 해준 자부 김춘화가 어려운 생활속에 순산한 것을 자축시키며 윤문의 발전에 초석을 놓게 된 것이라 기뻐하고 즐거워 함.

일본 동경전수대 법문학부 4학년에 재학 중인 윤기선은 일본이 조선인 대학생들에게 내선일체라는 미명으로 징집령을 발동해 단천군을 방문, 차남 윤국철의 출생 사실을 알고는 기뻐하고 강제로 징집당하고 있음을 부친 윤극영께 토로하자, 나라잃은 수치스러운 망국의 한에 식민지로 만들어 버린 일본을 위해 징집에 응할 수밖에 없는 식민지 국민으로의 한스러움은 어쩔 수 없는 통분이지만 일단 폭풍의 소나기는 피해야 하므로 피신 도주할 생각을 갖지 말고 일본으로 돌아가 징집에 응하되 처신을 철저히 하라 지침함.

일본으로 돌아간 윤기선은 징집청에 교육받아야할 군사학교를 묻자 공병학교라하여 대학의 전공분야인 정보, 헌병 등과는 전혀 다른 공병학교라니 무슨 말이냐며 항의하자 조선인 유학생이 무슨 정보, 헌병 병과의 장교 훈련을 시키느냐며 징집일까지 입교하지 않으면 엄벌한다며 압박을 줌.

윤기선은 동경전수대 재학 중 같은 대학의 음악대학 피아노학과에 재학했던 일본 여학생(데시꼬)이 민족을 떠나 애정을 싹트이 듯 지경에 이른 것은 조선에 부모님의 혼처 결정으로 혼인한 조강지처가 있고 아들까지 있음을 토로하여 서로 눈물의 이별을 고하고 공병학교에 입교함.

1945년

2월 4일 소련, 대일참전 결정(미·영·소 얄타회담)
4월 12일 미국 루즈벨트 대통령 사망, 트루먼 부통령이 승계

윤기선은 4월 일본공병학교를 수료, 각 병과 학교의 간부후보생의 임관식에 일본국왕이 참석한 가운데 수습사관으로 각 병과 우수생도들이 연단에서 마이크를 잡아 발표하고, 경성사령부 공병부대(현 용산미군기지) 참모로 발령받아 부대에 전입신고 후 전 고향 단천에 들려 인사드리자 조모 심우혁과 모친 김상화가 큰 한숨을 내쉬고, 누이동생 기숙과 기

난이 오빠는 전쟁터엔 가지 말라면서 울먹였으며 많은 청년들이 징집 당해 각 집안마다 울음이 그칠 날이 없었다. 일본놈들 전쟁에 조선인을 강제 징집하는 그런 일이 어떻게 있을 수 있느냐며 자기들이 좋을 때는 내선일체라 하면서 군축을 위해 철제품과 양곡을 마구 탈취해 가면서 전쟁 일선에서 총알받이로 조선인을 희생시키고 있다며 원통함을 표하는 가운데, 부친 윤극영은 국제정세 전반의 흐름을 볼 때 일본의 군국주의도 서서히 막을 내려가고 있음을 직감한다며 가족들이 철도역까지 배웅해 주며 경거망동없이 처신토록 당부하고, 윤기선은 김춘화에게 어른들 잘 봉양하고 아이들 잘 건사해 주길 바란다고 하며 떠남.

5월 7일	독일, 연합군에 무조건 항복
6월 5일	미·영·프·소련 독일을 분할점령하는 베를린 협정 조인
7월 16일	미국, 원자폭탄 실험 성공

윤기선이 경성사령부에 전입신고를 마친 후 내무생활에 임하고 일본군 오장(하사관)이 조선인 장교를 우습게 취급한 것인지 복도, 연병장 등에서 만나게 되어도 경례를 제대로 하지 않아 워커발로 상대의 무릎을 까는(쪼인트 매김) 등 매우 엄하게 질책하면서 조선인을 무시하지 말라고 했다 함.

7월 26일	미·영·중 포츠담 선언
8월 6일	미국군에 의해 일본 히로시마 원자 폭탄 투하 (8월 9일 나가사키에 원자폭탄을 투하)
8월 8일	소련, 뒤늦게 대일선전포고
8월 15일	일본, 무조건 항복(미조리 함상에서 연합사령관 맥아더와 조인, 세계2차대전 종료)

3장 광복의 세월

윤기선은 경성사령부 내부반에서 일본이 무조건 항복으로 조선이 8·15해방을 맞게된 소식을 접하게 되면서 당시 내무반에 함께 있던 동기 최영희(후일 국방부장관, 제2기 유정회 의장)와 얼싸안고 만세를 부름.

경성사령부의 일본인 사령관은 조선인 황군 장교들을 향해 "일본인이 전쟁을 위해 불가피 징집당한 조선인 유학생 황군 장교들은 이제 황군복을 벗어도 좋다"며 미안스러움과 감사함을 전하며 퇴역절차에 임하라함.

경성 곳곳에서 태극기를 들고 나와 독립만세를 부르며 일본인이 운영하는 상점들을 침입해 무차별 착취하고, 함남 단천읍내에도 8·15해방 소식을 접한 군민들이 태극기를 들고 시가지를 누비며 일본인 상점을 약탈하고 돌팔매질까지 행하고 있어 윤극영은 "보현의 숙" 학생들을 동원해 이를 저지시키면서 군경찰서장, 각급학교장에게 혼란을 부추기지 말고 자중하며 질서를 지켜줄 것을 선두에서 요청함. 일부 공산주의자들은 친일파를 색출한다며 봉기할 것을 주문했으나 동방예의지국인 우리가 같은 민족을 처단하는 행위는 하지 말 것을 당부함.

윤기선이 퇴역전 고향 단천을 방문하자 부친 윤극영은 혼란한 정세속에 공산주의 개념을 가진 인사들이 무차별 친일파를 색출하여 해치고 있으니 일본 황군 장교에 있었던 사실이 알려지면 행여 피해입을 수 있음을 설명하여 경성으로 내려가라고 당부하자, 윤기선은 원해서 한 것이 아니라 일본이 학도병을 징집하여 그래도 지식계층의 대학생을 간부후보생으로 교육시켜 임관시킨 것인데 친일파가 아니지 않냐며, 이같은 사실을 알게 되면 피해가 없을 것이라고 했으나, 혼란한 정세에 미쳐 날뛰는 사람들이 있기 마련이라며 떠밀어 경성으로 돌려보냄. 보관했던 금괴 일부를 주면서 주거지를 알아보고, 일본이 패망한만큼 일본으로 돌아가 학업을 계속하지 말고 경성대학교 편입을 알아보라 지침하여 윤기선은 고향어른들께 제대로 인사도 못하고 경성에 내려옴.

8월 20일　소련군이 뒤늦게 참전하고 원산에 상륙(8월 22일 평양까지 진주)

윤기선은 경성사령부에서 퇴역절차를 밟고 서울 중구 충무로5가 18번지 18호 일본인 거주의 기와집 주택에 방 한 칸을 얻어 주거생활을 하며 경성대 법문학부에 편입 절차를 밟음.

9월 2일　연합군사령부를 동경에 설치한 후 한반도 북위 38도선을 경계로 미·소 양군이 분할 점령책을 발표
9월 7일　미국 극동군 사령부 남한에 군정선포(9월 8일 미국 하지중장의 제24군단 서울 도착)

윤기선은 9월 6일 일본군의 경성사령부에서 일군 소위로 제대하고 경성대학(서울대학교 전신)에 편입함.

9월 9일　조선총독부 항복문서 조인
9월 11일　미국 군정장관에 아놀드소장 임명
9월 16일　한국 민주당 결성, 소련은 38도선 이북에 군정선포

윤기선은 미군정청이 개설하는 미군사 영어학교(야간 강좌)에 일군소위 등과 함께 했던 최영희와 입교한 후 고향을 방문, 이같은 사실을 알리고 주거지로 일본인이 지은 일본식 기와집에 방을 얻어 생활하고 있음도 알림.

함남 단천에서 김춘화는 양귀비 농사의 수확물을 일본의 패망으로 공납할 상황이 아니므로 이를 수확 후 아편뭉치를 종전 거래하던 밀매업자들을 통해 판매하고 대량의 금괴를 받아 땅에 묻어둠.

소련군이 군정을 선포함으로써 문제점이 생길 것을 우려하여 양귀비 경작지는 수확이후 폐농임야로 버려두고 시누이 윤기숙의 혼인 등을 위한 준비에 임함.

10월 16일	이승만 미국에서 환국
10월 24일	UN 발족

10월 24일 미군정청이 일본인의 철퇴령을 발표하자 윤기선이 방 한 칸을 빌려 사용하는 일본인 주인(상거래상)은 윤기선에 미군사영어학교에 입교해 있으니 여러 면으로 보호해 달라며 수차 읍소함.

10월 25일	독립 촉성협의회 결성(이승만 총재)
11월 3일	평양, 조선민주당 결성(당수 : 조만식)
11월 11일	조선인민당 결성(당수 : 여운형)
11월 23일	신의주, 반공학생의거 발상, 김구 주석 등 임정요인 2차로 환국, 매일신보가 "서울신문" 속간, 조선일보 복간
12월 1일	동아일보 복간
12월 6일	미군정청 일본인 공·사유재산 몰수

12월 6일 미군정청이 조선에 거주하는 일본인의 공·사유재산 몰수를 발표하자 윤기선이 방 한 칸을 얻어 자취 겸 하숙했던 주인집 딸인 요시꼬가 재산을 몰수당하는 것은 어쩔 수 없다 해도 시간적 정리 시간이 필요하다며 어떻게든 신변을 보호받게 해달라고 매달리며 눈물을 글썽거려 최선의 방법들을 찾아보겠다 하면서도 어떻게 해볼 도리가 없어 전전긍긍함.

12월 20일	합동 통신 창립
12월 27일	국제통화기금(IMF) 발족, 미·영·소 한반도 신탁통치 합의(모스크바 선언)
12월 29일	반탁 국민총동원 중앙위 결성
12월 30일	한민당 수석총무 송진우 피살

1946년

1월 10일	제1차 UN총회 런던에서 개최
2월 1일	맥아더사령부, 이씨조선의 왕제 폐지
2월 8일	남한, 대한독립촉성 국민회 발족(이승만 총재) 북한, 북조선 인민위원회 발족 (위원장 : 김일성, 부위원장 : 김두봉)
2월 14일	미군정청 최고자문기관으로 남조선 민주의원 구성 (의장 : 이승만, 부의장 : 김구·김규식 등)
2월 15일	좌익진영 민주주의 민족전선 결성
2월 20일	소련, 사할린 영유권 선언
2월 21일	미군정청, 일본은행권 동결

윤기선은 최영희와 함께 미군사영어학교를 수료함. 미군정청이 수료생 중에 군 영관급 장교 임관을 위해 지원하라며 요청해 윤기선은 고향

을 방문하여 부친 윤극영께 임용되길 희망한다고 말씀을 올리자, 북쪽은 소련이 해방군 운운하며 점령해 공산주의 정부가 수립될지 모를 사항에서 남·북이 분단될 시 북을 향해 총부리를 겨누는 군인의 길로 가는 것이 맞는 것인지 냉철하게 생각해 보라하여 고급장교 임관을 포기함. 동기였던 최영희는 자원하여 대한민국 건군의 주체로 움직여 가기 시작함. 윤기선은 경성대 법문학부를 7월 졸업, 문학사 학위받음.

3월 5일	처칠, 미국에서 "철의장막" 연설 북조선 인민위원회 토지개혁 실시
3월 20일	한국독립당 개편(위원장 : 김구)
5월 3일	일본 동경, 극동 국제군사재판 개정
5월 15일	공보국, 정판사 위폐사건 발표(남로당 위폐)
6월 22일	이범석 등 광복군 환국
7월 13일	제주를 "도"로 승격
7월 30일	전국학생연맹 결성(위원장 : 이철승)
8월 22일	경성제국대학을 국립서울대학교로 변경 신설
8월 10일	북한, 주요산업의 국유화 실시
9월 7일	수도경찰청 발족(청장 : 장택상)

윤기선은 대학졸업 후 삼면이 바다로 둘러싸인 반도국가에서 해운관련의 공직생활을 희망, 미군정청 운수부 해사국 총무과 문서계 주임(서기)으로 시작하면서 당시 일본인 주택에 세들어 살던 곳을 미군정청에서 적산가옥의 불하를 받기 위해 고향인 단천에 방문 의사를 밝히자, 부친 윤극영이 서울로 내려오겠다며 자부인 김춘화가 농사일을 하며 금괴로 바꾸어 보관하던 일부를 갖고 내려와 미군정청에 매입의사를 밝혀 연분납으로 일부금을 납부케 하고, 7월 17일 이북으로의 통행금지령이 내려지기 전인 7월 15일 고향 단천으로 돌아감.

미군정청의 일본인의 공·사유재산 몰수('45년 12월 6일)에 따라 서울 중구 충무로5가 18번지의 18호로 일본주택의 소유권을 상실당한 일본인 주인이었던 상인은 방 한 칸 얻어 세들어 살던 윤기선이 이를 불하받은 것을 다행이라 생각하고, 주인집 딸인 요시꼬를 안전하게 일본으로 돌아갈 수 있게 수차례 읍소해와 미군정청 운수부 해사업무를 하고 있던 윤기선이 여러 곳을 수소문해 그들이 필요한 물품을 소지하고 일본으로 무사히 돌아갈 수 있도록 배려함.

당시 인천항만 운수부 지부에서 일본으로 향하는 부정기선을 예약해 일본인들을 인천항까지 동행한 윤기선은 일본인 주인집 딸이 눈물을 글썽이며 감사, 감사의 뜻을 전해 받으며 일본에서 대학생활을 할 때 일본대학생들의 친절감을 가진 것을 생각, 인도적 차원에서 전송함.

서울 중구 충무로5가 18번지 18호의 100여평 부지에 일본식 주택이 40평 규모로 주택 내부는 큰 현관을 거쳐 복도식으로 문간방, 중간방, 공동화장실, 사랑방으로 이어지고 다시 복도를 따라 후원으로 이어지는 안방과 건넌방이 있으며 넓은 주방으로 이어져 있어 윤기선은 여섯평 가량의 다다미방과 온돌방을 겸용한 안방을 사용하고, 경성대에서 알게 된 지인들을 저렴하게 세를 놓아 입주시켜 생활함.

9월 27일	제1회 국제통화기금 총회 개막
10월 1일	대구 폭동사건
10월 13일	조선민족청년당 결성

윤기선은 이범석이 단장으로 있는 조선 민족청년당(족청)에 가입하여 청년활동을 시작하면서 광복군이 연합군과 함께 참전하여 대한독립을 주체적으로 이룩하지 못한 것에 청년당원들과 더불어 탄식을 가지며

설움을 토로함.

11월 1일 자유중국이 대만접수 개시
11월 19일 제1회 유네스코 총회
11월 23일 좌·우익 남조선 노동당 통합(허헌)
12월 2일 이승만, 남한 독자정부수립 주장
12월 12일 남조선과도 입법의원 개원(의장 : 김규식)

윤극영은 단천군의 유수집안으로 부터 매파를 통해 장녀인 윤기숙의 혼사를 청하여 자부인 김춘화에게 모든 준비를 부탁해 시어머니 김상화와 상의하여 보관 중인 금괴를 일부 팔아 혼수물을 준비하고 혼인시켜 출가하면서 올케언니인 김춘화께 감사인사 올림.

1947년

1월 1일 자유중국 새 헌법 공포
2월 5일 미군정청, 민정장관 안재홍 임명
2월 10일 파리 평화조약
2월 11일 공민제 실시

남·북 통행금지령('46년 7월)이 내려지면서 미·소가 한반도의 삼팔선을 경계로 분할(9월 2일)하는 계획들이 진행되고 있어 윤극영은 남·북 분단 상황이 올 것을 예견, 1947년 2월 하순 강추위가 연일 계속되고 있지만 경계선의 보초들도 추위에 다소 느슨해질 수 있을 것으로 판단, 자부인 김춘화와 손자 국진, 국철을 아들 윤기선이 생활하고 있는 서울로 합류시키기 위해 김춘화로 하여금 간편하게 봇짐을 싸라고 함. 행여 남하 중에 발각되면 신변이 위험할 수 있으므로 증명이 될만한 것 일체를 소지하지 말 것을 당부했는데, 김춘화는 임정에서 내어준 독립채권증서와 가족사진들을 갖고 있어 역정을 내면서 봇짐에서 빼버리고 서울에서 생활할 금괴를 큰 손자인 윤국진의 어깨, 허리춤에 감싸 둘러매게 하고 집을 나서 언덕길에까지 전송나온 심우혁(조모), 김상화 등께 인사하라 하자, 김상화는 손자들을 다 데려가면 우리는 외로워서 어찌 사느냐며 한 아이라도 두고 가라고 애원하 듯 매달리자 윤극영은 차녀 기난이도 있는데 뭐가 외로우냐며 아이들은 부모가 데리고 키워야 한다며 손사래를 쳤음. 모친인 심우혁이 간나(함경도 사투리의 딸을 칭함)는 출가하면 헤어져야 하는 것이니 한 아이는 두고 가라며 영영 헤어지는 게 아니지 않느냐며 떼를 쓰자, 윤극영은 모친인 심우혁의 말까지 거역하기 힘들어 난감해하며 그래도 앞일이 어찌될지 모르니 함께 데리고 가야한다고 다시금 손사래를 쳤음. 큰손자 윤국진의 손목을 놓아주지 않고, 작은 손자 윤국철은 김춘화의 뒤에 달라붙어 윤극영은 큰손자 국진에게 다음에 내려가자며 허리 등에 감싸 메게 했던 금괴를 작은 손자 국철에게 메게 하고 눈물바다로 손을 흔들며 헤어짐. 김인환 모친과 중도에서 합류함.

무게가 나가는 금괴를 아이의 허리, 어깨춤에 감싸 메게한 것은 남하중 검역에 적발될 경우 어른들의 소지품 등 모든 것을 조사받을 수 있지만 아이들의 소지품은 조사하지 않을 것이라는 생각으로 행한 것인데, 만3세에 불과한 작은 손자 윤국철은 금괴가 무거운 탓에 자꾸 허리춤을 내리며 수없이 짜증을 내고 있어 말썽을 부리면 다시 돌려보낸다며 윽박지르며 산길, 냇길을 몰래 이동하고 강변에서 뗏목을 이용, 한탄강을 건너 경성의 서울 중구 충무로의 윤기선과 조우하게 됨.

윤기선은 부친 윤극영이 남·북 통행금지령 상황에서도 처인 김춘화와 작은아들 윤국철을 무사히 데리고 내려온 것을 고개숙여 감사하고, 금괴를 소지했던 것들을 팔아 미군정청에 분납하여 대금을 완납하여 소유권 증명을 받음(후일 정부에 이를 제출, 소유등기를 경료).

윤극영은 한 달여를 경성에 머물며 만주 등지에서 교분을 가졌던 유석창이 대학설립을 준비 중에 있음을 토로하고(후일 건국대학 설립자) 수도여자사범대학(현 세종대)을 설립준비 중인 주영하를 비롯하여 상해 임정 요인들을 두루 만나고 해방정국에 공산주의 개념을 가진 좌익 인사와 민족진영 인사 간에 숱한 갈등이 속출하고 있음에 매사 신중하게 처신할 것을 윤기선에게 당부하고는 북에 올라가 장손자(윤국진)를 데리고 다시 내려오겠다하고 북으로 향함. 당시 남한에서 북한으로 올라가는 사람들에 대해서는 경계가 완만했었음.

이후 삼팔선이 강화되어 북과의 모든 소식이 끊기고 한 많은 이산의 아픔을 안고 살게 됨.

3월 1일 좌·우파 진영 남대분 유혈충돌
3월 12일 트르먼독트린(터키, 그리스 원조 선언)
4월 19일 보스톤 마라톤대회, 서윤복 우승
6월 3일 미군정청, 한국인기구, 남조선 과도정부 개칭
6월 20일 미군정청 특별의정관, 서재필 초빙
7월 18일 여운형 피살(8월 3일 국민장)
8월 15일 인도, 파키스탄 분리 독립

윤기선은 과도정부 운수부 해사국 업무과 기획계 업무(4월 1일)를 맡은 가운데 김춘화는 해방정국의 소란스런 가운데 일자리를 찾아보기 위해 하운시장(현 인현시장) 등을 돌아다닐 때 우연히 이금술을 만나게 됨

(단천군 광천면에서 알고 지낸 사이). 이금술은 김춘화에게 샛골어른(단천군에서 윤극영을 칭함)과 함께 남하했다는 소문은 들어서 알고 있었다며 자신은 단천군 이중면의 "심우준"과 혼인한 후 두 살난 딸 아이가 하나 있고, 친정 아버지와 대한신문 기자로 일하는 남편과 함께 인현동 초가에 세를 얻어 생활하고 있다하여 충무로5가 18번지 일본식 기와집 방 두 칸을 저렴하게 세를 줄테니 이사와 살라고 함.

이금술은 너무도 감사하게 생각되어 심우준에게 이같은 사실을 알리고 윤기선과 대화시켜 인사한 사항에서 조모인 심우혁과는 먼 친척 어른되신다는 얘기에 공감을 얻고 서로 형제간처럼 지내자고 한 후, 이금술은 딸아이(영희)에게 김춘화를 큰어머니라 호칭하라 하면서 임신 중에 있던 김춘화를 조심, 조심시키면서 북에서의 인연을 얘기로 나눔.

이금술은 혼인 전 김춘화의 시중을 들던 소작인 딸이 자신이 김춘화를 언니라고 했다가 혼이 나면서 큰아씨라 부르지 않는다 역정내는 것을 그냥 언니로 불러도 된다했다며 그 시절 얘기를 꺼내며 인연을 이어감.

9월 1일	한국의 무선번호 HL로 결정
10월 30일	미군정장관 딘소장 취임
11월 20일	국가보안법 통과
12월 10일	한·미 경제원조 협정
12월 12일	UN총회, 대한민국정부를 한국의 유일한 합법정부로 승인
12월 16일	북한 화폐개혁 실시
12월 27일	소련군, 북한에서 완전 철수

김인환 모친은 김춘화 등과 남하한 후 아들 김인환을 남편이 데리고

내려왔겠다고 생각했는데 데려오지 않은 것을 확인한 후 다시 월북하여 김인환을 데리고 남하하여 인천에서 남편과 합류함.

1948년

1월 7일　　의무교육제 실시

1월 11일 윤기선의 삼남 윤국한, 서울 충무로5가 사랑채에서 출생. 윤기선은 산파가 출산을 조력하는 동안 출근하지 않고 탯줄을 자르기 위해 가위 등을 소독하고 아들 출산을 확인한 후 탯줄을 손수 자르고 보조로 있던 이금술에게 산모의 조리를 부탁한 후에 출근함.

윤기선은 북을 향해 큰 절을 올리며 삼남 출생을 고하고 부친 윤극영의 손자 작명을 이어받아 나라國자에 큰 나라 뜻의 漢을 붙여 작명함.

1월 27일　김구, 남북주둔군 철퇴, 자유선거 주장
1월 30일　인도, 간디 피살
2월 25일　체코 2월혁명 공산정부 수립
2월 26일　UN소총회, 가능지역의 총선거안 가결
　　　　　김구, 김규식이 이에 반대하고 북한 평양방문 동시 총선거 주장했으나 결렬
3월 8일　남·북협상을 김구 제의로 수락
3월 16일　북한, 중공과 비밀군사협정 체결
3월 24일　국제무역헌장(아바나헌장) 조인
4월 3일　제주도 공산분자 무장폭동(4·3사건)
5월 1일　재판 3심제 실시
5월 10일　UN 감시하에 남한 총선거 실시
5월 14일　북한, 남한 총선실시항변, 대남송전 단전
5월 31일　제헌국회 개원(6월 10일 국회의장 이승만 선출)

7월 17일	제헌절 제정
7월 20일	국회, 초대대통령 이승만, 부통령 이시영 선출
8월 4일	국회의장에 신익희 선출
8월 5일	대법원장, 김병로 국회인준
8월 6일	중앙선철도 도농역 전복(206명 사망)
8월 15일	미국 하지중장 미군정폐지 발표, 대한민국수립 선언
8월 19일	중공, 이북 민주연합정부 수립
8월 25일	북한 총선거 실시(9월 1일, 최고인민회의, 수상에 김일성 선출)
9월 5일	국방경비대를 육군, 해안경비대를 해군으로 개편
9월 9일	북한, 조선민주주의 인민공화국 수립
9월 30일	국회, 한글전용법 통과
10월 20일	여수, 순천 반란사건
11월 20일	국가보안법 국회통과
12월 10일	UN총회 세계인권선언 채택, 한미경제원조 협정
12월 27일	소련군, 북한에서 완전 철수

1949년

4월 15일	최초 해병대 창설
6월 29일	경고장에서 김구, 안두희에 의해 피살
9월 7일	독일분할, 서독 수립
10월 1일	중공, 모택동 정부수립
10월 7일	독일, 동독인민공화국 수립
10월 12일	최초 공군창설

11월 6일 윤기선의 사남 윤국열, 충무로5가 사랑방에서 출생. 윤기선은 삼남 출생시와 같이 탯줄을 자르기 위해 가위를 소독하고 산파 아주머니에게 산후조리를 부탁하고 북을 향해 큰절을 올리며 사남의 출생

을 고하고 국자 돌림에 매운烈로 작명함.

11월 30일 윤기선은 정부 조직 편제로 교통부 해사국 해정과 관리계 주사 3호봉으로 승진함.

12월 17일　한·일 통상협정 비준

1950년

1월 6일　제1회 고등고시 실시
3월 27일　남로당 총책 김삼용 검거, 북한 조만식과 교환제의 했으나 북한 거부
4월 12일　보스톤 국제마라톤(함기용 우승) 1~3위 한국제패
4월 24일　제1회 국전 개최
5월 30일　제2대 국회의원 선거
6월 16일　한국은행 발족

5월 16일 정부로부터 서울 중구 충무로5가 18번지 18호 토지 주택 소유권을 정식으로 등기 경료함.

4장 남·북 상전, 피난의 세월

6월 25일 북한군 불법남침
6월 28일 비상전시령, 한강교 폭파(남침 지연 이유로 이승만 대통령 한강교 폭파 지시) 대전으로 정부 이동

6월 28일 북한군의 서울 점령으로 북한 인민국 보위부 요원들이 각 집을 수색하며 반동분자 색출에 나섰다. 당시 한강교 폭파로 피신하지 못한채 충무로5가 18번지 주택에서 허둥대며 머물던 윤기선은 남로당 일원의 제보였던지 “×× 신문기자라는 종간나새끼 어디 있냐”며 집에 들이닥친 보위부군관에게 “여기 살긴했던 것 같은데 여기 없시오”하며 함경도 사투리를 쓰자 “미제 앞자비 노릇하는 기자놈들은 반동으로 처형해야 한다”며 윤기선에게 신분을 묻자 장사치라 하면서 “반동인사들은 모두 도망갔겠지”, 여기 있겠냐며 “나도 함경도 사람이요”하니 “같은 인민이었구만”하면서 “동무도 조심하시라요”하며 나가길래 신분이 공무원인 것이 들통날까 식은땀을 흘렸다. 보위부 군관들이 들이닥치기 30분 전 심우준에게 식구들 모두 함께 피난갈 수 없는 상황에 어떻게든 한강 외곽으로 가서 도강하라며 피신시키고, 심우준의 처 이금술과 딸(영희), 아들(철수), 친정아버지만 남아 있어 다행스러움을 가지게 되었고, 보위부 군관들이 또 다시 들이닥쳐 공무원 신분인 것을 알게 되면 체포해 갈 것을 우려해, 가볍게 봇짐을 싸게한 후 한강 이남으로 피신할 수 없다는 생각에 역주행식으로 인민군이 남쪽으로 내려오고 있으니

거꾸로 북을 향해 가는 것이 안전할 수 있다고 판단되어 파주쪽으로 피난길을 향함.

미군 폭격기들이 북으로 향하는 피난민들이 있는데도 불구하고 인민군과 함께 있는 것을 보고 폭탄을 수 없이 투하하여 하늘을 보고 비행기에서 폭탄을 투하할랴치면 대로변에서 샛길로 피해 갔다. 윤기선은 삼남 윤국한의 손을 잡고가다 힘들다고 떼를 쓰면 봇따리짐 위로 올려 앉히고를 수 없이 반복하고, 김춘화는 만 6세도 되지 않은 차남 윤국철을 한쪽 손으로 잡고 또 다른 손으로는 머리 위에 봇짐을 이고, 사남 윤국열을 등에 업고 험로의 피난길로 파주에 도착했다. 인민군이 내어주는 주먹밥을 얻어 먹고 피난갔는데, 빈집인 초가삼간에 머물며 이곳 저곳에서 가져가지 못한 양곡을 찾아 밥을 해먹고, 윤기선의 차남 윤국철과 심우준의 장녀 심영희는 인민군들 앞에서 노래부르며 과자나 빵 등을 얻어 먹으며 생활함.

국군이 반격해 들어오면 국군만세를 외치며 같은 방법으로 건빵을 얻어먹기도 함.

7월 12일	한국군 통수권 미군에 이양
7월 16일	정부는 대전에서 대구로 옮김, 정부는 전국에 계엄령 선포
7월 20일	북한군 대전 점령(딘 소장 납치)
7월 26일	한국전 지원위에 UN 16개국 편성
8월 3일	UN군 마산, 왜관 방위선 구축
9월 15일	UN군 인천상륙작전 개시 한국은행권 발행

파주에 머물러 피난생활하던 윤기선 가족 등은 다시 북상해 문산으로 이동, 초가삼간에서 피신 기거함.

9월 16일　국군, 낙동강 전선에서 반격 개시
9월 26일　국군 서울 탈환
9월 28일　서울수복
9월 30일　워커중장, 38선 돌파 명령

문산에 머물던 윤기선 가족들은 인민군의 후퇴, 다시 국군후퇴 변곡선에서 전전긍긍하다 북한 인민군이 문산에서 퇴거하면서 북한 인민군이 함께 북상하라 했지만 윤기선은 이런 저런 핑개를 대며 부동자세로 있었다. 국군이 문산을 점령한 이후 윤기선은 공무원 신분임을 밝히고 서울로 피난길을 잡고 충무로5가 18번지 주택으로 복귀함.

10월　7일　UN총회, 38선 이북 진격,
　　　　　　통일부흥단(UN CURK) 설치 결의
10월 19일　국군 북진하며 평양탈환 북한정권은 신의주로 대피

10월 25일 교통부 관리국 인사과로 보직 변경된 윤기선은 평양 파견반장으로 임명받아 철도로 평양을 갔다가 다시 함남 원산까지 가서 단천 고향을 방문하려는 희망을 가졌으나 정부 훈령으로 철수명령을 받고는 몇 통의 서신을 각각 분리해 원산역 근무자와 인근 인사들께 주면서 함남 단천군으로 보내달라 부탁하고는 고향을 방문하지 못하고 서울로 돌아옴.

그 서한에는 남한 서울에서 삼남 윤국한, 사남 윤국열이 출생했음을 안부하고, 사태가 좋지 못할 시 어떤 방법을 강구해서라도 부친 윤극영이 식솔과 동행하여 서울로 남하해 달라하고, 고향의 토지와 재산 모든 것을 버리는 자세로 임해 달라고 함(후일 동 사실은 1·4후퇴 시 흥남에서 미군 함선을 이용하여 피난온 단천지인으로 부터 서한을 받아 알고 있었음을 전해 들음).

8월 15일 윤기선은 정부로부터 6·25 참전 종군기장(1952년 8월 15일)을 수여받음.

10월 26일	국군 압록강변까지 탈환
10월 27일	정부, 서울로 환도
11월 11일	정부 부역자처벌 특조명 공포
12월 1일	UN총회 한국재건단 설치 가결
12월 10일	북한동포 50만명 피난길 남하, 국군 평양에서 철수 후퇴(12월 8일)
12월 24일	정부, 서울시민에 피난령 발동(북한의 재차 남침 시작)

1951년

1월 1일	중공군 6개군단, 38선 넘어 남하 시작
1월 4일	국군 서울 철수, 정부는 부산으로 이전

함남 흥남부두에 정박 중인 미함선을 철수키로 했는데 흥남부두로 몰려든 피난민들을 승선시켜야 하느냐를 고심하던 상황에서 윤극영은 장손자 윤국진을 데리고 수소문 끝에 남하할 최종판단으로 흥남부두에서의 남하가 가능하겠다 싶어 흥남에 도착, 피난민들과 함께 있다가 피난민들의 혼잡 속에 다리를 다쳐 미군함선에 승선하지 못함.

당시 민박촌 음식점에서 단천군민이 샛골 어른을 알아보고 담소를 나누고 헤어진 후 미군함선에 승선했으리라 생각했는데 하선할 때 확인해 보니 승선하지 못했다는 아쉬움을 윤기선에게 얘기해 줌.

윤기선은 부친 윤극영이 장남 윤국진을 데리고 남하하겠다던 약속을 지키려 했음에도 그렇게 되지 못한 것이 한편으로 불효스러움을 감추지 못하고 원산에서 이탈하고 고향에 가서 식구들을 함께 남하시키지 못한 자책스러움에 젖게 됨.

중공군이 38선을 넘어 남하를 시작해 윤기선은 철도를 이용, 가족들을 데리고 정부의 임시 거처인 대전으로 내려가 2개월간 임시숙소에서 생활하고 그곳에서 상면한 심우준께 심우준의 처인 이금술 등 가족을 재회시킨 후 별도로 움직임.

1월 5일 중공, 북한군 서울 다시 점령
1월 26일 해병대 인천상륙
2월 10일 국군 서울 재차 진입
2월 11일 거창 양민학살 사건(50여명 공비 혐의 살해)
2월 18일 부산에 전시 중 연합대학 개강

3월 5일 윤기선은 철도를 이용, 부산으로 피난지를 옮기고 철도사무실에서 2주일을 체류하는 동안 부산시내 곳곳에 피난민들이 운집해 거처를 구하기가 마땅하지 않아 하던 중, 철도역에 근무하는 김××이 기차로 움직일 수 있을테니 자신이 거주하는 경남 기장군 송정리(현 부산시 해운대구 송정동)의 집에서 가족들이 생활케 하는 것이 어떠냐 하여 그곳을 방문, 해변가를 자리하고 있어 아이들 정서교육 또한 좋을 듯해 그곳으로 김춘화 등 아이들 거처로 방 2칸을 빌려 사용하게 됨. 윤기선은 그 당시엔 부산 공무원 합숙소에서 생활하며 공무원직을 수행하고, 토요일 오후에 기차를 타고 송정에 와서 식솔들과 함께 생활함.

3월 5일 정부, 120만 소작인에 농지분배 발표
3월 14일 국군 서울 재수복
3월 24일 맥아더 장군 38선 이북 진격 명령(4월 11일, 미국 맥아더 해임)

당시 8세인 윤기선의 차남 윤국철을 송정국민학교 2학년에 전학시키고 삼남 윤국한, 사남 윤국열은 주인집 김씨 아들 영권과 동네에 사는 기동이라는 아이들과 어울려 바닷가 해안에서 노닐고 다녀 햇빛에 얼굴이 검게 타기도 함.

윤기선은 평일엔 공무원 합숙소에서 생활하고 주말엔 송정리로 돌아와 생활하면서 인근 해운대 해수욕장에서 단천군에서 토기공장의 종사자로 일했던 김시형을 만나 북에서 피난 내려온 얘기들을 나누며 피난생활처인 송정을 수시로 주말에 방문해줄 것을 청했다. 송정을 찾아오면 아이들에게 '해운대 아저씨'라 칭하게 하고 해운대의 건설현장 함바식당의 종업원으로 일하던 단천 고향의 김순남과 함남 청진 고향의 윤홍률을 만나 후일 정부가 서울로 옮겨가게 되면 서울 충무로 주소지로 찾아오라며 연락처를 줌.

조개껍질 등을 사용하여 연필꽂이 등 장식품을 만들어 팔던 장산을 만나 함께 어울려 피난지의 고달픈 생활을 서로 위로하며 다독거림.

7월 8월	개성에서 휴전회담 시작
7월 11일	부산 다대포 근해에서 여객선 제5편리호 침몰, 80명 사망

6월 30일 윤기선은 부산 임시정부관서에서 교통부 해운국 선원계장(사무관 7호봉)으로 승진

※ 당시 사무관은 지방군수 및 서울 등지의 도시에서 구청장직을 맡아하던 시기로 고위급 공무원 지위를 갖고 있었음. 7월 15일 문교부에서 실업교육진흥법 기초위원으로 위촉받음.

9월 6일　　정부, 여군 창설

9월 29일 윤기선은 부산 전시연합대학을 개강한 것에서 수업을 이수, 국립 서울대학교 대학원에서 정치학과 졸업(문학석사 학위).

10월　1일　대한신문협회 발족
10월　6일　남원에서 공비가 기관차 전복(200여명 납치)
10월 25일　휴전회담 판문점 재개
11월 27일　휴전회담에서 잠정적 군사 경계선 확정 합의 후 모든 전선에서 30일간 공격중지 명령
12월　7일　비무장지대 확정

아이들이 '해운대 아저씨'로 칭하는 김시형이 송정을 찾아와 아이들과 놀아주다 해운대 목욕탕으로 사남 윤국열을 데려가 목욕시키며 발이 욕탕바닥에 제대로 닿지않는데 퐁당, 퐁당시켜 기겁시키기도 함.

1952년

1월 18일　이승만 대통령, 평화선 선포
2월　1일　일본, 자위대 발족
2월　6일　영국 조지6세 사망, 엘리자베스 2세 여왕 즉위
2월　8일　거제도 포로수용소, 좌익계 폭동
4월 25일　전국 시·읍·면장 선거
4월 28일　정전회담 재개(중립국 감시단 구성)
5월　7일　거제도 포로수용소 좌익계가 소장 납치(폭동 2~3차에 포로 160명, 미군 16명 사망)
5월 10일　초대 도의원 선거
5월 14일　정부, 제4차 개헌안(대통령 직선제, 국회 양원제) 부산 계엄령, 정치파동(이종찬 육군총장 계엄군 파병거부)

5월 31일	동독, 동·서 베를린 경계선 붕괴
8월 5일	정, 부통령 직선제 선거(대통령 : 이승만, 부통령 : 함시영)
8월 13일	근로기준법 국회통과
11월 1일	미국, 수소폭탄 첫 실험
11월 7일	미국 34대 대통령 아이젠하워 선출
12월 2일	미국 34대 대통령 아이젠하워 방한
12월 12일	제외 국민 평화대 "빈" 개최

김춘화는 평일에 송정 해변가의 이뽀마찌 절벽지에서 동네 아낙들과 함께 소라, 미역들을 수확하여 인근 기장군 기장읍에 내다 팔면서 가사 생활 수단으로 움직이고 주말에는 윤기선과 함께 아이들을 데리고 해운대 해변을 산책, 수 많은 피난민들과 담소해 가면서 고향 단천 사람들의 소식 등을 묻고 북한 측에서의 생활상을 걱정함.

북한이 공산주의 정권으로 자식들을 남하시킨 윤극영을 고초하며 어렵게 하지않았을까를 근심 걱정하며 통일되지 않더라도 동일 민족의 안부, 교류는 있어야 한다고 생각함.

1953년

1월 20일 윤기선의 오남 윤국성이 송정리에서 출생. 윤기선은 삼·사남 출생시 행했던 것처럼 산파의 보조로 탯줄을 자르기 위해 가위를 소독하고, 주인집 영권 어머니께 산후 수발을 세심하게 해줄 것을 부탁하고, 북을 향해 큰절을 올리고 돌림자로 국자에 성인聖자로 작명함.

1월 30일	부산 국제시장 큰불(점포 4,260 소실, 이재민 2만 2,000명)
2월 15일	제1차 통화개혁(100대 1 절하, 종전 "원"을 "환"으로 변경)
2월 27일	정부, 독도 영유권 성명
3월	소련, 스탈린 사망

윤기선의 차남 윤국철은 송정국민학교 4학년 재학, 삼남 윤국한은 만 5세로 송정국민학교에 입학시킴.

6월 8일 거제도 포로교환 협정조인(9월 15일 교환 시작, 9월 6일 종료)

6월 18일 거제도 반공포로 석방(27,000명)을 미국의 승인없이 이승만 대통령이 단독 결정했다며 항변하는 사이에 윤기선은 반공포로였던 인민군 대위 김봉근을 수용소에서 면담을 갖고 북으로의 교환에 임하지 않겠다면 남한으로의 석방을 청해 당시 국방부에 근무하던 최영희에게 협력조치시켜 김봉근 대위를 대한민국 육군대위로 임관케 함.

또한 거제도 포로수용소에 함남 단천군 고향의 포로들을 파악하는 협력을 청해 "김경예"가 인민군으로 징집당해 참전했다가 포로로 수용된 사실을 알고 수차 접견을 시도함. 북으로 귀환하겠다면 북으로 갈 수 있겠지만 단천군에서 부유한 농가의 도련님으로 생활했던 시절을 사회공산주의 국가에서는 다시 없을 것이고, 이미 많은 농지를 북한 사회주의 정권이 몰수한 상황에서 자유민주주의 남한에서 생활을 갖는 것이 좋지 않겠느냐고 설득, 남한 땅으로 귀환하겠다고 의사를 분명히 하라고 독려, 당시 고위직 공무원(사무관급 이상)에게 거제 포로수용소에서 포로들이 남한 측에서 상당수의 귀환을 위해 독려했던 정책 일환도 있었고, 또한 김경예의 신원을 보장하는 서류를 제시해 김경예는 군 방첩대의 별도 시설에서 교화교육을 받게 되었고, 종전에 제시했던 포로 석방 후 서울 중구 충무로5가의 집으로 오라고 함.

김경예는 9월 서울 충무로 집을 찾아와 거제도 포로수용소에서의 비참하고 참담했던 상황들을 설명하고, 철조망 안에서의 포로수용소는 좌·우익으로 나뉘어 투쟁하는 속에 많은 포로들이 아이들과 함께하는 자리에서 죽어나갔다며 끔찍했던 일들로 눈물을 흘림.

후일 충무로에 거주를 합류한 김창락이 김경예를 향해 북에서는 부농의 도련님으로 하는 일없이 대접받고 살아왔겠지만 남한 땅에서는 무엇이든 일을 해야 먹고 산다며 지게를 구입해 주고 시장에서 물건을 옮기는 일을 하라고 함.

김경예의 여동생인 김순남도 오빠의 측은함에 눈물을 보이면서 생활할 거처가 있는 것만으로도 감사해야 한다며 서로 다독거리기도 함.

7월 27일　휴전협정 조인(10시 상호 모든 전투 중지)
8월 3일　군사정전위 판문점 설치
8월 15일　정부, 서울로 환도

5장 휴전협정 후의 세월

정부의 서울 환도 결정으로 윤기선은 해운대 해변을 돌며 그곳에서 만났던 단천 고향의 김시형, 김순남과 청진에서 남하했던 윤홍률에게 서울 충무로 주소를 알려주어 찾아오라 이르고, 철도공무원으로 거처를 제공한 송정리의 김×× 가족들에게 피난지에서 편케 생활을 도모해 준 것에 감사인사의 석별을 나누고, 철도이용이 용이치 않아 당시 철도의 궤도를 임시 운행한 로라크를 이용하여 찬바람을 맞아가며(지붕이 없는 로라크임) 서울 중구 충무로5가 18번지 옛 일본기와집에 정착함. 전시 중 옛 일본기와집과 동일형의 일본기와집은 포탄 투하 화재 폭격에 소실되었지만 옛 일본기와집은 북한군의 임시연락소로 사용된 후 다시 국군이 작전지휘 부서로 이용했던 탓에 멀쩡하게 보존되어 있었고, 대전에서 헤어졌던 심우준 부부 등이 먼저 피난지에서 올라와 청소를 단정히 해두어 안방과 사랑방에서 식구들이 정착하여 생활함.

차남 윤국철은 일신국민학교 4학년에, 삼남 윤국한은 일신국민학교 1학년에 전학시키고 윤기선은 국립해양대학교 강사를 겸임했던 관계로 주 1회 부산을 다니며 강의함.

9월 12일 소련공산당 제1서기 후르시초프 선임
9월 21일 북한공군 노금석 대위 미15기 몰고 남한 귀순
10월 1일 한·미 상호방위조약(워싱턴) 조인

10월 3일 신형법 공포
10월 12일 해안 경비대 창설(후일 해양경찰청)

정부 각 부처의 조직개편으로 교통부 산하에서 상공부 편제인 운수국 해사과 사무관으로 봉직하게 된 윤기선은 심우준(후일 동국대, 중앙대 교수를 거쳐 정신문화원 정회원)과 의형제를 맺고, 종전에 세입자로 기거한 안방 옆의 중간방과 건넌방에 심우준 부부와 이금술 친정아버지, 아들(철수), 딸(영희)이 각각 생활케 하고, 피난지인 해운대에서 만났던 단천군 고향의 토기기술자 김시형이 서울에 올라와 문간방을 사용케 하고, 김순남께 중간방에 기거토록 하고, 윤홍률과 김재덕을 중간방에서 함께 생활토록 하였으며, 하운시장(현 인현시장)에서 우연히 마주친 김창락[1]께 방 1칸을 제공하고, 함남 단천에서 피난 내려와 거처를 정하지 못한 채 판자촌을 오가던 염××(염성규 부친)과 김××(김재덕의 부친)을 위한 생활거처로 앞마당에 벽돌집을 지어 출입문 두 개를 만들어 각각 생활케 함.

충무로5가 18번지 18호의 일본인 기와주택은 토지가 100여평에 일본식 기와지붕의 단독주택으로 40여평이고, 현관 입구에서 마루 복도를 따라 문간방, 중간방, 공용 대형화장실, 사랑방이 있으며 후원 복도를 이용하면 15평 면적의 후원토지가 있었다. 현관입구 우측 입구에 공용의 주방시설이 있고, 복도를 따라 다다미방과 온돌방이 함께 있는 6평 규모의 안방과 옆에 건너방, 별방으로 이루어져 방이 6개이고, 공용주방 시설 마루 밑으로 지하 창고 겸 온돌 연료터가 있고, 앞마당은 넓은 45평의 공지가 있어 진흙 벽돌집으로 방 두 칸을 축조, 총 8개의 방

1) 윤기선이 만주에서 학교다닐 때 자동차 운전수 조수로 일했다가 함흥으로 내려와 운전수로 일하다가 경성으로 내려온 후 삼팔선이 막혀 고향 단천으로 가지 못한채 홀로 서울에서 생활함.

을 갖고 있었음. 김춘화는 세입자들께 저렴한 전세보증금 내지는 저렴한 월세를 주어 가족처럼 생활하는 함남 단천의 실향민 집성촌으로 불편없이 생활케 함.

세들어 사는 여섯 가구의 수장격 일을 맡은 심우준의 부인 이금술은 김춘화를 아이들에게 큰엄마로 호칭하게 하고, 세입자들을 관리하고 겨울 김장철에는 각 가정마다 김장할 배추, 무우 등을 집산하여 산지를 통해 트럭을 이용·운송해 배정하고, 넓은 마당에서 함께 김장을 한 후 김장독을 묻는 것도 가위, 바위, 보를 해 좋은 곳을 선정해 묻게 하고, 설날에는 김춘화가 거금을 내놓고 세입자들이 일부씩 공여하는 자금을 갖고 일상생활에 필요한 물품들을 구입하여 1등에서 7등까지 구별하여 윷놀이를 해 우승순서로 상품을 배정하는 등 실향민의 애환을 함께 함.

11월 27일 이승만 대통령 자유중국(대만) 방문, 장개석 총통과 반공 통일전선 결성, 부산역전 대화재 발생
12월 1일 남부지방에 공비소탕 비상계엄 선포

1954년

1월 18일 정부, 독도에 영토표지를 설치
1월 30일 유네스코, 한국위원회 발족
3월 11일 정비석의 소설 "자유부인" 문제 공론화
3월 21일 한국 표준시간 변경(동경 127도, 30분 기준으로 30분 앞당김) 국군 제1군 발족
4월 4일 부산진에 큰 불
5월 30일 제3대 민의원 선거(6월 9일 개원, 의장 : 이기붕)
6월 15일 제1회 아시아 민족대회(이사아 반공연맹 발족)
7월 31일 문교부, 한글간소화안 발표

윤기선은 주말 또는 여름 휴가시 북에 계신 부모님과 장남 등이 생각나면 한탄강변을 돌아다니며 수석 채취를 하던 중 한탄강 삼팔교 인근의 경관이 수려해 이곳에 별채를 지어 별장처럼 사용하고 싶다는 생각도 했으나 김시형이 함남 단천에서 토기공장 기술자로 종사했던 점을 살려 동반하여 토기의 질 등 토기생산에 필요한 것들을 집약해 정리해 가면서 삼팔교와 인접한 곳에 토기공장을 세워 보는 것을 기획하고, 포천군 이동면 노곡리의 임야·전답 등을 구입하여 김시형으로 하여금 생활할 주택을 건립토록하는 한편 토굴을 일궈 건립하는 전권을 김시형에게 부여하고, 김시형은 조달받은 돈을 갖고 주택을 건립키 위해 충무로5가의 집에서 퇴거하고 텐트를 가설해 주택을 완성하였으며 토굴을 일궈 토기공장을 구축하기 시작.

10월 11일　선주협회 창립(해운선사 선주들)

윤기선은 선주협회의 창립에 정부의 인사로 초청 귀빈으로 출석, 김춘화는 전후의 빈곤한 살림살이에 박봉의 공무원 월급에만 매달릴 수 없어 이금술과 함께 저녁에 쌀 과자를 만들어 낮에 행상으로 함께 장사를 함. 10월 말경에 포천군 이동면 노곡리의 토기공장 형태가 조성되자 당시 공직에 있던 윤기선은 민간사업주도의 대표자가 될 수 없어 장사 및 사업수단이 좋았던 김춘화를 사업자 대표로 하고, 김시형을 공장장으로 임명하고, 육군 특무대 상사로 전역한 김시형의 사촌인 김일형을 반장으로 하여 상호를 日東토기로 하고, 상표를 일본 황조기를 4분지 1로 잘라낸 붉은 것을 사용키로 함.

11월 14일　수복지구 행정권 인수

11월 29일　국회, 개헌안 사사오입으로 통과
12월 10일　부산 용두산 화재 국보 3,400점 소실

김시형이 경기도 포천군 이동면 노곡리에 주택을 완공하고 혼자 북에 두고 온 처자를 생각하며 지냈는데 이미 북한은 공산주의 정권이 생기고 남·북 통행이 금지된 상태에서 언제까지 혼자 생활하는 것은 많은 불편을 가져온다며, 이남에서의 정착된 생활을 위해 혼사를 치를 것을 주변 사람들이 권유함. 김시형은 중신을 통해 충청도 여인(황광열)을 만나 혼사를 치르고 노곡리 주택에서 생활하며 토기공장의 일꾼들에게 밥을 해주며 생활함. 김춘화는 김시형과 혼인한 황광열을 별칭 펀데기로 칭함.

김춘화는 일본기와집인 충무로5가 18의 주택에 비가 오면 물이 새는 부분의 기와를 수선하기 위해 세입자인 남자들께 지붕에 올라가 기와를 다시 깔아보라 하면, 세입자 남자들 상당수가 행여 기와지붕이 내려앉을지 모른다며 손사래를 치면 직접 사다리를 놓고 지붕에 올라가 깨진 기와를 교체하는 등 직접 움직여 세입자는 물론 동네인근 아낙네들이 함경도 또순이로 억척같은 분이라고 혀를 내두르기도 함.

충무로5가 앞마당 토지상에 진흙 벽돌집을 지어 입주해 살고 있는 단천 고향의 염××가 가내사업으로 치과와 연이 닿아 치아조형을 위한 용액들을 만드는데, 동네 건달들이 들이닥쳐 돈푼을 요구하는 일이 발생하면 김춘화는 몽둥이를 들고나가 험한 함경도 사투리로 내몰아 큰 언쟁이 붙었는데, 건달의 보수격으로 움직이던 윤영수 등이 거센 항거에 지치고, 세들어 있던 윤홍률과 친분을 가지면서 동네 큰 어른으로 모시며 건달들 출입을 배제시키기도 함.

충무로5가 18번지 일대는 윤기선 소유의 충무로5가 주택만 일본식 기와주택이고, 인근은 하꼬방으로 무질서하게 지어 움막처럼 살고 있으며 인근에 연못도 있어 아이들은 굴렁쇠를 굴려가며 당시 유행하던 아리조나 카우보이를 부르며 신나게 놀았는데 서울시가 그 지역에 시장을 조성하기 위해 연못을 메우고 집합시장으로 건축물을 지음(후일, 중부 건어물시장).

1955년

2월 15일　전진환이 노동당 결성(사회적 물의를 부름)
2월 17일　보건부, 사회부를 통합하여 부흥부로 신설
2월 18일　김성수 사망(국민장)

2월 하순 윤기선은 삼남의 이름으로 국민학교 취학통지서를 받게 되었는데, 당시 일신국민학교 2학년을 마치고 3학년에 올라갈 사항에서 자신이 학교를 늦게 다닌 탓에 동급생들보다 두어 살 많았던 것에 보이지 않는 심적 갈등을 가졌던 상황에서 아이들은 일찍 학교에 입학시키겠다는 일념이 있어 고심하던 중, 충무로 집에 세입자로 함께 생활했던 심우준의 장남(심철수)도 영희국민학교 1학년에 재학 중이므로 사남 윤국열이 함께 놀 동네 아이가 많지않아 혼자 땅을 파며 놀고 있었음. 4월 입학식때 마당에서 놀고 있던 사남 윤국열에게 옷을 단정히 갈아입히고는 영희국민학교(현 덕수중학)에 데려가면서 학교운동장에서 선생님들이 취학아동의 이름을 부를 때 "윤국한"하면은 큰 소리로 대답하라 시켰는데 사남은 자기는 윤국열인데 왜 윤국한을 부르면 대답하느냐며 의아해 대꾸하자, 딴소리 말고 대답 잘하면 먹을 것 사주겠다 하고 아동들이 모인 뒤편에서 윤기선은 사남을 향해 잘 하라고 주먹쥐어 보이는데 선생님이 “윤국한”을 부르는데 대답하지 않고 있어 사남을 향해 “큰 소리로 대답해야지”하니 선생님이 다시 호명할 때 고개숙인채 “네”하고 대답해 반을 편성하여 등교시간을 정해주고 해산하자, 윤기선은 잘했다면서 뭐가 쑥스러워 고개도 못들고 대답하느냐며 핀잔을 주고, 좌판대에서 팔고 있는 구운 오징어 한 마리를 사주었더니 신나하며 오징어를 돌리며 집으로 돌아감.

이후 며칠 동안 아무 얘기가 없다며 선생님이 등교시간을 정해주었는데 왜 안보내느냐는 사남 윤국열의 질문에 형들이 다니는 일신국민학교로 가야하므로 수속을 밟는다고 함. 만 5세 3개월 사남 윤국열이 한글조차 익히지 않은채 영희국민학교에서 일신국민학교로 명의를 변경, 수속하여 전학시킴.

3월 3일 조직편제로 윤기선은 상공부 산하인 해무청 해운국 해사과 선원계장으로 보직 변경되어 근무함.

5월 14일　소련, 동구 8개국 우호조약(바르샤바조약)
5월 22일　한국에 주한미군 원조단, 고문단 설치

5월 25일 포천군 이동면 노곡리의 토기공장 준비작업이 완성되어 공장가동을 위한 개소식에 윤기선, 김춘화가 참석하여 일꾼 등을 위해 돼지를 잡고 푸짐한 술파티자리를 가짐.

충무로5가 18번지에 거주하는 김창락이 청계천변에서 자동차 부품 판매점을 운영하게 되면서 주변 사람들 권유로 이남에서 어쩔 수 없이 가정을 꾸려야 한다고 수차 설득했으나, 김창락은 북에 두고 온 처자들을 생각하며 손사래를 쳤으나 북에 돌아갈 정부의 그 어떤 정책도 없고 언제까지 이렇게 살 수 없다는 생각에 혼사를 치루고 충무로 집에 그대로 거주함.

5월 31일 70여 명의 여인을 간음한 박인수 검거(사회적 사건)
8월 8일 한국에 증권시장 개장
9월 18일 야당인 민주당 창당(최고위원 : 신익희)
10월 1일 해방 10주년 산업박람회 개최

김춘화는 얼떨결에 일신국민학교 1학년에 입학한 사남을 위해 일주일가량 오남(윤국성)을 이금술에 맡겨두고는 학교에 데려다주고 함께 운동장에서 학습하는 것을 지켜보고 데려오기를 하는 중에 짝이 된 여자아이의 손을 뿌리치면서 걷고 유희를 하는데도 창피한 듯 따라 하지않고 있어 조용히 뒤편에서 지켜보고 웃는 얼굴로 불러내 운동장 끝편의 공동화장실로 데려가 윽박지르며 잘하도록 몇 차례나 다짐을 주었는데도 쑥스러운 듯 잘 따라하지 않아 집에서 매우 기합을 주기도 함.

오전, 오후반으로 나뉘어 교실내의 수업이 시작되었을 때 받아쓰기, 읽기 등을 잘하지 못해 선생님의 알림장에 가정교육이 필요함을 통지받은 김춘화는 사남을 향해 한글 익히기와 받아쓰기를 번갈아 시키면서 잘하지 못하면 머리를 내려치고, 종아리를 때리면서도 연필을 곱게 깎아 필통에 넣어주며 열정을 기울임.

윤기선은 낮에는 공직생활을 수행하고 야간에는 성동고에서 사회과목을 강의했고, 김춘화는 북에 계신 조부 윤극영이 남한에 내려왔으면 대학을 설립했을 것이라며 북에서 민족정신 함양을 위해 열정을 아끼지 않았던 성품을 아이들에게 설명하면서 모든 학문은 주어진 시간에 게을리하지 말고 열심히 갈고 닦아야 한다면서 딸 하나 없는 사내 녀석들 네 명이 자라고 있는 집안에서 항상 이북에 큰형(윤국진)이 있음을 잊지 말고 생활하라고 함.

윤기선은 건국대학을 설립한 유석창 박사를 만나 북에서 남하하지 못한 부친 윤극영의 여러 사항을 설명하고, 지난날 교우했던 모든 것을 회상하며 필요한 부분들, 특히 단천 관련에서는 자기도 만주에서 태어나 생활했지만 단천을 제2고향으로 생각한다며 물심양면으로 도움이 필요하면 얘기하라고 함.

심우준의 장인이자 이금술의 친정아버지인 이××옹께서 충무로 집에 함께 거주하면서 아이들과는 북쪽에 보이는 산들과 암벽들을 가리키며 옛 전설을 설명해 주시곤 했는데 지병으로 북에 가보지도 못한채 타계하자 윤기선, 심우준과 충무로에 기거하는 분들이 옛 복장의 상복을 입고 문상객을 맞이하고 아이들이 이를 보지 못하게 방에 있으라 했는데도 흘금흘금 쳐다보고 있어 밖에서 문을 잠가버림.

미아리의 공동묘지에 안장하고 돌아와 마음 편치않아 함.

10월 토기공장의 장독, 풍로 등 제작이 완성되어 포천군 이동, 일동면의 점포에서 판매를 시작하고 일부는 화물차를 이용하여 중구 충무로5가 18의 앞마당에 쌓아두고 판매를 시작함.

이금술(심우준 처)을 판매장으로 하면서 세입자들은 손님이 찾아와 판매하게 되는 경우 판매원에게 일정 판매수당을 지급하는 것으로 했더니 세입자들이 앞다투어 판매에 열을 올리기도 함.

1956년

1월 30일 김창룡 육군 특무대장 피살

2월 충무로 집에 머물러 거주하는 윤홍률이 자신의 생부를 만나게 되었다며 김춘화에게 부탁, 북에서 단신으로 내려와 이남에서 특별히 할 일도 없다하며 이동면 노곡리의 토기공장 인근의 전과 임야를 개간하여 농사일에 임하게 하고 싶다고해, 그렇게 수락하고 농촌생활에 임하게한 후 윤홍률 생부가 재혼하여 이복동생(세율)을 맞게 됨.

5월 5일 신익희 민주당대선후보 유세 중 사망(5월 23일 국민장)
5월 12일 첫 TV방송국(HLKI) 개국(6월 16일 방송)
5월 15일 제3대 대통령 선거(이승만), 부통령(이기붕)

윤기선은 TV방송국 개국에 즈음하여 실내 안테나 부착의 TV를 구입, 넓은 안방 다다미방에 설치해 충무로 집에 세들어 사는 고향 사람들이 저녁 때 모여앉아 신기한 듯 TV를 시청하며 담소를 나누게 했고, 일반전화(2-8396)를 개설해 놓아 세들어 사는 사람들이 동 전화를 이용하여 전화를 걸거나 수화하게 함. 아이들은 전화가 걸려오면 세입자들을 불러들여 수화하게 하고 때로는 과자 등을 받아먹기도 함.

사남이 일신국민학교 2학년 재학 중 야간 당직교사가 연락해와 윤기선은 학교를 방문함. 중년층 아저씨가 신촌에서 길을 헤메던 사남의 행동이 이상해 붙들고 학교를 물어 데려왔다며, 그냥 가겠다는 것을 보호자께 인계해야 된다고 부르게 된 것이라 함. 왜 길을 헤매면서 신촌까지 갔느냐고 물었더니 버스를 타고 깜박 졸았는데 낯선 곳에서 내리게 되어 그랬다고 함. 다음날 학교에 사남을 데리고 면담차 갔는데 담임 선생님 얘기가 며칠간 등교조차 하지 않았다해 자초지종을 듣고 윽박지름. 같은 날 며칠간 함께 등교하지 않은 아이의 보호자(결손가정으로 할머니가 돌보는 보호자)가 방문해 논담하던 중 교실에서 반 친구들이 놀리며 왕따

시켜 둘이서 학교 강단 뒤편에서 놀다가 교실에 들어가지 않고 며칠을 함께 있었다하여 반성문을 쓰게 하고 집으로 데려와 엄하게 훈육시킴.

사남은 반 친구들이 얼굴의 마마자국을 향해 놀리며 장난치면 주먹으로 내리치고 싸움을 하는 등 6·25사변통의 피난생활로 천연두 접종을 시키지 못해 발생한 것에 마음 아픔은 있었지만 단단히 훈육으로 마감.

7월 26일	이집트, 스웨즈운하 국유화 선언
8월 8일	전국 시·읍·면장, 민의원 선거
8월 13일	전국 도의원 선거

차남은 일신국민학교를 졸업 후 중동중학교 1학년 재학 중 집에서 동생들인 삼남, 사남과 방을 함께 쓰면서 시키는 일을 제대로 안한다며 마구 때려 삼남이 울면서 안방으로 김춘화를 찾아와 형인 차남을 어떻게 해달라고 부탁하면 김춘화는 차남을 향해 “동생들을 잘 보살펴야할 형이 못돼먹었다”며 “이북에서 남하할 때 장남 윤국진을 데리고 내려왔어야 하는데 저놈을 데리고와 화가 치밀어 오른다”고 하면 오히려 달려들어 더 크게 혼내면서 “너는 북에서 형인 장남 윤국진과 함께 놀던 기억나느냐”며 “형이 동생인 너를 얼마나 챙겨주었는데”하면 “그런 기억이 나지않는다”며 “국진형과 놀던 기억도 없냐”하면 “잘 모른다”해 화가 치밀어 “돌대가리같은 놈”이라며 혼내기 일쑤였음. 차남 윤국철은 선하게 눈물이 많았던 삼남 윤국한에게 걸핏하면 엄마에게 이른다하여 더욱 구박하기도 함.

중간방 별채에서 동국대학에 재학 중인 김재덕과 함께 거주한 윤홍률이 스스로 벌이를 해야겠다며 빙수용기를 구입해 달라 부탁해 김춘화는 빙수용기와 리어카를 구입해 주고, 윤홍률은 길거리에서 빙수를 만들어 팔기도 했는데 별다른 수확이 없는 것 같아 그만두게 하고 당시 동도공고 전기과에 입학시켜 학업토록 함.

집 앞마당에서 기르던 진돗개 잡종인 "메루"를 줄에 묶어 두다가 풀어주곤 했는데 거리에 나가 행인을 물자 "메루"를 죽여버리겠다며 꼬깽이(곡갱이)를 들고 나타나 온갖 압박을 행사해 당시 을지로4가변 목재소를 크게 운영한 최씨(최영락 부친)의 목재소 마당에 갖다 놓고 아이들을 시켜 아침 저녁 군용 항고에 밥을 날라다 주면 "메루"는 아이들에게 목줄을 풀어달라며 꼬리치고 매달리는 안쓰러움을 보임. 행인들에게 "메루"가 소동 부리는 일이 없어지자 충무로 집으로 데려와 후원에서 목줄을 매어놓고 기르기 시작함.

충무로5가 18번지 일본식 기와집 넓은 앞 마당에 포천군 이동면 토기공장에서 생산된 장독, 풍로를 판매하기 위해 적재된 곳을 정리정돈을 하던 중 김창락이 풍로 속에 쥐가 새끼를 낳은 것 중 한 마리를 꼬리를 쥐고 삼킨 후 소주 한 잔을 들이키며 몸에 좋은 것이라 하자, 이를 지켜본 심우준의 처인 이금술은 어디서 얘기를 들었는데 귀앓이하는 사람에게 쥐고기를 먹이면 좋다하는데 그러냐고 물으니, 어떻게 생것으로 먹겠느냐며 자기는 술을 좋아해 생것을 먹어도 소주로 이를 삭혀서 되는데 아이들이 먹으려면 익혀서 먹여야 한다고 함.

이금술은 몇 마리 잡아 달라하여 이를 갖고 솥에 끓여 귀앓이를 하는 차남(철호)에게 실체를 보이지 않게 조리해 먹인 상황을 지켜본 사남 윤국열이 철호에게 맛이 어떠냐며 조크섞인 얘기를 하자 이금술은 눈을 질끔하며 쥐고기 먹였다는 얘기는 빼버리고, 철호는 아주 맛이 있다하여 서로 웃고 돌아섰는데 그 영향인지 알 수 없지만 심우준의 차남은 그 후에 귀앓이로 고생하지 않음.

김춘화는 충무로 집에 세들어 살고 있는 아이들을 불러모아 사진사를 통해 기념사진을 찍고 후일 기억될 것이라며 사진들을 골고루 나눠주기도 하며 세입자들과의 친분을 유지함.

함남 단천군 고향의 집성촌같이 충무로 집에 세들어 있던 고향사람들이 자생에 힘입어 하나 둘씩 이전해 가고, 빈방들엔 한복집을 가내업으로 하는 오명수 식구들, 시장 좌대에서 팥죽을 팔며 생활한 이경학 식구들, 동구네 식구들이 세들어 살면서 예전에 행해온 그대로 김춘화를 큰 엄마로 부르며 예의롭게 생활을 함.

윤기선 집안과 심우준 집안의 자녀들은 모두 아들이고, 심우준의 장녀(영희)로 두 집안의 딸은 하나뿐이어서 김춘화는 영희를 딸처럼 아끼며 보듬어주고 영희 또한 큰엄마라며 잘 따르고 하여 함께 시장을 나가면 작은집 딸이냐 물으면 김춘화는 내 딸이나 같다 함.

충무로 주택에서는 56년도에 심우준의 삼남(철기)이 출생하고 염××의 아들(성규) 출생을 자축했는데, 김창락은 이남에서의 첫딸(상숙)이 출생하자 침울해하며 딴 집에서는 다 아들을 출산했는데 딸아이를 출산한 것에 서운함을 표해 김춘화는 북에 사는 아들도 있으니 하늘이 귀여운 딸을 내려준 것에 감사함을 갖자하여 김창락은 이남에서의 첫딸을 애지중지 귀하게 보살핌. 충무로 실향민 집성촌의 세입자 각 가정마다 아이들 울음소리로 화기가 넘쳐남.

11월 30일 윤기선은 정부의 미국해사행정 진흥책 연구를 위한 미 아메리카대학 단기과정 이수를 명받아 도미의 길('57년 3월 30일 까지)에 오르며 김춘화께 아이들 훈육 잘시키라 당부하며 매월 25일 지급되는 봉급은 직원에게 부탁해 놓았으니 부족하더라도 생활에 보태라며 도미기간동안은 국비로 대학 단독기숙(원룸)에서 생활하고 생활비도 지원해 주니 걱정하지 말라며 미국생활에 많은 것을 도움받아 미국을 통해 북한과의 교류 방법을 모색해 보겠다 하였지만 외교관계가 성립되지 않은 상태로 북쪽과의 방법을 타진하지 못했음을 귀국 후 얘기함.

1957년

3월 15일 윤기선은 도미 체류 중 미 아메리카대학의 해사학 단기과정을 수료하고 수료증을 받은 후 5월 30일 한국으로 복귀하고, 4월 5일 미국 상무성 대외 원조처로부터 표창장 수상.

5월 5일	어린이 헌장 선포
5월 25일	야당주최 장충단시국 강연회(테러단 유지광 체포사건)
7월 1일	UN군 사령부 일본에서 한국이전
8월 17일	서울, 양동에서 대형화재
8월 22일	주한 영국군 완전 철수

충무로 일대에서 건달 생활을 한 김영수 누나가 을지4가의 국도극장 매표원으로 근무하면서 김춘화께 영화구경 오시라며 무료의 상영표를 수시로 제공해 당시 총천연색 영화 "성춘향"을, 가족들 표를 몇장 더 매입해 감상하고 당시 인기 배우들의 열연에 찬사를 보냄.[2)]

---

2) '57년, '58년의 성춘향, 춘향전은 인기배우 최은희, 김지미가 춘향이 역을 맡았고 연기력도 있지만 총천연색 작품에 시중의 인기가 새삼 달랐음.

아이들이 방학 중 공부도 제대로 하지 않고 노는데만 정신이 팔려 윤기선은 훈육차원에서 차남·삼남·사남을 사랑방에 가두어 밖에서 문을 잠그고, 소변·대변을 대비해 요강과 주전자에 물만 넣어주고 막내인 오남에게 창문 쪽을 잘 지켜보며 형들이 어떻게 하는지 살펴보라 지시하고 출근한 후 귀가시 막내에게 물으면 방에 갇힌 형들이 먹을 것을 넣어달라며 큰 소리치는데 들은 척도 안했다고 하면 잘 했다고는 했지만 몰래 먹을 것 좀 넣어주는 형제 간 우애는 없었구나 생각하며 막내녀석을 너무 예쁘게 생각해 고집불통이란 생각을 가짐.

이틀간 가두어 놓은 후 방문을 열었더니 얼굴이 핼쑥해 무릎을 꿇려 놓고 반성문을 각자 쓰게 함.

김춘화는 아이들을 위해 계란 여러 꾸러미를 준비하고 한 아이당 한 꾸러미씩 후라이해 먹이게 하자 처음엔 좋아하더니 나중엔 닭 냄새만 난다고 투덜거림.

김춘화가 방에 갇혀 무얼 했느냐고 물었더니 삼남(윤국한)이 잔돈푼을 갖고 있던 것을 유리 창문을 제쳐 사남이 가까스로 나갈 수 있는 것을 확인하고, 소라 등을 사다 몰래 먹었다고 얘기하며 가슴에 딸랑 방울을 매달고 놀고 있는 오남 막내를 향해 나쁜놈이라며 꿀밤을 때려 윤기선에게 이를 고자질해 또 한 번 야단맞는 것을 보고는 막내 오남은 낄낄거리고 웃었음.

사남이 가족사진 등에 편철된 앨범을 펴 보고는 김춘화에게 형인 삼남과 막내인 오남의 백일, 돌사진은 있는데 형인 차남과 본인 것은 왜 없냐고 물어 이북에 있는 장남 윤국진과 차남 윤국철의 백일, 돌사진은 북에서 남으로 내려올 때 하나도 가지고 오지 못해 없는 것이고 사남은 전쟁 중에 사진을 찍을 겨를조차 없어 없는 것이라 하자, 50년 6월 25일에 북괴가 남침했으니 49년 11월에 태어났으면 백일사진은 있어야 하지 않느냐며 서운한 듯 따져물어 너를 업고 다니며 시장에서 행상을 했는데 정신없어 사진을 찍지도 못한 것 같다며 미안하게 되었다고 하니, 그건 그렇고 왜 천연두 주사를 맞히지 않아 얼굴에 마마자국이 있어 아이들의 놀림을 받고 있는 상황을 설명해 보라해 천연두 주사를 맞지 않고 열이 많은 것을 방지하기 위해 손에 두터운 장갑을 껴놓고 얼굴을 문지르지 못하게 했는데 성질이 급해서인지 한 번은 얼굴을 마구 문질러 놓아 그렇게 된 것으로 그 또한 미안한 생각이 든다고 했음. 시쿤둥하며 어디서 데려온 아이는 아니냐고 눈물글썽여 살기도 어려웠던 생활속에 위에 형들이 셋이나 있는데 어디서 데려오겠냐며 얼굴 마마자국에 놀림받더라도 소침해 말라며 곽재우 장군도 그렇지만 상해 임정 주석이었던 김구 선생은 얼굴에 마마자국이 있어 놀림받았겠지만 존경받는 분들이라며 다독거리며 감정을 억누르게 함.

홍익대 미대를 재학하며 며칠씩 충무로 집에 와 머물렀던 김인환에게 삼·사·오남이 만화그림을 그려달라며 아저씨 운운해 김춘화는 내가 김인환의 먼 친척 할머니뻘이면 너희들이 김인환에게는 아저씨가 되는데 호칭을 분명히 하라고 하자 삼남이 그러면 인환아 하고 부르냐고, 대학생이라 해 서로 웃고 호칭은 분명히 하라는 뜻이라 얘기함.

삼남의 동네 친구인 유방선 모친이 머리에 피를 흘리는 유방선을 데리고 김춘화를 방문하여 항의하며 그 집 아이가 던진 돌맹이에 맞아 머리가 깨졌다며 치료는 물론 보상까지 해달라고 하자, 김춘화는 삼·사남을 불러 자초지종을 물은 바 동네에서 나무막대기로 칼싸움을 하며 유행하던 만화책 날쌘돌이 흉내를 내면서 막내인 오남이 막대기에 줄을 매달고 맨 끝부분에 돌덩이를 감싸게한 후 좌·우, 앞·뒤로 흔들어대며 전쟁놀이하던 중에 돌덩이가 튀어나가 유방선의 머리에 맞게 된 것이라 하여, 일부러 돌을 던진 것이 아니라며 서로 어울려 놀다가 생긴 일인데 큰 잘못처럼 얘기한다고 하니, 유방선 모친도 사실을 파악하고, 이해는 되지만 상처없게 치료해야 한다하여 김춘화는 동네에 있는 강수만내과에 유방선과 그의 모친과 동행하여 치료받게 하고, 성형해야할 만큼 깊은 상처는 아니라며 주사놓고 약제를 주고 붕대로 감겨보내 마무리를 하고 난 후 삼·사·오남을 불러 앉히고 심한 전쟁놀이 같은 것은 일체 하지 말라 훈육하고 삼남에게는 동네 친구도 잘 보고 사귀라며 타이름.

김춘화는 심우준의 장남 심철수가 자기 누나인 영희를 향해 욕설을 하며 주먹을 쥐는 것을 보고 누나한테 동생이 어디서 행패부리느냐며 주의를 주고 있자, 심우준 처인 이금술이 몽둥이를 들고 심철수를 향해 고함을 지르며 버릇없이 누나를 함부로 대한다며 몇 대 때려서 김춘화는 아무리 속상한 게 있어도 하나뿐인 누나를 못살게 하면 안된다고 타이르고 양쪽 집안에서 딸은 하나뿐인데 그 어떤 상처도 받지않게 곱게 성장해야 하지 않겠냐며 이금술에게도 노여움을 풀고 잘 키우라고 당부함.

김춘화는 삼남이 선하게 생긴 용모에 순진하고 여러 동네에서 다른 아이들과 어울려 놀다가 매를 맞고 울면서 들어오면 사내녀석이 걸핏하면 맞고 울면서 들어온다고 혼내면 삼남은 동생인 사남에게 호소해 사남은 자기가 무슨 형이나 되는 양, 삼남을 데리고 나가 때렸다는 애들을 향해 발길질하고 그래도 힘으로 감당이 안되면 돌을 던져 도망치게 하면 속이 풀린 듯 삼남이 사남에게 의지하는 듯 보여 삼남을 강인하게 키워야겠다고 생각함. 후에 삼남이 중학에 입학 후 서울역에 위치한 무덕관 본관의 태권도장에서 운동을 배우도록 배려해 씩씩하게 그리고 자신있게 성장을 기하게 함.

충무로 집 중간방에 거주하던 심우준은 윤기선께 신문사에서 특별히 배려해 자유중국인 대만에서 사학 편입을 통해 공부하고 돌아오고 싶다며 자신이 대만에 있는 동안 식솔들을 잘 부탁한다해 걱정하지 말고 하고자 하는 공부 마치고 돌아오라며 석별연을 가짐.

심우준의 처인 이금술은 종전보다 더 열심히 김춘화를 따르며 충무로 집, 세입관계들을 철저히 중재하며 넓은 마당에 쌓아두고 판매하는 장독, 풍로 등을 열심히 판매하며 생활함.

1958년

1월 3일	진보당 조봉암, 간첩혐의 구속, 사형선고
1월 31일	미국, 인공위성 익스플러러1호 발사 성공
2월 16일	KAL 여객기 납북
3월 2일	영국 탐험대, 남극대륙 횡단

4월 1일 윤기선은 막내인 오남을 만 5세 3개월 나이로 일신국민학교에 입학시켜 김춘화가 무려 3개월동안 데리고 다니며 운동장 수업 때는 외곽에서, 교내 수업 때는 복도에서 교실 안을 보며 "윤복"이라는 동급생의 할머니와 함께 여담을 나누고 하교 때는 동행해 귀가하면서 구멍가게에서 당시 널리 행한 "또"를 맞히면 과자를 주고 또 다시 추첨해 "또"를 맞히면 과자를 내주는 게임에 연속 일곱 차례를 맞혔다며 구멍가게 주인의 못마땅한 표정에 미안하여 돈을 추가로 지불한 후 과자를

받아와 집에서 아이들과 함께 먹으며 담소를 나누기도 함.

3월 22일~4월 30일까지 영국에서 개최된 IMCO 국제회의에 윤기선은 외교관 여권으로 한국 수석 및 교체 대표로 참석함.

5월 2일 제4대 민의원 선거
5월 15일 한강인도교보수, 개통
6월 1일 프랑스, 드골내각 출범
8월 8일 함석헌 신부, 필화사건 피체

김춘화가 몸살 등으로 앓아 누워 있으면 삼남이 평상시 밥상차리는 것을 유심히 봐 두었던 것을 재현하여 밥솥에 밥을 지어 식구들에게 내어주는 등, 하여 이웃들이 삼남을 여성같다며 머리를 쓰다듬어주면 좋아하며 반찬 만드는 것도 가르쳐 달라며 조르기도 하여 이금술은 사내녀석이 그런 것 좋아하면 안된다고 핀잔을 주며 김춘화의 병환을 돌보며 요양시키기도 함.

오남은 담임선생인 유명희 선생이 총명하게 보아 학급 반장선거에 추천, 아이들의 전격적 투표로 반장이 되고 반장표시의 뺏지 등을 가슴에 달게해 이를 자랑스럽게 여기며 솔선수범 자세로 학급을 운영해 칭찬받음.

윤기선은 중학생인 차남을 제외한 삼·사·오남을 여름방학을 맞아 포천군 이동면 토기공장 있는 곳으로 보내 시골 풍경도 익히고, 한탄강 하류에서 수영하며 소라도 잡고, 장독 등이 어떻게 생산되는지를 체험하라며 열흘정도 토기공장 공장장의 숙소로 보냄.

윤기선은 방학을 맞으면서 학교에서 성적표를 받아온 것을 보고 삼·

사남의 성적이 좋지않아 매우 호되게 기합을 주며 외지인 일동 토기공장에 가서 생활할 때 부잣집 도련님처럼 거만떨지 말고 어른들에 대한 예의를 지키고 공장인부들을 대할 때도 겸손한 자세를 지킬 것을 단단히 주의시킴(수차 방학 중에 답수함).

아이들이 토기공장에 머무는 동안 김춘화는 이동면 노곡리 토기공장을 방문하면 공장장 및 반장이 개를 잡아 보신탕을 즐기게 했고, 공장장인 김시형의 처인 황광열은 김춘화를 따라다니며 시중을 마다안해 아이들은 김춘화의 방문은 여왕님 행차 같다 함.

1959년

1월 2일 소련, 최초의 인공위성 우주로켓 발사
2월 13일 일본에 체류 중인 한국인 교포 북송 시작
2월 27일 진보당 조봉암, 사형 전격 집행

윤기선의 차남이 중동중학을 졸업하고 5대 공립 중 하나인 용산고에 입학하고, 삼남은 일신초등학교 졸업 후 중동중학에 입학했음. 4월 17일 윤기선은 정부가 사무관급 이상의 행정, 사법, 입법부의 관료를 상대로 전형을 거쳐 국립 서울대학교 행정대학원을 설립해 전형을 통해 1기로 합격해 행정관료로서 야간에 강좌를 받기 시작함.

대만에서 학업을 마치고 돌아온 충무로 거주의 심우준은 쉽지 않은 사항에 대단하다며 축하의 덕담을 나눔.

4월 27일 중공 주석 유소기 선출

6월 윤기선은 해무청 시설국 관리과 행정계장으로 보직 변경을 받음.

6월 3일 싱가폴, 자치국으로 독립선언

8월 10일　씨 없는 수박을 만드는 기초 원리를 규명했던 우장춘 박사 사망(1935년 실험적으로 증명한 '종의 합성 이론')
9월　7일　태풍 "사라호" 832명 사망

9월 8일 윤기선은 덴마크 선적사에 의해 중고 피아노를 들여와 아이들의 예술적 음악성을 고취코자 했으나 아이들이 특별히 관심을 가지고 있지 않아 시큰둥하며 일제강점기 일본에 유학 중 음대에 다녔던 여성을 떠올려 봄.

10월 4일　소련, 달 뒷면 촬영하는 '루나' 3호 발사

김춘화는 공휴일에 아이들을 외식시킨다며 짜장면을 잘하는 한국인 운영의 짜장면집 1층에서 주문을 잘 받는 젊은 총각의 장사술을 칭찬해가며 아이들을 곱빼기로 배불리 먹게 하기도 함(한 달에 2번정도 외식).

1960년

1월 2일 윤기선은 내각 수반으로부터 공무원으로 맡은 업무의 성과를 내었다며 "녹조소성훈장" 수상

2월　5일　조병옥 민주당 대선후보 미국에서 사망(25일 국민장)
3월 15일　정·부통령 부정선거로 마산규탄시위(80여명 사상)
4월 11일　김주열 시신 인양(최류탄이 눈에 박혀 있어 시위격화)
4월 18일　고대생, 종로4가까지 시위 데모(정치깡패 습격 40명 부상)

윤기선의 삼남이 안국동 소재 중동중학교에서 귀가 중 종로등지에서 학생데모를 직접 목격하고 집에 돌아와 김춘화께 학생과 경찰이 대치하여 혼란스럽다고 하자 윤기선이 귀가하여 아이들에게 행동조심을 주의시킴.

6장 4·19혁명과 군사쿠데타의 세월

4월 19일	혁명 발발(경무대 어귀에서 경찰의 발포로 100여명 희생 데모가 전국으로 확대되자 서울 등 5대 도시에 비상계엄령 선포, 주요 일간신문의 기사를 삭제시켜 각 가정에 신문을 연일 제공
4월 23일	장면 부통령 사임
4월 24일	이승만, 자유당 총재직 사퇴, 이기봉 국회의장, 모든 공직 사퇴
4월 26일	국회, 시국수습결의(이승만 하야, 재선거, 개헌 채택). 허정외무장관 과도내각 구성
4월 28일	이기붕 일가 자살(집에서 수박 등 발견, 경악 금치못함)
5월 21일	내각책임제 개헌안 공고(6월 15일 국회통과)
5월 27일	서울 등 비상계엄 해제
5월 29일	이승만 하와이 망명
6월 1일	과도정부, 부정축재자 자수기간 설정

6월 윤기선은 해무청 해운국 감리과 감리계장으로 보직 변경

6월 17일	곽상훈 국회의장, 새 헌법에 따라 대통령 권한대행
6월 19일	미국, 아이젠하워 대통령 내한
6월 22일	국회의원 선거법 통과
7월 29일	민·참의원 선거(국회 양원에서 제2공화국 대통령, 윤보선 선출)
8월 14일	북한, 김일성 남·북연방제 제의

9월 윤기선, 국립항공대 강사로 겸임 발령, 강의 시작

9월 10일	육사 8기생 11명, 김종필 주도 국방장관에 "정군" 건의
11월 8일	미국, 민주당 40대 케네디 대통령
11월 12일	민주당구파, 당명을 신민당으로 결정
12월 10일	박태선 장로회 신도 1,000명, 동아일보 습격
12월 12일	서울시, 도의원, 시·읍·면의원, 시·읍·면장 선거
12월 14일	경제협력개발기구(OECD) 조인

12월 14일 윤기선은 해운국 해사과장 서리로 보직 변경

12월 26일 윤기선은 해무청 해운국 해사과장(서기관 2호봉) 승진, 9년간의 만년 사무관 계장에서 승진함.

12월 20일	월남, 민족해방전선(베트콩 결성)
12월 25일	부산, 국제시장 큰 화재
12월 30일	경무대를 "청와대"로 개칭

1961년

1월 3일	미국, 쿠바와 단교

2월 윤기선은 국립 서울대학교 행정대학원을 1기로 졸업(행정학 석사). 논문으로 "국토 배가 확장론" 제출.[1)]

윤기선의 사남이 일신국민학교를 졸업하고 5대 공립인 서울중학에 응

1) 동 논문은 서해안 간척지를 메워 협소한 국토를 배가하는 학술 논문으로 학계에서 많은 호응을 얻었고, 후일 현대그룹 정주영 회장이 서해만 간척지를 개발할 때 많은 참고가 되었다며 이북도민 실향민 모임에서 언급함.

시케 했으나 낙방해 실망스러움이 가득차 후기인 신설교인 공립 숭인중학교에 입학시키고, 5학년 때부터 많은 돈을 들여 과외까지 시켰는데 명문공립에 입학하지 못한 것에 "충물이"(함경도 사투리로 머저리라 칭함) 취급하며 단단히 훈육함.

4월 11일　나치전범, 이히만 재판개정(예루살렘, 62년 5월 31일 사형 집행)
4월 17일　쿠바, 혁명 평의회(5월 1일 카스트로, 사회주의 선포)
4월 21일　황윤석 여자판사 변사사건(독살여부 물의)
4월 28일　인구조사 발표(총인구 2,439만 4,117명)

사남은 퇴계로5가에서 미아리행 버스(9번)를 타고 미아리의 하월곡에서 하차해 신설교인 숭인중학으로 1학년뿐인 학교에서 걸핏하면 교내 수업시간에 운동장의 잡초뽑기 등 노역만을 시킨다며 귀가해 울상을 지으면, 김춘화는 공부 열심히 잘해 서울중학에 갔으면 그런 일도 없었을 텐데 공부를 게을리한 것을 어디다 울상짓느냐고 야단치면 입을 딱 다물고 아무 말도 안함. 한 번은 가방에서 호박을 발견하고 어디서 갖고 온 것이냐고 했더니, 운동장 사역에서 경계철조망의 개울가 옆에 호박들이 열려있어 따갖고 왔다며 호박부침개를 했으면 좋겠다고 함. 학교는 학생들 수업은 안시키고 맨날 사역이나 시키냐며 학교를 방문해 항의한다 하자 손사래치며 말리면서 학교에서 운동장 풀뽑기 등 사역하는 것을 집에는 알리지 말라고 했다며 막무가내로 말려 학교 방문 항의는 그만 둠.

오남은 일신국민학교 3학년 재학 중에 담임교사인 이쌍한 선생이 윤국성을 향해 "너는 윤국한 동생이지"하며 매번 부를 때마다 윤국한으로 불러 선생님께 항의했다며 김춘화께 이를 이르자 김춘화는 담임선생이 형인 윤국한의 담임선생을 했던 적이 있어 귀엽다는 뜻으로 그렇게 불러보는 것 같은데 무엇이 그렇게 싫어 시쿤둥 하냐며 타일렀더니 형인 윤국한을 향해 얼마나 학교에서 사고뭉치처럼 굴었기에 선생님이 기억하며 자기를 그렇게 핀잔주느냐 하자, 삼남은 오남의 귀싸대기를 때리며 "막내라 예뻐해 주니까 형을 우습게 본다"며 화를 내어 두 아들만 앉혀놓고 야단치는 게 아니라 네 아들 모두 불러 무릎꿇게 함. 이남 땅에서 일가친척 하나 없는 우리는 단신인데 형제들끼리 우애좋게 지내야 할 판에 걸핏하면 싸움질을 하냐고 빗자루로 마구 갈기며 훈육하면서 차남을 향해 화살을 날리 듯 동생들을 잘 어우러지게 못했다며 장남 윤국진을 데려오지 못한 것을 자탄함.

5월 16일	장도영, 박정희의 군사혁명(후일 쿠데타로 명명) 전국비상계엄령(국회해산, 정당, 사회단체 활동금지)
5월 18일	장면 총리내각 총사퇴, 혁명위는 "국가재건 최고회의"로 개편
5월 20일	혁명위는 내각수반에 장도영 의장
5월 23일	언론기관 정비
5월 26일	국군작전권 UN에 복귀
5월 27일	부흥부를 "건설부"로 개칭
6월 3일	캐네디 미대통령, 소련 수상과 회담, 부정축재처리요강 발표, 중앙정보부법 공표
6월 22일	공보부 신설
7월 1일	서울국제방송국(HLCA) 개국
7월 2일	최고회의 의장에 박정희 소장 취임
7월 3일	반혁명 음모협의, 장도영 중장 등 44명 체포, 반공법 공표
8월 12일	동독, 베를린장벽 구축

국가 재건 최고회의는 혁명공약을 각급 학교 조회시간에 합동 낭송토록 하였고, 정부부처의 각급기관에도 암송하도록 지침을 내리며 이를 어길시 단체의 책임자를 처벌한다고 엄포를 놔 행동에 따름.

10월 2일 새 정부조직법 공표(1원, 12부, 2처, 4청련제)
10월 14일 시중은행, 국가귀속 환원

8월 22일 국가가 재건 최고회의 의결로 윤기선을 해무청, 해운국장(선박기감 6호봉)으로 승진발령(서기관에서 8개월만에 이사관 승진), 국방연구원 및 고급 공무원 과정을 수료케 함.

10월 2일 정부조직법 개편으로 해무청이 없어지고 교통부에 해운국을 편입시켜 교통부 해운국장에 윤기선이 보임됨.

10월 5일 한·일 해운회담 한국수석대표로 윤기선을 참석시킴.

10월 30일 소련, 50메가톤급 핵실험, 6차 한일회담 개최

11월 1일 석탄공사로부터 윤기선 감사장 수상

11월 11일 박정희 최고회의 의장 미국 초청 방문길, 동경에서 총리와 회담. 워싱턴에서 케네디와 회담.
12월 12일 세재 개편(호변세·교육세 폐지, 재산세 신설) 국토건설단 설치법(부랑자·깡패들 소탕, 국토건설단에 취합시켜 재건대 교육시행)
12월 22일 첫 학사 자격고시 실시

윤기선이 해운국장에 부임한 후 해운국 소속 표지과 관할의 일선 등대장 중 울릉·거진 등대장이 갈매기 알을 충무로 집으로 선물함. 김춘화

는 이를 거절하려고 철도 전화로 알리자 고가의 선물도 아닌데 받아두라 하여 감사히 받고는 충무로에 거주하는 세입자들에게 골고루 분배하여 삶아 먹으라 했는데, 처음 본 갈매기알이 계란보다 훨씬 크고 얼룩무늬도 있어 신기하다며 삶아먹고 후라이해 먹으며 맛도 좋다고들 함.

함남에 고향을 둔 실향민들의 자녀 결혼식과 교통부 내의 공무원 등이 윤기선께 조강지처에 아들 5형제를 둔 금실좋은 것으로 알려져 주례 선생으로의 초빙이 많아 토요일 오후, 일요일에 결혼식 주례로 바삐 움직이기도 함.

1962년

1월 1일　　단기년혁을 서기년으로(서력) 변경

윤기선은 국가재건 최고회의 지도자와 해운관계 정책 조율에 갈등 마찰을 빚는 가운데 괘씸죄를 적용한 듯 군사혁명에 공을 세운 해군장성을 해운국장에 보임하고, 윤기선을 부산지방해운국장으로 좌천시켜 이를 묵묵히 받아들이며 부산시 중구 초량동의 단독주택 관사에 기거함. 당시 알고 지낸 최××(최명옥 부친) 가족을 기거케 하여 조식을 함께하고 항만도로에 있는 부산지방해운국청사에 관용차량으로 출·퇴근을 함.

차남이 용산고등학교에서 학업성적 불량으로 제적 위기에 놓이자 동도공고에 전학해 졸업한 후 우석대학(후일 고려대와 합병) 경제학과에 입학하고, 삼남은 중동중학 졸업 후 중동고등학교에 입학하여 중학교 때부터 태권도장에 다녔던 사항에서 태권 유단자로 씩씩하게 활동.

3월 22일　　윤보선 대통령 사임 후 박정희 대통령 권한대행(순차적으로 중장, 대장으로 진급)

4월 2일 농업 진흥청 발족
4월 20일 5·16기념 산업박람회 개막
5월 28일 뉴욕주식시장 폭락으로 한국도 증권파동
6월 10일 제2차 통화개혁(10대 1로 평가절하 "환"을 "원"으로 변경)

윤기선의 삼남은 화폐개혁으로 종전의 돈을 사용할 수 없게 된다고 생각해 자신이 비상금으로 간직했던 1,000환 지폐(붉은색면)를 못쓰게 될까봐 리어카 행상에서 판매하는 딸기를 전부 사갖고 와서 먹자고 하면서 김춘화께 "오늘 딸기 판 행상은 화폐개혁 소식도 못들었는지 딸기를 전부 사주어 고맙다"하더라며 자기가 잘했다는 듯 동생들에게 자랑해, 김춘화는 일정한 구폐는 다시 바꿔주는 것이라며 바보같은 짓 했다며 "어디서 돈을 꼼쳐놨냐"하니 삼남은 자신이 어리석은 일을 했다면서 "사온 것이니 우리 실컷 먹자"고 하여 애써 마음 달래며 잘했다고 함.

6월 11일~8월 23일 윤기선은 정부 주관의 고등반, 영구반 교육을 위해 부산지방해운국장직을 대행시키고 서울에서 생활함.

8월 2일 동아일보 필화사건(국민 투표는 만능 아니다), 황산덕의 논설위원 피체
8월 28일 순천에 대수해(사망 131명)
9월 1일 이란, 서북부 대지진(사망 2만명)

사남이 중학교 2학년 재학 중 학급 담임선생의 가정방문에서 중학교 2학년에 재학 중인 전국 학생들의 IQ검사를 했는데 IQ가 139가 나온 것에 대해 교무실 교사들 회의에서 "이 정도면 전교에서 1등은 독차지해야 하는 것인데 왜 성적은 형편없는지 모르겠다"며 불우한 환경에서 성장하는 게 아닌지 가정방문 지시를 받고 방문하게 되었다며, 학생이 보

호자인 학부모에게 이같은 사실을 알리지 않았느냐고 하문해 “학교에서의 생활을 전혀 얘기하지 않아 IQ검사를 했는지도 몰랐다”고 김춘화가 답하자, 학교에서 최우수의 준천재는 물론, 서울은 물론 전국 중학에서도 100명 이내의 수재라며 가정에서 열심히 훈육해 달라고 함. IQ검사표가 나온 후 교무실에서 교사들과 회의 후 화가 치밀어 학급 종례시간에 칠판 앞으로 사남을 나오게 하여 귀를 잡아당기며 심하게 훈육해 반 아이들은 물론 전교생들이 잘 알고 있다며 학교에서도 열성을 기울이겠지만 가정에서도 뒷받침을 잘해 달라고 함. 공무원 생활을 하는 아버지 밑에서 성장하는 매우 좋은 집안인데 걱정을 많이 했다 함. 김춘화는 퇴근하고 귀가한 윤기선께 이같은 사실을 얘기하자, 사남을 안방으로 불러들여 몽둥이로 매우 세차게 때리고 열심히 학업을 하지 않으면 내쫓겠다고 으름장을 놓고 하루 한 번씩 학교에서 배운 것을 복습차원에서 책 들고 오라 함. 열심히 하는 듯해 전교에서 하위에 머물던 성적이 전교 12등까지 올라가는 것을 확인하고 이후 스스로 알아서 하라고 격려해 줌.

삼남은 태권도 유단자로 학교에서 클럽을 조직해 걸핏하면 싸움하고 다녀 가정에서의 훈육을 철저히 해달라는 면담요청을 받고 학교를 방문한 윤기선은 “가정에서 철저히 훈육할 것이지만 학교에서도 단단하게 훈육해 달라”고 요청하고 삼남에게 남을 해치기 위해 운동을 배운 것이 아니니 호신사항 외에 폭력적 움직임은 행사치 말라고 단단히 교육함.

9월 4일 윤기선은 부산에 복귀, 물품출납명령관 겸임 발령

10월 22일 케네디, 소련이 쿠바에 중거리 탄도탄기지 건설 중 쿠바해상 봉쇄(일촉즉발 상황에서 11월 20일 해상봉쇄 해제)

11월 12일　김종필 중정부장 일본 大平메모-(63년 봄까지 한·일문제 타결시사)

11월 29일　한국일보 장기영 구속(사회노동장 준비설 등 기사 필화사건)

김춘화는 아들만 기르면서 부분적 외로움이 있어 수양딸을 수소문해 "근자"를 데려와 학교도 보내줄 생각을 했으나 잘 적응하지 못해 다시 "조춘자"를 데려와 한동안 가사일도 돌보게할 겸 집에서 책을 갖고 학습토록하던 중 심우준이 동국대 사학과 교수로 재직하던 상황에서 한자어를 써놓은 것을 한글표기가 틀렸다며 한마디 대꾸했다가 김춘화로부터 한자에 통달한 사학을 가르치는 대학교수님이라 하자 고개를 살레살레 저음.

12월　5일　영친왕의 국적을 회복

12월 17일　헌법개정안, 국민투표가결(26일 공표)

12월 27일　박정희 최고회의 의장, 민정이양 발표(대통령 출마의사 피력)

1963년

1월　1일　부산시를 직할시로 승격(시장에 군장성의 김현옥 취임), 민간인의 정치활동 재개

1월 18일　전남 하지도 앞바다 여객선 침몰(138명 익사)

5월 13일 정부는 이북오도의 각 도·군·읍·면민회 결성을 지침했는데, 단천군 광천면 또한 면민회를 결성키 위해 창경원 모임을 갖고 민회를 결성함. 윤기선을 초대 면민회장, 총무에 회장 지명으로 김창락을 지명해 부산에서 공직 수행 중 모든 전권은 총무에게 부여한다고 수고해 달라하며 참석한 면민들에게 사전에 준비한 타올·도시락·과일 등을 제

공, 당시 군부재건 최고회의에서 일정비용을 지원함.

5월 14일 민정당 창당(윤보선 대통령 후보)
6월 3일 교황 요한 23세 사망
6월 25일 거제도 장승포 산사태 100여명 매몰
7월 15일 등소평 중공대표단, 중·소회담
7월 18일 민주당 창당(대표 : 박순천)

김춘화는 초등학교 6학년 재학 중인 오남이 방과 후 과외교사로부터 수업받는 오현경 등 3명을 방학기간에 하기피서 겸 수업을 계속하게 할 목적으로 부산을 방문한다고 윤기선께 알리고 부산의 영도구 청학동 해운국 합숙소에 비용을 지불, 일주일간 머물게 함. 해운국 선박과 주선의 관람선을 이용하여 오륙도를 돌아보게 하고, 부산지방 해운국 청사도 구경시키며 친절하게 안내한 직원의 배려를 감사히 받음. 김춘화는 부산 초량동 관사에서 최×× 부인 가족들과 어울리고, 중학 3학년인 사남은 청학동 합숙 관사의 방 1칸에서 고등학교 입시준비를 하며 해수욕도 즐기고, 태종대에 들러 해산물을 마음껏 먹게도 함.

8월 11일 송요찬 전 내각수반 살인혐의 구속
8월 14일 공군쿠데타 사건(주범 이종환 사형)
8월 30일 박정희 의장 대장예편 후 창당된 공화당에 입당
9월 1일 노동청, 철도청 발족
10월 10일 서울 가정법원 개원
10월 15일 대통령 선거(박정희 당선)

윤기선의 차남이 대학을 휴학하고 공군에 지원 입대하여 대전에서 훈련받는 동안 매주 토요일에 김춘화가 면회감. 삼·사남은 형인 차남이

군대에 지원 입대한 것을 해방이라도 된 듯 만세부르며 환호하고 있어 동생들을 얼마나 괴롭혔으면 저러나 싶어 하면서도 김춘화는 삼·사남을 윽박지르며 매우 혼내기도 함.

11월 22일	미국 케네디 대통령 달라스에서 피격(오스왈드에 의함) 존슨 부통령 권한 승계
11월 24일	박정희 대통령, 미국 국장 참석
11월 26일	국회의원 선거(공화당 압승)
12월 7일	새 정부기구 확정(1원, 13부, 3처, 5청) 부총리 신설
12월 17일	제3공화국 발족(새 헌법 발효) 5대 대통령 박정희 취임, 제6대 국회개원(의장 : 이효상)

충무로5가 18번지 18호 일대의 토지를 서울시가 공원으로 지정하여 판자집 등에 거주하던 사람들을 퇴거시키기 시작하면서 충무로 주택 또한 명도 보상금으로 일부 받은 금원을 갖고 11월 25일 김춘화는 중구 오장동 90번지 3호 양옥주택 2층 단독을 전세를 안고 매입함.

충무로 주택에서 생활했던 김창락은 둘째딸(명숙)을 낳고 청계천의 자동차부품상 운영이 잘되어 중구 행당동으로 이전해 가고, 염××(성규) 가족도 시구문 밖의 신당동으로 이전해 가고, 김××(재석) 가족도 이전해 가는 등 절친하게 지내던 단천군 고향 사람들이 떠나간 곳에 오명수 가족, 이경학 가족 등이 세들어 생활하고 심우준 교수 가족과 함께 생활하며 후일 주거지를 이동할 때까지 서로 돕고 상부상조하며 생활함.

10월 대통령 후보들의 선거유세 시 윤보선의 제주유세를 위해 선박운항 신청한 것을 본청내지는 청와대 등에 의견을 묻지 않고 부산해운국장의 전권으로 허가해 심한 갈등 속에 있던 중, 출항일에 기온이 좋지 못한 일기상으로 운항이 취소되었으나 상부로부터 수 없는 질책을 받았으나 고개숙이지 않음.

11월 정부직제 개편으로 윤기선은 행정부 이사관 2호봉으로 부산지방 해운국장에 재보임되고 12월 17일 박대통령의 표창장 수상.

12월 하순 윤기선은 여러 가지 미안한 마음으로 김춘화를 부산으로 내려오게해 경주 불국사 등을 함께 여행하며 북에 두고 온 장남 윤국진에 대한 회한과 윤극영, 김상화 등 양친과 조모 심우혁, 시누이 등에 대한 그리움을 갖고 마음 애타하며 여정을 가짐.

1964년

1월 1일	미터법 실시
1월 13일	법관회의, 조진만 대법원장 선출
1월 16일	치안국, 제주도 일원 첫 통금 해제

윤기선은 사남이 고등학교 입시의 1차를 낙방하고 후기에 중동고를 지원하려하자, 자식놈들이 하나같이 제대로 된 명문고를 입학하지 못함에 화가 치밀어 올라 부산에서 옆에 두고 철저히 관리해볼 양으로 부산의 공립인 부산남고에 응시해 합격시킨 후 부산의 초량동 관사에서 머물며 등·하교케 함. 당시 부산지방 해운국에 근무하는 윤홍률을 시켜 교재와 교복 등을 준비시키기도 함.

윤홍률은 충무로 집에 거주하며 임시직으로 해운국 표지과 관할의 등대에서 근무하고, 부산지방해운국장으로 부임한 윤기선이 윤홍률을 정규직 공무원으로 발령내어 부산지방해운국 표지과에 근무를 시작함.

오남이 일신국민학교를 졸업하고 명문 공립인 서울중학에 응시했으나 기대에 미치지 못하고 낙방 후 2차로 중동중학에 입학했고, 삼남이 중동고 3학년에 재학하던 3월 중순경 각 클럽 간 집단 패거리 싸움이 벌어져 삼남이 소속된 카맬클럽(C.K) 조직원 상당수가 퇴학, 징계, 전학권고 처분 등을 받게 되자, 윤기선은 자초지종을 학교와 상담 후 부산지방으로 내려가 생활하여 제대로 아이들 훈육을 시키지 못했다는 자책으로 사남과 같이 삼남 또한 부산남고로 전학시켜 훈육해야겠다고 작심함. 부산으로 내려오게 수속을 취하고 부산 초량동 관사에 머물게 하여 학교수업에 임하게 함.

3월 24일	서울대, 연대, 고대생을 주축으로 대일 굴욕외교반대 시위가 전국으로 확대, 각 지방에서는 고등학생도 가담.
5월 9일	최두선 내각 총사퇴(정일권 총리 내각)

5월 중순 교통부는 한·일 해운관계의 일선행정 업무전담을 전문적 관료를 행한 윤기선에게 맡겨야 한다는 방침을 세워 교통부 해운국장직에 보임하라는 의견을 하달해 윤기선은 부산의 초량동 관사를 부산시로부터 불하받아 삼·사남을 계속 머물게 하여 생활토록 함. 또 다시 아이들을 방치하게 될 것을 우려, 고3인 삼남을 우선 서울로 전학시키기 위해 중동고등학교와 조율했으나 3월에 패싸움 등으로 징계받고 전학 간 사항에서 이를 수락할 수 없다고 하여 중동고의 2부인 야간이라도 전학시키는 수속을 밟음. 초량동에 기거했던 최×× 가족이 더 머무를 수 없어 부산 영도구 동삼동으로 이사간 이후 조·석 등 생활편의를 위해 김춘화는 수양딸 겸 도우미 역할을 했던 "조춘자"를 부산으로 내려보내 도움을 주게하고, 윤홍률을 시켜 수시로 아이들을 지켜 볼 것을 지침함.

5월 29일 윤기선은 교통부로부터 본부 해운국장으로 발령받아 서울로 상경한 후 삼남을 서울 중동고 2부로 전학시키고, 사남에게는 고등학교 1학년 과정을 마치게 할 수 밖에 없어 부산 해운국의 영도구 청학동 합숙소의 방 한 칸을 내어주게해 그곳으로 옮겨 생활케 함.[2] 행정고시에 합격해 부산지방해운국 사무관으로 재직한 미혼 총각 공무원이 합숙소에 머물며 생활하는 것을 계기로 윤기선은 동사무관에게 사남의 학업사항을 시간 있을 때마다 지도하라 부탁까지 함(동사무관은 후일 해운국장을 거친 고위직이 됨).

윤홍률은 윤기선에게 부탁하여 묵호지방 해운국으로 발령받아 근무, 5월 창경원에서 광천면민회를 개최, 가족 특히 아동들을 많이 참석시키도록하여 보물찾기 등으로 학습용 노트·크레파스 등과 일용생활품·기념타올을 배포하고 도시락·음료 등을 제공, 단천군 광천면민들의 고향 그리움의 시간으로 담소를 나눌 수 있게 함. 단천군의 이남거주 실향민 유지 등이 자율적 경비를 찬조하면 총무인 김창락은 보조하는 간사를 통해 한지에 찬조한 인사 이름과 찬조금을 적어 줄에 걸어 면민들이 알아볼 수 있게 하며 우애를 돈독히 함.

김춘화는 차남이 공군복무시 휴가차 집에 들르면 부산의 동생있는 곳을 방문해 보라 하며 삼남과 함께 부산 영도구 청학동 해운국 합숙관사에 들러 담소를 나누게 함.

6월 3일	서울대생 데모, 대학·고등학생 가담, 파출소 점거 파괴로 서울시 비상계엄(7월 28일 해제)
6월 5일	공화당의장 김종필 사퇴

2) 청학동 해운국 합숙소는 각 지방 해운국 직원들이 부산에 출장 올 때 며칠씩 머무는 장소이고, 부산으로 발령받은 미혼자 공무원을 거주케 하면서 합숙소에서 조석을 제공해 주던 곳임.

김춘화는 부산 초량동에 보냈던 수양딸 "조춘자"를 서울로 불러올리고 부산 초량동의 불하받은 주택을 매각처리, 윤기선은 교통부 공적심사위원, 고등징계위원직 겸임 발령.

8월 24일　민정당, 당무회에서 유진산 제명 축출
10월 10~24일　동경에서 하계 올림픽 개최

10월 9일 동경에서 농구선수 신금단(북한 대표)이 부녀 상봉하는 뉴스에 전국민의 시선을 집중시킴. 14년만의 상봉이 불과 몇 분만에 끝난 것을 안타까워하며 특히 실향민들은 북에 두고온 가족들을 1분이라도 보고싶다는 소망과 안부 등을 알 수 있게 되면 좋겠다며 정부에 소원서를 제출.

10월 15일　소련, 후르시쵸프 실각(브레즈네프 취임)
10월 24일　함시영 신부 사망(국민장)
11월 3일　미국, 존슨 대통령 당선, 월남 지원파병 협정(한·월남간)
12월 7일　박대통령 서독 방문(간호사, 광부 격려)

1965년

1월 8일　국무회의 비전투병력 2,000명 파병 의결
1월 15일　제2한강교 개통

윤기선은 부산남고 1학년을 마친 사남을 서울로 전학시키려 지면을 갖고 있던 중동고 재단의 최성학 이사를 찾아가 협의하던 중, 금전적 기부제공을 요청해 중동고의 주간인 1부로의 전학을 검토하며 사남에게 전학과정이 쉽지 않음을 표출하고 야간이라도 전학해 공부할 수 있느냐 하문하며 대학입시를 제대로 준비해 보려면 야간고에 입학하는 경우도 상당수 있다하여 대답을 기다려 그렇게 하겠다고 전학수속을 마치고 부산에 내려가 친구들과 송별하고 오라 함.

삼남은 중동고를 졸업하고 1차 대입시험에 낙방 후 2차인 성균관대의 법정대 정치학과를 정원의 누락자가 있어 추가합격으로 입학함.

윤기선은 정부의 해외출장 명령에 따라 한국의 조선산업 발전의 일환인 중고선박 구입차 민간 해운선사의 구매담당 중역들과 함께 구주, 아주지역을 4개월간 출장, 한국 해운의 중요한 선박 운송물량이 부족한 상태에서 정부에 저리자금 대출로 선박을 들여와 해운 및 조선소의 발전을 기하겠다는 해운선사들의 집요한 정부 건의에 정부가 수용, 해운관료를 단장으로 파견한 것임. 당시 현대그룹을 창설한 정주영은 강원도에서 월남한 실향민으로 이북오도관련 실향민 모임에서 수차 대화에 특별히 간청해 중고선박을 들여와 그 형태를 설계해 조선산업을 부흥시켜보겠다고 함.

정부는 공직자들의 소원을 듣기 위해 소원심의회를 조직, 심의회위원 및 감사에 윤기선을 겸직 발령함.

3월 1일	바다가 없는 충북지역 야간통행금지 해제
4월 3일	한·일 문제 3대현안 교섭 일단락(어업, 청구권, 교포지위)
4월 17일	한·일협정 반대 시민궐기대회(효창공원)
5월 3일	민주당 창당(대표 : 박순천)
6월 22일	한·일 협정조인(동경) (8월 14일 국회비준)
7월 22일	국무회의, 전투사단 월남파병의결(9월 25일 맹호부대, 10월 9일 청룡부대)
7월 19일	이승만 하와이에서 사망(23일 환국)

8월 25일　무장군인 고대·연대 난입, 서울지구에 위수령 발동
9월 5일　슈바이처 사망
9월 22일　중앙일보 창간
9월 25일　미군, 월남에 야전군 사령부 설치
10월 5일　제146회 체전, 광주에서 13명 압사

차남이 공군첩보부대인 오류동지구에서 복무지침 부실의 질타를 받고 경기도 인천 서해안 말도전선으로 발령받자 이를 취소시켜 달라며 윤기선께 읍소해 매달렸으나, 윤기선은 군복무는 누구나 의무적으로 하는 것이고 공군에 지원해 입대했으면 어떤 것에도 위해 받지 말고 굳건한 자세로 복무를 마칠 생각을 가지라며 훈계하고 부탁을 거부함. 김춘화는 차남이 부탁하는 것을 충분히 들어줄 정부고위직 공무원이 그렇게 차버리냐며 언성을 높였지만, 윤기선은 최전방에서 복무하는 군인도 모두 대한민국 국민의 자녀들인데 누구는 편하고 말고를 따지면 험난한 세상을 어떻게 생활해 가겠느냐며 서해안 말도에서 남은 복무 마치고 돌아오라 함.

11월 1일 윤기선은 석탄공사로부터 감사장 수상

12월 8일　한·일협정 비준서 양국 교환, 국교정상화

충무로5가 18번지 일대를 묵정공원으로 지정하여 잔존하고 있는 윤기선의 일본식 기와집을 제외하고 모두 이주 공원으로의 외벽 사방문을 설치, 심우준 교수 가족들은 동국대 후문의 묵정동으로 이사가며 송별식을 함.

오랜 세월 함께 했던… 이후 심우준 가족은 동숭동을 거쳐 방배동, 사

당동 아파트로 전전 이전했음.

1966년

1월 1일 한·일 국교정상화에 따라 각국 주변대사 임명(초대 일본 : 김동조, 한국 : 목천대사 부임)

1월 5일 일본 부토산, 영국여객기 추락(124명 사망)

1월 25일 경향신문 공매처분

2월 4일 과학기술연구소(KIST) 발족

2월 11일 윤기선은 교통부장관으로부터 우수공직자 표창장 수상, 심우준은 장남인 심철수가 고등학교 입시에서 1년 재수 후 마포고에 입학해 2학년을 마친 사항에서 후일을 위해 명문사립고라도 졸업해야할 것 같다며 윤기선에게 부탁, 지인인 중동고 재단이사를 통해 중동고 야간이라도 좋으니 전학시켜달라 부탁해 이를 수락, 협의 끝에 중동고 3학년에 전학시켜 사남과 함께 중동고를 다니게 됨.

3월 1일 국세청, 수산청 발족

3월 30일 신민당 창당(총재 : 윤보선)

4월 1일자로 윤기선은 교통부 해운국장(행정이사관 3호봉) 재보임.

6월 3일 중공, 정풍운동

6월 4일 장면 박사 사망(12일 : 국민장)

6월 16일 세계 아마레슬링대회(미국 : 톨리도) 장창선 금메달 취득

6월 25일 세계주니어 미들급 복싱 : 김기수 챔피언

차남이 6월 말경 인천 서해안 말도에서 제대 전에 휴가 나오면서 배

낭에 굵은 조개를 가득 담아와 식구들이 불판에 구워먹으며, 그 쪽 바닷가는 이렇게 굵은 조개가 많으냐고 물으면 신나는 듯 그곳엔 해안가 모래를 들치면 조개가 상당히 많고 일반 민가는 많지 않다며 제대 말년에 후임들에게 조개를 많이 캐보라하여 가져온 것이라 함.

차남은 7월 제대 후 대학 경제학과에 복학함.

7월 9일 한·미 행정협정
7월 29일 제2차 경제개발 5개년계획 발표

사남의 중동고 3학년 담임선생의 가정방문에서 담임선생은 사남이 문학적 소질이 많아 보인다며 자신은 영문학을 전공하고 영어선생이지만 사남은 학업을 충실히 하여 국문학을 전공하는 방향으로 가정에서 훈육하라고 김춘화에게 부탁, 귀가한 윤기선께 이같은 사실을 알려 윤기선은 사남을 위해 세계문학전집과 한국단편문학전집을 구입해 선물하여 틈틈이 대입준비하며 탐독하라 함.

얼마 후 윤기선은 사남에게 문학전집 한 권이라도 읽어 봤느냐고 물었더니 사남이 답하길 전체를 다 보았다하여 이게 무슨 소리인가하여 몇몇 책자의 내용들을 얘기해보라 함. 줄거리 등을 상세하게 얘기해 1년이 걸려도 전집의 반도 탐독하지 못할 것을 어떻게 탐독했느냐고 물은 바, 사남은 상세한 흐름은 정독을 하면서 흐름을 파악하고 대부분 다독으로 책을 본다하여 문학적 소질이 있긴하다 생각하며 대입준비는 잘 하고 있느냐고 물은 바, 공부하는 것도 요령이 있어야 한다며 사회과목은 단순하게 외우려고 하면 나중엔 다 잊어버리므로 장·절을 이용해 외우고 국어, 영어, 수학도 같은 맥락으로 풀어가면 쉽게 해답을 찾아낼 수 있다고 함. 윤기선은 자신 스스로 머리가 조금 부족해 열심히, 또 열심히 하는 위주였던 반면 어머니의 머리를 닮은 것인지 머리 흐름이 좋은 것 같다며 아무리 수재라 하더라도 열심히 노력하는 사람을 결코 이기지 못하는 것을 명심하고 공부하라 다그침.

8월 3일　산림청 신설
8월 7일　김해서 공군, 해병대 장교 패싸움(해병장교 1명 사망, 공군장교 25명 경상, 비행기 25대 파손)

윤홍률은 교통부 해운국 소속 거진 등대장으로 발령.

심우준의 장녀이자 외동딸인 심영희는 금란여고를 거쳐 동국대학 재학 4학년으로 2학기부터는 취업생들을 위해 자율학습을 부여한다며 취업자리를 물색해 보던 상황에서 윤기선께 부탁, 임시공무원도 좋으니 취업부탁을 의뢰, 윤기선은 재량으로 할 수 있는 특별전형을 거쳐 심영희를 해운국 공무원으로 채용 근무케 함.

심영희는 해운국에 근무하며 입버릇처럼 해대던 윤기선을 큰아버지로 불러 동료 공무원들이 잘 보이려 친절하게 대해 윤기선은 심영희를 국장실로 소환해 직장에서 큰아버지 운운하지 말고 호칭은 분명히 하라고 타일러 국장실 비서 또한 웃으면서 서로 친하게 교분을 가짐.

윤기선은 해운선사 대표들과 해운관련 민원을 듣는다며 잦은 회합을 갖는 등 외박을 수 차례 하면서 때로는 만취한 상태로 통금전 귀가하여 식구들을 걱정시킨다며 부부간 언성을 높이기도 함.

차남의 고등학교 친구인 박정일이 고등학교 졸업 후 육군 간부후보생의 장교로 방첩부대에 근무할 때 우리집에서 동아·조선일보를 계속 모아 보관한다는 사실을 알고 4·19 당시와 5·16 때의 신문을 살펴보고 싶다 부탁해와 윤기선은 차남 부탁을 수락, 사남에게 지하실에서 당시 신문들을 찾아 건네주되 필히 반납하라 했는데 박정일이 반환하지 않아 차남에게 화를 내며 받아오라 했으나 기사를 오려 방첩대에 올린 후 폐기했다고 함. 다시는 우리집 방문을 불허한다며 중요한 신문들은 역사적 고증인데 함부로 훼손·폐기했다고 차남을 매우 실망스럽다고 야단침.

9월 5일	백마부대 월남 파병
9월 15일	한국비료 밀수사건('67년 11월 한국비료 정부인계)
9월 22일	김두환 의원, 국회에 오물투척(연일 국회 모독 집중포화)
10월 1일	정부, 인구센서스 발표(남한인구 2,919만 4,379명)
10월 14일	석가탑 사리함서 목탄인쇄 다라니경문 발견
10월 21일	박대통령 월남 방문
11월 7일	세계 반공연맹헌장 채택
12월 10일	삼척에서 버스 50m 낭떠러지 굴러 20명 사망, 33명 중경상

윤홍률을 교통부 묵호지방 해운국 거진 등대장에서 본청 해운국으로 발령내어 근무하게 함.

1967년

1월 1일	대구 서문시장 화재(337점포 소실)
1월 14일	여객선 한일호, 남해 가덕도 근해 구축함 "충남호"와 충돌(여객 88명 익사)

1월 17~20일 서울에서 개최된 한·일 해운회담에 윤기선이 한국측 수석대표로 회담에 참여함.

1월 19일　해운경비정 56함. 북한군 포화 침몰

윤기선은 사남의 고등학교 졸업 예정 축하기념으로 금반지 5돈을 선물했는데, 갖고 있는가를 확인하려고 가져오라는데도 머뭇거리며 가져오지않아 사남에게 "졸업선물로 준 것인데 팔아먹은 것이냐"며 화를 내며 질타까지 하는데 몇 차례 매를 맞으면서도 한마디 말도 않고 있어 "괘씸하기 짝이 없는 놈"이라며 "저런 놈은 밥 먹을 가치도 없다"고 밥을 굶기게 했는데 삼·사남이 하는 얘기를 우연히 듣게 됨. 대학 2학년 재학 중인 삼남이 자신의 용돈 등이 필요해 선물받았다는 반지를 순간적으로 판 것인데 자기가 그랬다고 얘기 안하고, 매맞고 혼나고 하냐며 미안하다해, 삼남을 불러다 혼쭐을 내려다 형제 간에 우애가 깊어 묻어버린 것을 다시 들추어 내기 싫어 사남에게 미안함이 있었지만 대학진학을 위한 공부에 열중해야 하는데 공연히 혼냈다며 슬쩍 넘어가고, 김춘화에게 사남을 위해 보양식이라도 먹이라며 애써 휘두름.

윤홍률을 자식처럼 생각했던 윤기선은 노총각에 결혼까지 하지 않고 있어 중신들을 동원해 미용업소를 운영하던 여성과 교류를 갖게하고 상호 뜻을 같이해 을지로 5가 도로변의 수도예식장에서 결혼식을 올림.

2월 7일　민중·신한당 합당, 신민당으로 창당(당수 : 유진오)

2월 사남이 중동고 졸업 후 대학 1차에서 낙방하여 2차인 성균관대 법정대에 입학하고, 오남은 중동중학교 졸업 후 고등학교 입시 1차에 낙방 후 H고교에 입학. 사남과 오남의 학교 입학소식을 듣고, 사남은 서울대학교에 입학하여 같은 동문이 되길 희망했는데 그렇게 되지 못한 것을 서운해 하며 막내인 오남마저 명문고 진학을 실패한 것에 자식 놈들 교육을 잘못시킨 것인가 하는 자책감으로 북에 계신 부친 윤극영께 더할 나위없는 불효를 용서하여 달라며 북을 향해 사죄 말씀을 고함.

2월 초순 삼남이 편지글을 남기고 해병대에 지원, 진해에서 훈련받게 될 것이라해 사남이 전해준 편지를 읽어본 김춘화는 윤기선께 상의 한 번 없이 대학 2학년을 마치고 복무기간 2년의 짧은 해병대 군복무를 위해 지원한 것에 혀를 내두르며 어쩔 방법없이 상의하고 입대한 것으로 윤기선께 둘러대고, 진해 훈련소에서 매주 토요일 한 차례씩 있는 면회를 위해 찜닭과 고기 등을 싸갖고 사남을 대동해 경부선 삼랑진역에서 기차를 바꿔타고 면회 가고, 직접 면회갈 수 없을 때는 차남을 시켜 삼남이 교제했던 여대생과 함께 면회가고, 여의치 않은 경우 부산 초량동에서 알고 지냈던 최×× 부인께 면회를 부탁해 훈련소의 면회일에 한 번도 거르지 않고 면회가게 함.

3월 김춘화는 충무로5가 18번지의 명도 서울시 보상금 중간금을 받고 중부시장 입구 오장동변의 수협지점이 세들어 있는 건물을 매입하려 했으나 여력이 맞지않아 중구 예관동 70의 21 한옥기와집을 전세를 안고 소유권을 윤기선 명의로 매입.

<김인환 모친의 타계>

1947년 2월 시부 윤극영의 인솔하에 자부인 김춘화, 차남 윤국철과 단천군 광천면 운천리를 떠나 갈림길에서 김인환, 김봉자의 모친과 만나 삼팔경계선을 넘는 험로를 함께 했던 김인환 모친은 남한 땅에 남편과 함께 와있으리라 생각했던 아들 김인환이 없는 것을 알고 다시 험로를 딛고 북으로 가 아들 김인환을 데리고 내려온 단천군의 여장부로 남

한 땅 인천에서 동사무소 동장을 했던 남편과 남매를 남겨둔채 서울 서대문에 위치한 적십자병원에 입원, 여러날 수술 및 치료를 받았으나 끝내 회생치 못하고 타계하심. 김춘화는 사남과 동행하여 적십자병원에서 입원 치료 중 문병을 가면서 남·북 통일로 고향땅을 밟아봐야하지 않겠느냐며 병고를 털고 일어나시라 했지만 회복되지 못함.

타계 소식을 듣고 문상 온 고향 사람들 대다수가 함경도 단천군이 으뜸으로 꼽는 여장부 3인 중 한 분이 타계하심을 통탄해 하며(여장부 3인 중 김춘화도 이에 포함됨) 상주인 김인환(후일 홍익대 미대 교수)을 위로하고 다독거림. 67년 4월 애통해하는 세월 흐름 속에 김춘화는 먼 친척 조카벌인 김인환 부친을 다독거렸고, 장례식에 참석한 윤기선, 심우준 부부 등도 애통해 함.

부산 영도구 동삼동 거주의 최××로 부터 부산 중구 초량동에서 부산지방해운국장의 근무 관사에 기거한 최××의 여식 최명옥이 학교 하교시간 버스에 승차 중 낙마해 교통사고로 사망했다는 소식을 전해받고 윤기선, 김춘화는 애도의 마음을 전하고 부산에서 1년간 학업했던 사남 윤국열도 참으로 복스럽고 총명했던 아이의 운명을 마음 아파함.

2월 중순경 삼남이 진해에서 해병대 신병훈련을 마치고 서해안 백령도 사령부에 배치되어 전입신고를 마침. 사령관인 김해영 대령이 신병들의 인적사항을 확인, 윤기선의 삼남인 것을 확인하고는 윤기선께 연락을 취해 사령관 전령으로 보직을 주었다며 과거 해운관료로서 해군 및 해병대에서 많은 것을 감싸주고 자신의 영전에도 힘써준 것에 보은한다 함. 전령병으로 서울 서대문구 아현동의 사령관 자택과 백령도 부대를 수시로 오가게 하며 군복무를 마치게 함.

3월 22일 북한 중앙통신부사장(이혜근) 판문점 위장 귀순

3월 30일 과학기술처 신원, 원자력원을 "청"으로 개칭

4월 8일 C46 공군 수송기 서울 청구동 주택가 추락(탑승자 24명, 주민 54명 사망, 가옥 21채 전소)

5월 3일 제6대 대통령 선거(박정희 당선)

6월 8일 제7대 국회의원 선거

6월 13일 부정선거 규탄 학생데모(서울시내 11개 대학, 임시 휴교령)

7월 8일 중앙정보부, 동베를린 거점 북한공작단 사건(국내 교수, 학생 315명 관련)

7월 16일 뉴욕, 흑인파동(사망 30명, 부상 1,000여 명)

7월 19일 미국, 노스케롤라이주에서 여객기, 소형기 충돌(맥노드 해군장관 등 82명 사망)

8월 8일 동남아 국가연합(ASEAN) 성립

8월 9일 동경에서 개최된 한일 각료회담에 윤기선은 경제 각료회 조사관 겸 보좌관을 겸임해 상업차관 2억달라 제공받는데 기여함.

9월 6일 청양구봉광산, 광부 양찬선 구출(8월 22일 매몰 후의 기적사건)

9월 13일 윤기선은 교통부해운국장 의원으로 면직되고, 9월 14일 교통부 별청인 중앙해난심판위원회 위원장(별정직 1급, 관리관, 차관보 2호봉)으로 독립청의 수장이 됨.

종전 해운국장 재임시절 검은 지프차 관용차량에서 관용 쎄단 승용차를 배정받음. 항공대, 관운공대 강사를 겸임함.

해난심판위원회(후일 해난심판원으로 변경) 조직은 지방해난심판위원회

(법원의 1심 역할)와 중앙재난심판위원회(고등법원의 2심 역할)로 구성되어 당사자가 심판불복시는 민사 1·2심을 거치지 않고 대법원으로 상고케 되어 있음.

10월 14일~11월 3일 정부간 해사 자문기구 총회에 윤기선이 참석.

학생데모가 연례행사처럼 계속되는 가운데 사남의 법정대학 전공에서 데모시위에 적극 참여, 태평로 국회의원 의사당 앞에서 시위하다 동대문경찰서에 시위대와 함께 연행되어 조사받던 중, 명륜동 성균관대 정문 입구에서 학교 진입 태세에 있던 경찰관을 향해 돌을 던지며 강렬하게 시위했던 사남을 확인한 경찰관이 귀를 잡아 뜯으며 콩밥을 먹여주겠다고 겁을 주면서 신상을 파악했으나 침묵함. 사남과 함께 연행된 학생에게 다그치자 사남의 부친이 정부의 고위직공무원임을 확인하고, 유선상 확인에 이르자 윤기선은 "불법적 시위가 있었다면 법적 처벌하라"면서 정치학도들의 시위주장을 냉철히 생각할 수 있을 것이라 함. 경찰간부는 경찰서장께 알리고 개별훈방을 결정했으나 사남은 시위대 전원을 훈방해 달라며 성균관대 여학생회가 가져온 음료수와 빵들을 함께 먹으며 읍소함. 담당경찰관은 부친이 고위직 공무원인데 데모시위대에 정부를 향해 성토하면 안된다며 화가 나서 귀를 잡아쥔 것은 미안하다고 양해를 부탁한 후 시위대 전원을 석방(훈방)하여 여학생회 간부들과 함께 경찰서를 나왔다 함.

김춘화는 향후 차남의 배우자로 함남이 고향인 분의 여식으로 혼사를 갖겠다고 수없이 얘기해 오고 있어 심우준의 처인 이금술은 자신들의 장녀인 영희를 며느리로 삼아주길 읍소하자, 김춘화는 "두 집안에서 여자애는 영희 한 명이고 딸처럼 생각해 왔던 것인데 무슨 며느리로 보라는 것이냐"며 투덜거려 이금술은 다소 서운해 하면서 그럴 수 있겠다 생각하고, 마음을 접고 딸인 영희에게 대학을 졸업했으니 결혼을 서둘러 보자하여 교통부 해운국에서 인연을 가진 사람과 교제해 볼 생각을 굳힌 후, 후일 서울 종로 안국동에 위치한 서울예식장에서 결혼해 출가함(윤·심 두 집안의 첫 혼사로 가족 전원 참석 축하).

충무로5가 18번지 일대는 서울시가 묵정공원으로 지정하여 공원부지 외곽에 담과 망을 쌓고 네 곳에 출입문을 만드는 사이 대부분 명도해 이전해 가고, 윤기선의 가족과 심우준의 가족만 남아서 생활했으나 심우준 또한 동국대 교수로 묵정동의 주택으로 이동하고, 추가로 세입자를 둘 생각도 아닌 상태에서 아이들에게 빈방들을 나눠주며 생활케 함.

1968년

1월 1일 고향사람들을 초대해 윷놀이(마지막 윷놀이)를 함.

김창락은 행당동에 이사한 후 셋째, 넷째를 모두 여식으로 본 것을 갖고 딸 4자매(상숙, 명숙, 은숙, 경숙)라며 큰 딸인 상숙을 충무로 집에 방학 때면 보내 오빠들에게 많은 것을 배우라고 해 말괄량이처럼 행동함. 삼·사·오남을 잘 따르고, 방학 중엔 이곳에 와서 생활하라 허락해 매년 방학기간이면 김창락이 상숙을 데려다 주어 생활케 함.

1월 21일	북한 무장공비 31명 서울 침입(1명 김신조 생포, 28명 사살, 군경인사 34명 전사)
1월 23일	미군 정보함 프에블로호 원산 앞바다에서 북한에 피랍
2월 6일	제10회 동계올림픽(그러노블)
2월 7일	경전선(진주-순천) 개통

2월 21일 심우준은 동국대 교수에서 중앙대 도서관학 교수로 부임하고, 장남인 심철수를 동국대학에서 중앙대 전자공학과로 전학시킴.

2월 27일　한국일보 사옥전소 화재

윤기선의 차남은 대학졸업 후 육영수 영부인의 사촌인 육인수가 운영하는 옥외광고회사 동서POP에 취업함.

윤기선은 국립 항공대학에서 해사개론 특별강좌 겸임.

4월 1일　향토예비군 창설
4월 4일　미국, 흑인지도자 "킹목사" 피살 흑인파동
4월 17일　일본, 조총련계 "조선대학 인가"
6월 1일　여의도, 수중보 준공
6월 20일　정부 폭력배들 소탕, 국토건설에 투입
7월 8일　UN사령부 국군에 작전권 대폭이양
7월 15일　문교부, 중학입시제도 폐지 발표
7월 25일　문화공보부 개청
9월 1일　이란 대지진(11만명 사망)
9월 9일　제1회 한국 무역박람회
10월 14일　문교부 대입예비고사제 실시 발표

10월 20일 중구 충무로5가 18-18 묵정공원 내에 있던 일본식 기와주택을 서울시가 철거키로 결정, 보상합의된 대토로 중구 충무로5가 2의10 공유지분 토지 일부와 보상금을 받아 오장동 90-3 기존 구입 주택의 전세입자를 내보내고 2층으로 된 양옥집으로 삼남이 친구들을 동원해 손수레 등으로 짐을 이동하여 정착함.

윤기선과 김춘화는 오랜 세월 단천군 고향인 실향민들과 함께 생활했던 충무로5가 18번지의 주택이 철거되는 현장을 방문한 몇몇 고향사람들과 함께 지켜보며 그래도 공원으로 계속 남게 되어 언제든 볼 수 있는 경계변의 오장동 90-3에서 지켜볼 수 있음을 안도하며 북에서 혈육들이 남한에 이주해 올 때를 대비할 수 있음을 의식함.

사남이 군복무를 장교로 마치고 싶다며 성균관대학의 103학훈단(ROTC)에 응시해 체력훈련, 신검 등을 거쳐 법정대에서 법학과 3, 행정학과 2, 정치학과 1로 1차 합격함. 정치과에서 응시한 3명 중 유일한데 2차로 학훈단장의 면담에서 장교는 용모가 좋아야 하는데 얼굴에 마마자국이 있음을 지적하며 정부 등의 사무관급 이상 3인의 보증을 받아오라 함. 사남은 윤기선께 부탁해 당시 국방장관인 최영희, 교통부장관 강서룡, 국회교체위원장 등 3인의 보증을 받아다 주어 제출케한 사항에서 학훈단장 이하 교관들이 깜짝 놀라며 유심히 보았던 사항에서 학훈단장은 보호자인 부친과의 면담을 요청함. 사남이 이를 알려와 윤기선이 성균관대를 방문, 학훈단장을 면담하며 "겨울방학 기간동안 성형외과 등을 통해 얼굴의 마마자국을 최대한 해소시켜 보겠다"하여 최종 합격처리를 받고 학훈단 사무실 앞 운동장에서 기다리고 있던 사남에게 잘 처리되었다 함. 학업에 충실하라며 관용차를 타고 돌아간 후 윤기선은 겨울방학 중 성형외과의 시술로 부분성형을 시키며 전쟁통에 부모로서의 의무인 예방접종을 못했던 것에 마음아파하며 사남에게 상해 임정의 주석을 지낸 김구 선생도 얼굴에 마마자국이 있었지만 그 누구의 놀림에도 굳건하게 민족주의자로 존경받는 인물로 남아 있음을 기억하며 매사 자신감 있게 생활하도록 격려함.

11월 2일　　울진, 삼척지구 무장공비 100여명 출현(생포 5명, 사

살 100명, 군민 사망 70명)

11월 11일　해운공사 민영화
11월 21일　시·도민증 없애고 주민등록증 발급
11월 23일　서울 남대문시장 큰 화재
11월 29일　서울시 전차 철거(70년간 운행한 것 정지)
12월 5일　국민교육헌장 선포
12월 11일　광화문 복원 준공

1969년

1월 25일　월남 평화회담 파리 개최
2월 27일　박대통령, 부실 대기업 정리 지시(8월 4일 총 30대기업 정비)

2월 삼남은 성균관대를 졸업하고 군복무 사항으로 백령도 사령부를 오가는 전령병 역할을 수행하며 사령관 집에서 아동들의 가정교사 역할도 겸임함.

3월 1일　국토통일원 개원, 대한항공공사 민영화(한진그룹 인수)
3월 3일　정부, 가정의례준칙 발표

3월 사남은 성균관대 3학년으로 학훈단에 입단하고, 중동고로 전학한 오남에게 윤기선은 고등학교 3학년의 1년 학업생활은 인생의 좌표를 어디에 찍어야 하는지의 중요한 시기라며 국립 서울대학을 진학하고 행정고시에 도전하여 공직자로서의 생활지표를 찍기 위한 각고의 노력이 있기를 요청함.

3월 10일　변영태 전 총리 사망

3월 16일 주문진에 무장공비 다수 출현
3월 18일 육군, 제3사관학교 개교
3월 28일 김수한 대주교, 추기경 서품
3월 31일 한·미 위성중계 직통전화 개통
4월 8일 국회, 신민당 권오병 문교장관 해임 건의에 공화당 의원 일부 찬성가결로 공화당 항명 파동

4월 9~25일 윤기선은 UNCTAD 제3차 해운위원회 한국측 수석대표로 서서에 참석

4월 28일 프랑스, 드골 대통령 국민투표에서 패해 사임. 현충사 중건
5월 13일 말레시아, 인종 폭동 100여명 사망
5월 22일 미국, 아폴로10호 달 착륙 성공
5월 27일 월남 티우대통령 방한
6월 19일 3선 개헌 반대 학생시위, 전국적으로 발생

6월 중순 윤기선은 성균관대 103 학훈단장으로부터 유선연락을 받았는데 사남이 학생데모에 가담, 중앙정보부의 항공촬영에 찍혀 퇴교권고 지시가 있었다 하자, 상세한 것을 알아보겠다 하고 사남에게 확인한 바, 교복(학훈단 마크가 상징됨)을 입고 학교에 있었는데 시위대가 함께 하자며 끌어들여 스크럼에서 빠져나오지 못했을 뿐, 말 그대로 학생이며 군장교 훈련을 받는 학훈단 생도가 앞장서서 시위를 주동할 일이 없다고 해 윤기선은 이같은 사실을 알림. 법정대학생들이 끌어들여 시위대에 포함된 것이라며 중앙정보부 등에서 징계 등 문책이 있으면 책임지겠다 함. 군사훈련을 받는 후보생이긴 하지만 정치학도인 점을 유념해 달라하여 학훈단장이 중앙정보부에 같은 사실을 고지, 퇴교권고를 철

회했으나 학훈단의 교관 장교들이 늘상 정부 고위직 공무원인 부친 빽을 믿고 함부로 거만하게 군다는 등 이유로 왕따시키고 벌점을 매기는 등 하여 사남이 상의조차 없이 학훈단을 퇴교함. 윤기선은 어렵게 결정하여 장교로 군복무를 마치겠다한 초심의 자세를 헌신짝처럼 내버리고 퇴교결정을 했느냐고 사남에게 인생은 결코 연습이 없는 실생활임을 명심하라며 인생고비 고비마다 어려운 난관이 생길 때 이를 돌파하지 않고 숨거나 외면하면 그 결과는 처참해짐을 다시 경각시킴.

6월 20일　개경선(진남-개경) 개통
7월 21일　미국, 중공여행 제한 완화, 경인고속도로 개통

7월 하순 오랫동안 가사 입주 도우미로 수발했던 "정숙"이 고향으로 내려가고 "명자"가 입주도우미로 들어와 김춘화의 가사생활 전반을 수발함.

박정희 대통령의 부인(영부인으로 칭함) 육영수 여사가 주관하는 양지회 모임은 행정부의 장·차관 및 차관보, 관리관 이상의 고위공무원, 입법, 사법부의 차관급 이상 공직자, 국영기업의 대표들 부인을 회원으로 하여 연 1회 정기모임으로 양지회가 주체함.

김춘화는 중앙해난심판위원회의 위원장 윤기선의 처로 양지회의 부름 초청을 받고 다른 고위직 부인들과 더불어 청와대 뜰에서 다과연을 베푼 자리에 참석.[3] 김춘화는 한복을 차려입고 청와대 뜰에서 한복을 단

---

3) 당시 청와대 출입을 위한 관용차량에 청와대 입장표식을 주어 청와대 입구에서 차량 및 신분을 확인 입장시킴. 관용차를 배우자 내지는 가족들이 탑승하지 못하도록 되어 있지만 모임 당일은 개인택시 및 승용차량의 이용을 제한해 특별히 고위직 인사가 탑승하는 관용차량을 이용케 함.

정히 차려입은 영부인의 환영인사의 악수를 받으며 미리 정해진 테이블에 앉아 담소의 논담을 갖고 송별시 청와대 휘장의 선물을 받아오기도 함('70년엔 경희루에서 같은 식). 귀가한 김춘화에게 아이들이 청와대의 정원 등을 물어봄. 왜 "양지회"라 부르냐고 물으면 남편인 고위직인사가 대통령과 함께 이 나라를 이끌어 가는데 부인들이 그늘진 곳에서나마 내조를 잘 하라며 신신당부하는 자리였는데 참석자 중 한 분이 그러면 "음지회"라 부르는 게 맞지않냐 하여 참석자 모두가 웃음. 마음으로 모든 것을 그늘진 곳에서 내조를 부탁하는 것으로 겉으로 권한행세하는 것은 순리에 맞지 않는 일로 그래도 우리 부인들이 열심히 내조하는 것이니 양지의 빛을 받는 것 아니냐며 답변하였다고 함.

8월 1일　　장택상 전 총리 사망

8월 초 병무청에서 사남의 군 징집 영장이 도착되자, 윤기선은 만 20세에 신검을 받은 후 만 21세에 영장을 받고 군입대하는 것인데 만 20세도 되지 않은 사남에게 군입대 영장이 발부된 것을 문의함. 학훈단에서 퇴교하면 연령에 관계없이 3개월내에 병과를 지정해 군소집 영장을 보내게 되어 있다함. 친구와 함께 부산 송정해수욕장으로 하기피서를 떠났는데 군소집일인 8월 12일 까지 돌아올지를 기다리던 상황에서 8월 10일 아침에 도착한 사남에게 군 소집영장이 나왔으니 준비하고 입대하라고 하자, 시무룩해 하며 자기 방으로 가버림.

김춘화는 차남에게 소집일 당일 수색의 예비사단에 사남을 데려다주고 오라고 하여 차남은 당시 방첩부대 대위로 있던 박정일에게 시간을 내달라하여 함께 데려감.

김춘화가 사남이 "훈련소에 잘 입영했냐"고 묻자, 사남이 "마음을 독하게 먹은 것인지 웃으면서 입영했다"고 전함.

9월 7일	신민당, 대통령 탄핵 소추안 국회제출, 당을 해산하고 9월 20일 재창당
9월 14일	3선 개헌안 국민투표법안 국회에서 변칙 통과
10월 7일	진주, 남강 다목적댐 준공
10월 15일	태백선(여선-나전) 개통
10월 17일	개헌안 국민투표(10월 21일 공표) 통과 가결

김춘화는 차남, 삼남의 신병훈련 당시처럼 매주 토요일에 면회가 있을 것으로 생각했으나 신병훈련 중 면회가 없어졌다 함. 더운 날씨에 훈련받느라 수고한다고 생각하면서도 훈련소 입소 전 윤기선이 과거에 해봤던 일이라며 치약 끝 부분의 맵을 풀어 그곳에 지폐를 각각 하나씩 말아 넣어 훈련기간 중 PX 등에서 빵과 필요한 것을 사먹을 수 있으리라 생각함. 신병훈련을 마친 후 헌병병과로 남한산성 인근의 육군종합행정학교로 병과 교육에 임해 제대 말년인 삼남을 해병복장으로 보내 특별 면회토록 하고, 천호동에서의 교통정리 실습상황에서 차남을 보내 필요한 용돈을 전달하게 함.

12월 하순 밤 11시경 허름한 군복에 통일화를 신고 집에 나타난 사남이 윤기선께 차남의 천호동 교통실습시 쪽지를 건네주며 부탁드렸던 헌병감실로 배치토록 요청드렸는데, 헌병부대에서 제일 혹독한 수도경비사 헌병단으로 배치되었다며 읍소해와 윤기선은 최전방에 배치되지 않은 것만으로도 족해야 하는 것이고, 필동의 수도경비사는 집에서 20분 거리도 되지 않는 코 앞에서의 근무지인데 엉뚱한 개소리 집어치우고 외출처리없이 무단으로 군부대를 이탈했다면 빨리 복귀하라며 바로 내쫓아 버림.

12월 27일 제3한강교 개통

12월 하순 삼남이 해병대 복무기간 종료로 제대하고 대학원 진학을 위한 평상시의 준비 그대로를 유지해 감.

오남이 대학진학을 위한 대입예비고사를 통과하고 1차 시험준비에 만전을 기했으나 실력부족으로 윤기선이 그토록 소원했던 서울대학교 입시에는 응하지 못함.

1970년

1월 20일 이스라엘, 요르단 침공
2월 18일 미국, 닉슨 대통령, 닉슨독트린 선언

2월 오남이 중동고를 졸업하고 대입 1·2차 낙방, 후기 D대 행정학과에 합격했는데, 윤기선은 사남 때까지만 해도 서울대학 입학의 간절함을 성취 못한 한스러움이 남아 있었음. 북에 계신 부친 윤극영이 일제강점기 시절 조선인은 경성의 전문학교도 제대로 입학하지 못한 사항에서 함경도 산골의 빈곤함 속에서도 일본의 대학까지 유학시킨 학구열의 강함을 본받아 자식들에게 교육열의를 다하겠다 했는데 마지막 믿어 보려한 오남마저 국립 서울대는 커녕 명문대에도 미치지 못하는 대학에 들어가게 됐다며 불효의 막심함을 고하고 한동안 가족, 식솔들과 말 한마디도 섞지 않음.

3월 삼남이 특수대학원인 연세대 행정대학원을 입학하자 윤기선은 삼남을 불러 낮에 행정고시를 준비하라며 아버지가 걸어온 행정 관료의 삶은 나라를 위한 보람으로 그것을 깊이 새기며 열심을 부탁함.

3월 15일　일본, 오사카에서 만국박람회(EXPO, 70) 개막
4월 8일　서울 우와아파트 붕괴(33명 사망)

4월 18일~5월 5일 윤기선은 UNCTAD 제4차 해운위원회 한국측 교체대표로 서서에 참석함.

5월 1일　영친왕 타계(유림들 애환)

사남이 군부대에서 외출을 나와 윤기선께 말하기를 매주 한 번 이상 기수별로 배트로 때려 허벅지, 궁둥이에 멍이 사라지지 않는다며 태권도장에 파견나갔던 선임자가 제대하는 상황에서 태권도장으로 파견될 수 있다면 태권도 사범자격이 있으므로 부대 내의 태권도장에서 헌병단 병력의 태권교육을 담당케 선처를 청함. 윤기선은 불법적 청탁이 아니라고 판단, 국방부의 현역 대령을 통해 수경사 헌병 단장을 접견하고, 단장이 행정인사 장교를 통해 사남과 면담 후 태권도장으로 파견을 명령함.

사남은 태권도장에 파견된 후 8개 헌병중대의 연병장 교육과 중대별로 태권도장에서의 대련 위주의 교육을 행하고, 필요시엔 부대와 인접한 필동의 한국체육관(지도관)에서 운동을 겸하며 군생활을 함.

5월 20일　중공, 모택동 인도차이나 인민의 대미투쟁 지원 성명
6월 19일　영국 총선, 보수당 승리(히스내각 출범)

차남은 4월부터 수차 결혼할 여친이 있다며 김춘화께 만나주기를 청해 신상을 물어보자, 영화사 일을 하는 부친과 8남매의 장녀로 위로 오빠가 있지만 함께 생활하지 않고 별거 중이며 바로 밑 남동생은 성균관

대 전자공학과에 재학 중이고, 여친은 그 다음의 장녀로 사립 명문인 정신여고를 나왔으나 가정형편상 대학진학은 못하고, 지금은 건국대학교 총장실 비서로 근무하며 서울 출생이라 함. 김춘화는 늘 얘기해 왔듯이 함경도 며느리를 보려했는데 더 얘기하지 말라며 단호히 거절해 버리자, 차남은 결혼은 자기가 하는 것이지 어머니가 하는 것이 아닌데 이러쿵 저러쿵 얘기하지 말라 함. 혼사는 당사자가 중요한 것이지만 형제간 우애를 갖게 해야 하고 집안 간 균형도 맞아야 한다며 동생들에게 의논해 보라 함. 차남은 삼남, 사남에게 의견을 물었더니 반대한다고 하여 너희들이 결혼하는 게 아니라며 자신의 결정에 논의하지 말라 함. 아버지의 최종 의견에 따르라며 동생들이 권하자 윤기선께 얘기하니 일단 본인을 만나 보자고 해 인사를 시켜 여러 부분이 탐탁지 않았지만 고집을 꺾지않아 부모 자식 간 갈등의 폭이 넓어질 것을 우려해 결혼할 것을 허락함. 6월 중순 중구 초동에 잘 알려진 일식집 "새마을"에서 약혼식을 가진 후 김춘화는 여전히 차남이 이남에서는 장남 대행역할을 하는 것인데 첫 며느리를 잘 맞이해야 다음 순서 또한 순조로울 것임을 표출하며 축하하면서도 서운해 하고 씁쓸해 함.

7월 7일　　경부고속도로 개통

8월 중반부터 지상 언론매체들이 윤기선의 교통부 차관설 기사가 나돌아 김춘화는 오랜 관료생활을 내조한 결과가 있을 것으로 기대하고 있었으나 9월 4일 윤기선의 교통부 중앙해난심판 위원장직의 임기만료로 보직을 받지 못하고 미군정청 운수부 해사국에서 과도정부의 해사국을 거친 정부행정관료의 22년 간의 공직이 만료되는 것에 윤기선은 며칠간 밤잠을 설치며 회한에 젖었으며 김춘화 또한 심적 갈등이 있었지만 그 간 공직생활하느라 수고 많으셨다며 쉬라고 격려함.

김춘화는 사남이 예상못한 군소집 영장에 대학에 휴학계도 제출하지 못한 상태로 입대하게 되었다며 유사시엔 윤필용 사령관의 경호도 하고 있어 사령관과의 특별면담에서 대학들이 온갖 시위데모로 제대로 학교 수업이 진행되지 않아 중간시험 등은 리포트 제출로 평점하고 있어 군생활에 저촉이 되지 않는다면 대학에 재입학하라는 허락을 받았다며 등록금을 준비해 달라해 문제점이 없을 것임을 확인한 김춘화는 윤기선이 알지 못하게한 상태에서 재입학 및 등록금을 준비해 등록을 마치게 해 사남은 9월부터 복학이 아닌 재입학 자격으로 수업에 간간히 참여케 함.

윤기선은 공직퇴임 후 교통부장관의 부름으로 장관을 면담한 바 박정희 대통령께서 고위공직생활 후 퇴임한 것을 격려한다며 교통부 소관의 산하 면허3종(중고 자동차 매매업, 관광여행사 면허, 항만하역 면허)를 하사한다고 하자, 며칠 고심 끝에 중고자동차 매매업 면허와 관광여행사 면허를 반납했음. 당시 관허사항의 면허는 상당한 재원을 갖고도 받기 힘든 면허를 반납했다며 깜짝 놀라워 했고, 남은 항만하역 면허도 사실상 반납하려 했지만 부산항에서 항만일을 하던 "이춘수"라고 인연을 가진 인사가 자신이 대행해서 운영케 해달라며 며칠을 매달려 동 면허는 반납치 않고 이춘수에게 부산항의 항만하역을 대행하여 독립시킴.

9월 29일 윤기선은 정부의 관리관급 이상의 고위공직자 중 그 업적이 지대한 인사에게 내리는 황조근정훈장(79번)을 수상함.

김춘화는 윤기선의 교통부 차관설이 나돌았으나 백지화된 것이 편치

않았으나 6월 약혼을 강행할 수밖에 없었던 차남을 못마땅해 하면서 이왕에 정해놓은 10월의 결혼을 취소시키려 하자, 윤기선은 김춘화에게 있을 수 없는 행위라며 관운 또한 뒤를 따라주는 것으로 시운이 맞지 않는 것을 다른데다 탓하지 말라며 일체 함구시키고 진행시킴.

윤기선은 알고 지내던 지인이 갑자기 캐나다로 이민 간다며 서대문구 신사동에 위치한 고급 양옥집 2층 주택을 저렴하게 신속히 인수해주길 청해 장소가 다소 왜소하지만 차남의 신혼집으로 생활토록 하겠다며 이를 차남 명의로 매입키로 하고 공직생활에서 받은 퇴직금 일부를 건네고 소유권을 이전등기함.

10월 16일　신민당 40대 기수로 김대중 대선 후보 결정

윤기선은 차남의 결혼식을 위해 해운관계, 이북도민, 지인 등 500여 명의 하객을 맞기 위해 서울 시민회관(광화문) 소강당으로 식장을 정하고, 서울대 총장을 역임한 윤일선 박사를 주례로 모시고 10월 21일 결혼식을 거행. 사남은 교재 중이던 이화여대 피아노학과 재학생에게 피아노 웨딩곡을 반주케 했고, 대학후배(무역학과)에게 바이올린 연주 축하연을 제공하게 하고, 삼남의 친구들은 하객 안내 및 답례품 제공을 전담함.

윤기선은 차남이 신사동 주택에서 신혼생활을 독려했으나 멀리 가는 것을 극구 반대해 서울 중구 예관동 70-21 기와 1층 주택의 방 두 칸을 내어주고 생활케 하면서 신사동 주택 입주를 기피한 것을 괘씸해 함.[4]

4) 예관동 주택의 방 3칸 중 별문을 통해 출입할 수 있는 방으로 한 곳은 윤홍률이 해운국 본청으로 발령, 서울에 올라온 후 빌려주어 그곳에서 생활하고 있었음.

결혼식을 마치고 귀가한 윤기선, 김춘화는 이남 땅에서 첫 결혼을 올린 차남의 예식 중 피곤함을 멀리한채 북에 남겨두고 온 장남 윤국진이 북한 땅에서 반동집안으로 몰리지 않았다면 32세 나이로 혼례 또한 치루었을 것이라며 안타까움에 밤잠을 자지 못하고 있어, 북한이 부친 윤극영이 일제강점기에 독립을 위한 열정을 쏟은 것을 부분적 인정한다면 반동으로 몰 수 없었을 것이고 나름대로 생존해 살고 계시지 않았겠냐며, 나이 열 살도 안된 장남을 끝내 데려오지 못한 비애로움에 젖어 고향산천 혈육, 그리움으로 통분함.

12월 23일 정부종합청사(광화문) 준공
12월 30일 호남 고속도로 개통

윤기선은 공직퇴임 후에도 광운공대에서 해사학을 계속 강의하며 월간지 "한국해양"등에 원고를 제공, 기탁해 오던 중 부산과 제주를 오가는 최초의 호화여객선 "아리랑호"를 운영하는 부산해운(주)의 끈질긴 읍소를 수락, 동 해운선사의 대표로 서울 중구 소공동 사무실에 대표사장으로 출근을 시작함.

윤기선은 정부산하기관 공기업도 아닌 민간해운선사의 대표 취임식에 교통부, 산하기관장, 해운선사들의 축하 화환이 잇따르고 있음에 고개를 살살대어, 과거 해운관료로서 보아왔던 전관에 대한 모든 것을 활용해 보겠다는 민간해운선사들의 실권자적 입장을 이해하면서도 편치 않았다고 함.

1971년

1월 1일 정부 근대화백서('61년~'70) 발표

2월 9일　제3차 경제개발계획 발표
3월 9일　원자력발전소 기공(경남, 동래 59만5,000KW)

3월 24일~4월 15일 정부가 서서에서 개최하는 제5차 해운위원회에 행정관료들의 부족함을 도와달라며 대표단 고문에 윤기선을 위촉해 참석 자문함.

3월 26일　동파키스탄, 방글라데시공화국 수립
3월 27일　미군 7사단 철수(한국주둔 23년만에 철수)
3월 31일　서울~부산 간 자동전화 개통

윤기선이 대표로 있는 부산해운(주) 주주총회에서 일선업무를 관장하는 대표에서 대외적 관할의 회장직으로 선출하여 이를 수락함.

4월 10일　미국 탁구팀, 중공 방문(핑퐁 외교)
4월 27일　제7대 대선(박정희 당선)
5월 6일　진산파동(신민당수, 지역출마 포기 후 전국구 1번 등극, 당수직 10일 사퇴)
5월 10일　시외버스 청평호수 추락(80여명 사망)
5월 14일　일본, 재일동포 북송 시작
5월 25일　8대 국회의원 선거(국회의장 : 백두진)

삼남이 부친 윤기선께 행정고시 등 준비가 도저히 감당이 안된다며 부산시 영도구 청학동의 윤기선 명의의 창고를 태권도장으로 개조해 체육관을 운영하면서 석사학위 논문집필을 준비하겠다하여 윤기선은 필요한 비용 300만원을 제공해 주어 내부공사를 마치고 무덕관 청학도장으로 부산시 체육회에 등록하고, 관장으로 운영을 시작함. 윤기선은 사남을 불러 수도경비사 헌병단의 태권도심사원으로 임했던 삼남에게 감사패를 만들어 전달해 주면 체육관 운영에 도움을 줄 수 있을 것이라해 사남이 부대의 헌병단과 논의 후 감사패를 만들어 휴가차 부산에 방문하여 전달하고 삼남 친구인 채준석과 태권대련 시합을 관원들 앞에서 연출함.

이 같은 사실을 윤기선께 서울 상경 후 알렸는데 잘했다 칭찬함.

8월 23일 실미도 특수대원 24명, 경비원 12명 서울 노량진에서 군경과 교전끝 몰살함(일명 : 실미도 사건).

8월 27일 음력 칠석날 차남의 큰딸 소영 출생, 김춘화는 이남에서 출생한 첫 손주가 아들인 손자이길 희망했으나 어쩔 수 없는 일이구나 하며 북에 두고온 장남 윤국진이 결혼해 성장했으면 손주를 보았을 텐데라고 마음 고생함.

9월 16일 차남은 연세대 경영대학원을 졸업하고 경영학석사 및 세무사자격 취득

9월 20일 판문점 남북 이산가족 찾기 예비회담 첫 개최

단천군이 고향인 실향민 김창락 등 많은 인사가 윤기선의 오장동 집을 찾아와 북한과 남·북 이산가족찾기가 시작된 것은 너무도 기쁜 일이라고 정부의 고위직에 있었던 윤기선이 앞장서서 모든 정보를 수집·제공해 달라고 함. 오직 믿는 것은 윤선생님 밖에 없다며 매달리고 또 매달림.

윤기선은 사남에게 수도경비사 부대 내에서 하는 일이 뭐냐고 물어본 바, 아침 7~8시에 헌병단의 8개 중대병력이 연병장에서의 종합태권교육과 9시에서 오후 5시까지 각 중대별 태권도장에서의 대련위주의 교육을 하고, 저녁에는 부대입구의 장교, 하사관들 아파트 자녀들의 희

망인사를 태권교육시키고 있어 내무반의 점호 등 모든 것이 없다하여 수시로 윤필용 사령관의 요청시 경호업무도 한다고 해 충실하게 복무에 잘 임하라 함.

윤기선은 삼남의 대학원 석사논문 작성을 위해 "한·일해운 회담에 관한 연구"를 주제로하는 자료집과 초안들을 보내며 열심히 논문제출 준비를 독려하고, 부산 영도구 청학동의 창고를 개조한 체육관을 윤기선 소유 명의에서 삼남 명의로 증여하겠다는 서한을 보낸 것에 대하여 삼남은 절대 그렇게 하지 말라며 취소를 읍소해 기본적 뜻을 때로는 곡해할 수도 있겠다는 생각과 물질적인 소유욕을 갖지 않겠다는 뜻으로 백지화 함.

10월 2일 국회, 오치성 내무장관 해임 결의에 공화당항명 파문(길재호 총장 사임. 김성권 의원 의원직 상실)
10월 15일 서울시 일원에 위수령 발동(위수지구 사령관 : 윤필용)
서울시내 10개대학 무장군인 진주, 휴교령

윤기선은 서울지구 위수령에 수도경비사령관이 위수사령관으로 총지휘하고 있어 잠시 외출한 사남에게 하문한 바 위수사령관의 경호원으로 따라다니고 있다며 부대 내의 태권교육은 위수령 기간동안 중지되어 위수사령관의 각 대학 진입 출동경호 외에는 서울지구 10, 20중대 헌병대 영창을 보조해 주고 급할 때는 세검정 검문소에서 교통정리를 대행한다 해 경호원 내지는 대행업무에 군인정신을 갖고 철저히 임하라 함.

사남은 위수령이 끝난 후 윤필용 사령관이 군인들이 진입한 대학교정의 화장실 등을 깨끗이 청소하고 군인들이 왔다간 흔적을 남기지 말라고 했다며 정치군인다운 행동을 했다고 사령관을 칭송해 그럴 수 있다고 생각함.

11월 6일 윤기선은 불투명하게 운영한 부산해운(주)의 사장이하 임원들을 질타하고, 회장직에서 사임한 후 지면을 갖고 있던 부영실업(주)의 간곡한 요청으로 12월 1일 회장에 취임.

오남은 중앙대 행정학과 편입시험에 합격해 72년 3월 3학년에 재학하며 우수성적으로 장학금을 받음.

윤기선은 해난심판위원회의 위원, 조사관, 해운국 관료, 대학의 해운관련 교수 등을 접촉, 해난사고의 피해 당사자의 해사변론을 행할 수 있는 해사보좌인협회를 주관, 설립해 12월 18일 회원들 추대로 협회장에 피선됨.

12월 6일 국가비상사태 선언
12월 9일 파월부대 6년만에 개선
12월 17일 동·서독 베를린협정(동·서독 상호 왕래)

동·서독의 상호왕래를 조인한 베를린협정은 이남에 남하한 실향민들이 귀를 쫑긋하며 최대의 관심사를 가지고 연일 국토통일원의 업무가 마비되게끔 민원을 물어와 남·북 간에도 상호 왕래할 수 있는 길이 열리길 희망하지만 북한이 모든 것을 봉쇄하고 있어 답을 줄 수 없다고해 실향민들의 희망이 무너짐.

12월 25일 대연각 호텔 화재(167명 사망)

1972년

1월 9일 "퀸" 엘리자베스호, 홍콩에서 화재 전복

2월 3일　　제11회 동계올림픽(삿포로) 개최
2월 7일　　주월 청룡부대 부산항 개선

윤기선은 정부의 협찬 고문자격으로 2월 8~17일 일본 교통계 현황을 시찰하고 일제강점기 시절 일본에서의 기억들을 회한하며 동경전수대 등 지난 시절을 마음에 담음.

2월 21일　　미국 닉슨 대통령, 북경 최초 방문

삼남은 연세대 행정대학원 1기로 졸업, 행정학 석사학위를 취득.
사남은 성균관대 법정대를 졸업하여 가족들 축하함.

4월 10일　　문교부, 모든 지명에 로마자 표기 공표. 한국, 히말리야 등반 조난 3인 사망

5월 9일 단천군 광천면민회를 뚝섬에서 개최하고, 윤기선은 장기간 면민회장을 유지한 것을 사임함.

6월 16일　　제1회 소년스포츠대회 개막

함남 단천군민회는 각 면단위 민회에서 단천군 명예군수 추천으로 오랜세월 공직경력을 가진 윤기선을 만장일치로 하여 추대한다며 이를 수락해 줄 것을 청해 왔으나 단천군민 중 민간인이 업체에서 두각을 나타낸 인사로 추대를 변경해 주길 청하며 고사했으나, 정부에서 차관급의 고위직에 있었던 인사가 단천군민들의 화합, 단결과 이북오도청에서의 지위를 더욱 단단하게 한다며 수차 권유해와, 6월 25일 이를 수락하고 이북오도청의 함남도지사로부터 명예군수 위촉장을 받음.

북에 계신 부친 윤극영 등, 모든 것을 위해 이남에서나마 고향 일을 해주어야 나름의 불효를 조금은 내려놓지 않겠나 생각하여 수락함.

윤기선은 오장동 주택 안방에서 "한국해운 25년사"를 집필하기 위해 분주했는데 6월 말경 사남이 제대 말년으로 외출받아 건너방에서 쉬고 있던 중, 중부경찰서의 사복입은 형사가 찾아와 윤국열이 어디 있느냐며 군기피자로 수배되어 있음을 설명하자, 어안이 없어 건너방에서 쉬고 있던 사남을 나와 보라며 당시 수도경비사의 군복을 입었던 상황에서 형사에게 확인시키자, 사남은 "내가 군 기피자라니 지금 제대 말년의 수경사 헌병인데 그게 말이 되냐"며 멱살을 잡으며 신분증을 제시해 확인하고 황당해하는 사복형사에게 윤기선이 "확인된 것이냐"하자 군복의 명찰을 확인하고 "병무청과의 기록이 연결되지 않은 착오가 있는 것 같다"고 크게 허리숙이며 사과하고, "서에 들어가 병무당국과 바로 잡겠다"며 또 한 번 사죄말씀을 올려 윤기선은 "학훈단에서 퇴교해 징집된 케이스로 신검 등을 받지않아 착오된 것 같으니 잘 처리하라"며 돌려보내기도 함.

7월 4일 언론매체를 통해 이후락 중앙정보부장이 북한의 김일성을 만났고, 북한 정권의 김영주 조직부장과 협의하고, 북한의 박성철이 남한에 잠입하여 박대통령과 면담했던 그간의 경위를 설명하고, 남·북이 외세의 영향없이 자주국으로의 통일해결, 무력행사가 아닌 평화적 방법의 통일·사상·이념 제도의 차이를 초월한 민족적 대단결의 3개 사항을 결의했음. 이를 위해 서울-평양간 상설전화 개통, 남·북 적십자회담 성사, 남·북 조절위원회 구성을 합의했다고 발표해 단천군 명예군수직에 있던 윤기선의 오장동 주택에 명예면장 및 면민회장 등 고향인사들이 통일에 대한 기대에 벅차 있었고, 안방의 미닫이 문을 떼어내고 현관 복도 등에 모인 사람들을 향해 음식과 술 등을 제공하며 기쁨의 희망으로 가득함.

윤기선은 애창곡인 "나그네 설움", "번지없는 주막" 등을 부르고 다음날 아침나절까지 이어진 고향 그리운 생각에 젖어 있었고, 충무로5가 18번지에서 함께 생활했었던 김창락 등 여러 사람이 뒤늦게 방문, 이제 통일로 가는 길이 열리게 되는가를 기대하며 벅찬 마음을 추스르지 못하고 있다가 손님들 시중을 들던 사남이 군복을 입고 있는데 어깨의 방패마크 부착물을 본 김창락은 필동의 수도경비사는 일제강점기시절 그 무시무시한 일본군 헌병사령부가 있었던 곳으로 당시 그 쪽으로 차를 몰고 운전하며 식은땀을 흘린 기억이 있다며 이제 군복무 마치고 제대한다니 아버지인 윤기선처럼 나라일을 하라 격려함.

7월 5일 일본, 다나까 수상 내각 성립

사남은 7월 14일 군복무를 마치고 전역한 후 대학 재학시절 데모 시위 등으로 번번히 휴교처리되어 학업을 제대로 못했다며 연세대 행정대학원 외무행정에 응시하고, 특수대학원으로 야간에 강의가 있을 것인 바 주간에는 학업내지는 공무원시험 등에 응시해 본다 하여 윤기선은 수락했는데, 사남이 연세대 행정대학원 시험에 합격함(군복무시절 행정학 등 시험 준비를 하고 있었음).

김춘화는 8월 15일 이남에서 맞는 차남의 큰 여식(소영)의 첫 돌을 축하하기 위해 오장동 주택에서 돌상을 준비해 전 가족들이 축하로 맞이했고, 차남이 거주해 생활하는 예관동 주택은 처가쪽 식구들을 불러 축하자리를 가지라며 금일봉을 전달하기도 함.

8월 28일　뮌헨올림픽(~ 9월 11일 까지)
8월 30일　남·북 적십자회담(평양)

8월 21일 윤기선은 사남에게 문화방송에서 화제의 초대석에 출연, 인터뷰를 하니 라디오방송을 녹음해 두라하여 녹음시킴. "한일호 침몰당시의 선원 및 민간인들이 어떻게 상당수가 구조될 수 있었는지의 인터뷰로, 물에 빠진 사람들이 배에 선적되었던 귤 상자들이 선박 침몰로 둥둥 떠다니는 것을 바다에서 건져내 당분을 섭취하며 견뎠다는 상황"

9월 사남은 연세대 행정대학원에 입학하여 생활함.

9월 29일　일본, 중공 수교
10월 14일　소련 여객기 추락(176명 사망)

윤기선은 단천군 명예군수로 이북오도청 함남지사의 관계소식 및 이북오도 신문을 받아와 매월 1회 읍·면장들을 토요일에 소집해 오장동 2층 서재의 쇼파에서 회의를 하며 사남을 보조원으로 차와 다과를 준비시키게 하고, 군민들에게 발송할 이북오도신문에 이북오도청에서 받아온 우표들을 신문지 표지에 부착케하고 발송토록 함.

윤기선은 사남에게 젊은 날 이성관계에 있어 각별하게 생각하고 신중하게 판단해 교제할 것을 당부하며 예기치 못한 우발적 사항을 철저히 처신할 것을 얘기하고, 삼남에게도 같은 얘기를 전달토록해 사남이 의아스러운 듯 뭐라 묻고자 하는 것을 고개를 저으며 답하지 않으려 함.

삼남이 부산 영도 청학동의 태권도장 운영 등이 성과가 없다며 무단으로 철수하여 오장동 본가로 오자 속상해 하신 윤기선은 경험으로 돌리라하며 채근하지 않았으나 김춘화는 방구석에서 외출도 하지 않은채 잠만 자고 있는 것을 보고 문을 두드리며 뭔가 할 생각을 갖지않고 눈이 벌겋게 토끼눈이 되면서까지 잠만 자고 있느냐며 수시로 면박을 주며 질타를 이어감. 밖에 나가 움직일 용돈도 없어 돈 달라고 얘기조차 꺼낼 수 없다며 사남에게 담배값 정도를 융통해 생활함. 한동안 소식없이 잠적해 있던 김경예가 초췌한 몰골로 11월 16일 오장동을 방문, 김창락이 연락받고 데려감.

11월 21일　개헌 국민투표(유신헌법)
12월　2일　서울시민회관 화재(51명 사망, 72명 부상)

김춘화는 사남이 야간에 집에 들어오지 않고 있어 삼남에게 동생이 어디갔냐고 물었더니 모른다고 하면서 낮에 친구들 만난다고 광화문에 나갔다고 하는데 화재소식에 시민회관에서 공연하는 하춘화 등 가수들의 공연을 보러 간 것이 아닌가 하여 밤새 걱정하며 우려해 말을 못하고 온갖 생각을 했었음. 토끼눈처럼 빨개진 눈으로 사남이 새벽에 들어오는 것을 보고 문밖에서 엿들은 김춘화는 삼남이 알고 있었으면서도 얘기안한 것을 한바탕 질타하고 사남에게도 집에 못들어 오면 전화라도 해야된다며 함께 질타함.

12월 15일　통일주체국민회의 선거
12월 23일　유신헌법에 따라 8대 대통령 선거, 장충체육관 통대의원선거로 박정희 당선
12월 27일　유신헌법 공표

7장 유신정국의 세월

이남에서 출생한 김창락의 장녀 김상숙은 여름방학과 겨울방학 중에는 오장동 집에 아버지를 따라 방문하고는 보름 이상씩 오장동에서 학교 과제물을 풀고 남자들의 형제만 있는 우리집에서 딸처럼 귀여움을 받으며 말괄량이처럼 오빠들에게 대하자 오남이 "너는 병신년이지"하니까 화를 내며 "그 무슨말이 그러냐"고 따지자, "너는 원숭이띠 병신년에 태어났으니 그렇게 부른거라"하니까 고개를 끄덕이며 알았다고 쫑긋함.

윤기선은 선주협회의 찬조와 해사보좌인협회의 찬조로 비매품으로 하는 "한국 해운 25년사"를 외항을 중심으로 미군정청운수부 해사국, 과도정부를 거쳐 정부의 해운관료로 한·일해운회담, 세계해운위원회 한국수석대표 등의 전문적 사료를 바탕으로 한 책을 출간(1월 20일)하여 선주협회, 각 해운선사, 대학 및 국회와 정부, 산하기관에 배포하고, 비매품이긴 하지만 일반인이 참고한다고 하며 일부는 책값 등을 공여함. 구매하는 사항은 사남이 관계함.

1973년

1월 17일	민주통일당 창당(대표 : 양일동)
2월 12일	미국, 달러화 10% 평가절하
2월 27일	제9대 국회의원 선거
3월 1일	내무부 7월 1일 부터 실시될 행정구역개편안 발표 (60년 만에 대규모)

3월 3일 한국 방송공사 발족
3월 7일 통일주체국민회의, 대통령추천 국회의원 73명 선출
3월 10일 국회, 유신정우회 창립(1기회장 : 백두진)
3월 12일 국회 개원(의장 : 정일권)

삼남이 공무원 시험 등에 응시해볼 생각이 없는 듯해 보인다며 김춘화로 부터 취업자리 알아보라는 성화에 윤기선은 함경도 실향민 동양그룹의 동양시멘트(주) 특채 전형에 삼남을 응시해 보라했는데 서류심사에 의한 면접으로 통과, 동 회사의 영업부 사원으로 근무 시작.

3월 21일 남·북적십자 5차 회담(평양)
3월 29일 미국, 주월미군 철병완료(베트남전 종결)
4월 1일 정부, 주민세 실시
4월 10일 한국여자탁구팀, 세계재패(사라예보)
4월 16일 한국미술 2000년 개막
4월 30일 미국, 워터게이트 사건(닉슨 곤경, 8월 9일 사임, 포드 승계)
5월 5일 어린이대공원 개원
5월 11일 항만관리청 신설
5월 16일 대한일보 폐간
6월 20일 중앙선 전철 개통(청량리-제천)
6월 22일 남해대교 개통
7월 3일 포항제철 준공
8월 8일 김대중 피랍사건(한·일관계 긴장)

윤기선은 8월 31일 함남 단천 명예군수직을 사임 해촉됨.

10월 15일 소양강 다목적댐 준공

윤기선은 10월 한국해운조합의 상근 전무이사직 결원으로 경선에 참여해 보려 했으나 교통부 관료들의 권위주의 발상으로 경선참여에 퇴진해 줄 것을 읍소해와 연근해를 운항하는 해운선사들의 운영을 위해 필요한 전문지식을 공유해 주겠다는 의도를 왜곡하고 있음에 반론을 들었으나 관료생활을 했던 사항에서 민간주도의 행정에 고위직을 했던 인사를 지휘하기 힘들 수 있겠다 생각되어 경선 참여를 포기함.

11월 9일 윤기선은 지난날 해운국장 재임시절 인연을 가졌던 여인(김성희)으로 부터 출생한 여아의 초등학교 입학연령에 호적에 올려야 한다고 막무가내로 떼를 쓰며 매달려 끝내 출생신고 및 호적에 등재함('67년 5월 22일 출생으로 등재).

11월 14일 남해고속도로 개통

윤기선은 월간지 "해양한국"등 해운관련 전문지에 연재 원고를 게재해 오고 신동아에서 수필원고를 의뢰해와 집에서 길렀던 애완 고양이 "노루의 죽음"을 기고하며 한낮 말 못하는 짐승도 무엇이 그리웠던 것인지 북을 향해 죽음을 맞았다며 북에 두고 온 양친과 장남 생각에 마음을 여미며 애닲아 함.

김춘화는 사남이 아침마다 양복차림에 어딘가를 출근한다 싶어 와이셔츠 등을 다려주며 어딜 가느냐고 물어도 국가기관 정책연구소라 얘기하며 자세히 얘기하지 않아 더는 묻지 않음.

12월 28일(음 12월 4일) 차남이 천호동 산부인과에서 손주를 출산하였다는 전화를 받고 사남을 동행시켜 방문한 김춘화는 둘째아이(지영)도

딸아이인 것을 확인하고, 전화할 때 딸을 낳았다고 하면 이 먼 천호동까지 갈 필요도 없었을텐데 그냥 손주가 태어났다 했다고 시큰둥하며 서둘러 가자며 사남 손을 끌어당겨 오장동 주택으로 오면서 한마디도 하지 않음.

1974년

1월 8일 박정희 긴급조치 1호(개헌논의 금지)
2호(비상군법회의 설치)
1월 15일 김종필 총리, 고급공무원 숙청 지시

윤기선은 차남이 광고홍보업체 동서 POP를 퇴사한 후 모래채취를 주관하는 나이 많은 인사들을 따라 다니며 골재채취 현장에서 일하는데 포천군 등지에 마사채취허가를 받아 함께 사업하기로 했다기에 500만원을 지원해 주고, 포천군에 채취허가권을 받을 수 있게 로비해줄 것을 부탁해 일제강점기 공병학교에서 건설관계 등을 수업받은 것도 있고, 주택·건물 등 골재가 필수적 사항인 점을 인식, 차남의 안내로 현장을 방문한 바, 골재의 사용 용도가 시멘트 벽돌 등 다양하게 소비될 원자재인 것은 사실이지만 나이 많은 사람들과 동업운운하며 골재채취권을 포천군에서 받아낸다 해도 주관적으로 일을 할 수 있는가를 검토시킴. 사업자 대표는 자신이 하는 것이 아니라 하여 "동업계약을 맺는다 해도 이용하고 내몰리면 그것으로 끝나는 것인데 굳이 그런일 하지 말고 세무사 자격을 갖고 있으니 세무법인의 소속세무사로 들어가 일을 익히고 이후 세무사 개업을 검토하라"하자, "관료 생활만 오래 하시더니 사업을 너무 모르신다"하여 "그렇게 생각하면 알아서 하라"며 더는 신경쓰지 않게 하라면서 집에 돌아와 김춘화에게 차남의 생활사고방식이 잘못되었다며 철저하고, 냉정하고, 냉철하게 성장시키지 못한 어른으로서의 잘못을 갖고 서로 간 갈등의 언성만 높임.

김춘화는 오남이 대학을 졸업하는 선상에서 대졸 및 예정자를 상대로 해군장교 간부후보생 모집에 지원 응시하겠다하여 삼남에게 위로 아들 3명이 국방의무를 다하는 현역으로 복무를 마쳤는데 형제 전원이 현역 복무하는 것은 미국 등에서 볼 때 예외한다는데 병무청 등에서 전반사항을 확인해 현역 복무 면제 등을 추진해 보라고 함. 삼남이 병무청 등을 수시로 방문, 확인 협의했는데 형들 전부가 현역 복무를 마치긴 했지만 군복무 면제는 불가능하고 방위병으로 소집, 군복무를 마치게 하는 방법이 있다하여 삼남은 이같은 사실을 김춘화께 설명드리고 차남, 본인, 사남의 병적생활증명을 첨부하여 병무청에 선처를 청하며 김춘화가 제공한 비용으로 방법을 찾음.

김춘화는 오남이 방위병에 소집되면 기본훈련을 마친 후 구청 등에서 근무하며 출·퇴근식으로 움직여 행정고시 준비라도 할 수 있는 여건이 형성된다면서 오남을 향해 그렇게 하라했더니 해군장교로 군 복무를 마치려 했는데 형인 삼남이 훼방을 놓았다며 실갱이를 벌여 이를 보다 못한 윤기선이 잘된 일인 것을 수용하지 못할 것 없다며 방위근무하며 행정고시에 주력하라 함.

윤기선은 삼남에게 동생을 위해 잘한 일이라며 격려해주고 형제간 우애깊게 움직이길 당부함.

2월 6일 대검찰청 74억원 부정 어음유통의 주범 박영복을 구속(해양대학 출신의 최대 어음사기 사건)

윤기선은 최대 어음사기 사건에 해양대학 출신의 박용복을 체포, 구속한 사건을 언론매체들이 중앙정보부 감찰실장인 김×영의 은닉 연류를 퍼트리고 있어 근심 걱정함. 삼남의 해병대 복무시절 서해안 백령도 사령관으로 배려받았고, 합참근무시 사남에게도 인사시켜 알게한 사실(사남의 수경사 헌병복무, 태권도장 근무시 수경사터에 합참, 헌병감실이 주둔되어 태권교육 위탁했었음)로 수심에 잠기기도 함.

2월 10일	영국, 탄광노조 총파업
2월 13일	소련, 반체제 작가 "솔제니친" 시민권 박탈, 추방
2월 22일	충무 앞바다, 해군 YTV함 침몰(해군신병, 해경 159명 사망), 해군 참사

오남은 중앙대 행정학과를 졸업하고 방위병 소집에 따라 기본훈련을 받고 중구청에 발령, 근무를 시작함.

3월 3일	터키여객기 파리에서 추락(사망 345명)
4월 3일	박대통령 긴급조치 4호(민청학련 활동엄단)
4월 17일	내·외 통신 창간
4월 22일	미국, 팬암여객기 인도네시아 추락(107명 사망)
5월 5일	서독, 브란트 총리, 보좌관 스파이 사건 인책사퇴
5월 18일	인도 핵실험(6번째), 핵 보유국 지위

사남은 석사학위논문 제출준비에 바쁜 일정을 보내 윤기선께 참고자료를 부탁해 건네주고는 낮에 무엇이 바빠 논문준비를 못하고 야간에만 집중하느냐고 물어보자 사남은 안보관련사항의 연구소 일을 한다며 말을 얼버무리려해 나름의 일들이 있는가 생각하며 더 묻지 않고 애견인 "똘"을 잠재우지 않고 논문쓰는데 지켜보게 하지말라 함.

7월 16일 비상보통군법회의, 윤보선을 민청학련사건 관련방조로 기소
7월 24일 경향신문, MBC에 흡수 통합
8월 15일 광복절 기념식장(국립극장) 육여사 피격 사망(문세광 저격), 서울지하철(서울역-청량리) 수도권 전철 개통(71년 4월 기공)

9월 사남이 연세대 행정대학원을 졸업, 전가족 축하 참석함(한일어업협정에 관한 연구로 행정학 석사).

11월 3일 서울대왕코너 큰 불(88명 사망 外)
11월 15일 유엔사, 북한 비무장지대 땅굴 파고 남방 1km까지 콘크리트 구조물구축 발표
12월 8일 그리스, 국민투표로 왕정을 종식

김춘화는 차남이 주민등록등본, 호적등본을 발급해 "윤영미"가 호적과 주민등록에 등재된 사실을 알려와 있을 수 없는 일이라며 아버지 윤기선을 성토하며 알고 있었냐 물어 초등학교 취학을 위해 호적과 주민등록에 등재한 사실은 알고 있었다고 함. 조강지처인 나도 조금은 분개하긴 했지만 한 집안을 파탄으로 몰아간 일도 아니고, 특히 나도 문제확산을 하고 있지 않는데 자식놈들이 대놓고 성토하는 행동은 있을 수 없는 일이라 함구토록 지침했음. 차남이 저녁 늦게 술이 잔뜩 취한 상태로 석유통을 들고와 오장동 집에 뿌려 불질러 버린다며 소동을 피우고 있어 집에 있던 삼남과 사남이 이를 통제하며 몸싸움 끝에 인근의 예관동 거처로 쫓아 보내며 아버지에 대한 자식놈의 무례함을 용서해 달라고 하자 윤기선은 할 말이 없는 심경이라며 삼·사남에게 향후 이성과의 처신은 신중히 잘하라고 당부함.

삼남은 김춘화에게 속상할 수 있는 일이지만 마음 다잡고 잘 추수려 달라고 진언드리자, 시대의 흐름을 부정할 수 없는 세월 속에 살고 있음을 자식들도 이해하고 북에서 단신으로 내려와 의지할 곳이 우리 식솔들 뿐인데 힘겹고 험난할 때 마음을 달래줄 곳을 가질 수 있었다면 그것으로 족해야 한다는 큰 마음을 보인 것에 삼·사남이 마음 뭉클해 함.

1975년

1월 10일	구미대교 개통
1월 14일	석가탄신일, 어린이 날, 공휴일 지정
1월 19일	중공 새헌법 발표(사회주의 국가)
2월 11일	영국 보수당 대처수상(女) 피선
2월 12일	유신헌법 찬·반대 국민투표(73% 찬성)
3월 25일	사우디 라이잘 국왕 피살
4월 5일	자유중국, 대만 장개석 사망
4월 8일	긴급조치 8호 선포(고대 휴교령)
4월 11일	민속박물관 개관
4월 17일	크메르 루즈(캄푸치아 공산당의 무장 군사조직)군, 프놈펜 점령
4월 30일	월남, 베트콩에 무조건 항복(월남 30년 전쟁 종식)

5월 1일 건국대 교정에서 광천면민회 개최, 윤기선 가족 대거 참석

6월 9일	서울 남대문시장 큰 불(점포 800개 전소)
6월 30일	국방부, 전투예비군 부대 창설
8월 3일	모로코, 요르단여객기 추락(189명 사망)

8월 19일 오남이 방위근무 만기제대하고 행정고시를 위한 시험준비에 임함.

9월 1일 여의도, 새 국회의사당 준공
9월 15일 일본, 조총련계 700명 추석성묘차 모국 방문
9월 22일 민방위 발대식, 여수 밀수수사 발표(구속 81명, 공무원 160명 인사조치)

9월 22일 함남 단천군 광천면이 고향인 김창락이 급환으로 한양대병원에서 타계함. 윤기선은 만주에서 동원중학 재학시 고향사람(김창락) 만난 것을 기뻐하였고, 운전수가 되겠다며 만주에 와서 운전수 조수생활을 하며 어렵게 생활하다 고향 단천에서 결혼한 후 조강지처와 자식을 남겨둔채 경성으로 내려와 자동차를 운전하며 생활하다가 삼팔선이 막혀 북에도 가지 못한채 전전긍긍함. 충무로5가 주택 방 한 칸에서 생활하며 청계천변에서 자동차 부품업에 종사하고, 광천면민회에서 초대총무일을 보면서 북을 그리워하는 마음이지만 갈 수 없는 상황에 주위의 혼인권유로 간소하게 혼인식을 치루고 이남에서 딸들(첫째 : 상숙, 둘째 : 은숙, 셋째 : 명숙, 넷째 : 경숙)을 낳았다. 큰 딸인 상숙은 행당동에 이사간 이후에도 방학이면 윤기선의 충무로 오장동 집을 방문토록해 윤기선의 아들 네 명을 오빠로 불러가며 많은 것을 익히라 했던…

윤기선은 7·4공동성명이 있을 때 그토록 기뻐하며 통일될 날만 기다려 왔던 지난날을 문상 온 고향사람들과 한스러움을 나누고 경기도 양주에 있는 단천군민 묘지에 안장하는 장례식을 치룸. 향년 64세를 일기로 삶을 마감함.

10월 8일 신민당 김옥선 의원(여) 국회발언 문제로 13일 의원직 사임. 연쇄살인범 김대두 검거(범행 9건, 17명 피해)
10월 14일 영동, 동해 고속도로 개통

윤기선은 단천군이 고향인 포천군에서 토기공장의 공장장으로 있었던 김시형과 심우준에게 노후에 공기좋고 시냇물 맑은 구기동에서 함께 각각 집을 지어 살아보자며 구기동 10의 1 토지를 각 3분지 1지분으로 김시형은 처인 황광열 명의, 윤기선은 삼남 윤국한 명의, 심우준은 장남 심철수 명의로 11월 1일 매입하여 소유 이전등기함. 심우준은 당장 자금이 없어 윤기선이 우선 갖고 있는 자금으로 매입함(후일 심철수가 명의에서 빼달라해 윤국한 명의로 지분 변경).

11월 20일　스페인, 36년 독재자 프랑코 사망(11월 22일 카를로스 국왕 즉위)
12월 5일　영동선 전철 개통
12월 7일　미국 포드 대통령, 신태평양 독트린 발표

김춘화는 삼남에게 구기동 10의 9 단독주택에 가서 생활하라는 동의를 받고 오장동에서 의자매로 기거, 생활했던 장산아주머니를 그곳으로 함께 보내 수발케 하고, 오남에게도 조용한 그곳에서 행정고시 준비를 하라며 12월 2일 함께 올려보내면서 선널 가족들 족발파티를 함.

애완견 발발이 "똘"은 삼남이 가끔 퇴근시 족발을 사다주면 반겨하던 상황에서 퇴거 후 오질 않아 현관에서 초인종만 울리면 바쁘게 내달리곤 함.

1976년

1월 26일　UN, 팔레스타인 독립 승인
2월 4일　과테말라 대지진(20,000명 사망)
2월 7일　중공, 화국봉 총리 취임
2월 16일　통일주체국민회의, 제2기 유정희 의원 확정(회장 : 최영희)

2월 23일　한국미술 5000년전(일본 경도 개막)
2월 29일　문교부, 교수재임용 실시(460명 탈락). 여자탁구 서독 오픈 개인전 우승
3월 15일　공정거래법 시행
3월 19일　해운항만청 신설(청장 : 강창성)
4월 7일　중국공산당, 등소평 해임, 화국봉 임명

5월 3일 윤기선은 가족들을 인솔하여 정릉계곡 유원지에 감(광천면민회도 참석). 국회 유정회 2기 의장인 최영희는 윤기선께 국회전문위원으로 국회별정직 1급 공직에 임해볼 것을 권유, 절친한 관계에서 여러면으로 생각해 주는 것을 감사히 생각하고, 행정부에서 차관급까지 지낸 사항에서 국회 별정직의 공직을 맡아야겠는가를 생각해본 바, 김구 선생께서 상해 임정의 주석을 지내면서도 독립된 대한민국을 볼 수 있다면 정부 관청의 문지기라도 하는 광영을 갖고 싶다한 큰 뜻의 어록을 생각, 행정부에서 교통관계, 해운분야관료의 정상까지 올랐던 경륜을 국회에서 뜻있게 해 볼 수 있겠다고 생각되어 이를 수락, 국회 교통체신위원회 전문위원의 3년 임기 위촉장을 정일권 국회의장으로부터 받음.

국회는 각 분야별 위원회로 구성되며 위원회의 상임위원은 국회의원으로, 법안 등을 사전에 검토하는 전문위원으로 구성, 교통·체신위원회는 교통분야 전문위원 1인과 체신분야 전문위원 1인이 각각 전문분야에 임함. 전문위원 각자에게 출·퇴근 및 업무용 관용차량을 배정하지 않고 공동사용의 차량을 제공하고 있어 윤기선은 사남에게 주변에 알고 있는 운전기사가 있으면 추천해 보라하여 사남이 수소문한 인사를 운전기사로 채용, 국회사무처에 신고 후 국회의사당 출·퇴근에 임하게 됨.

5월 23일 동차, 탱크로리 충돌 참사(서울 방학동 갈월건널목 사고, 19명 사망, 98명 중경상)

5월 중반경 사남이 국책연구소에서 동양그룹 파견을 운운하며 전국망을 가진 동앙시멘트판매(주)에 6월부터 근무를 시작한다 하여 윤기선은 의아해 하면서도 그곳은 삼남이 동양시멘트(주)에 근무하는 곳인데 우연찮게 함께 볼 수도 있겠다는 생각을 가짐.

7월 1일 한국 수출입은행 발족
7월 17일 제21회 몬트리올 하계올림픽(양정모, 레슬링 자유형 페더급 첫 금메달 수상)
7월 22일 키신저 미국 국무장관, 한반도문제 해결로 남·북 UN 동시가입 제시

사남은 호남사항 파악을 위해 근무지를 전주로 옮긴다고 함(8월 내려감). 삼남은 자신이 교제하고 있는 5년 연하의 여친이 있다면서 서울교대를 졸업하고 남대문국민학교에 발령받아 교사로 있으며 여친의 부친은 철도공무원으로 재직 중이고, 모친이 돌아가신 후 할머니와 함께 생활하다 자취를 했다고 함. 부친은 모친 사별 후 재혼해 이복 남동생 두 명이 있고 생모슬하엔 언니 한 분과 오빠 한 분이 있다고 함. 고향은 함경도는 아니고 평안도라 하면서 실향민 가족이라해 김춘화는 결혼은 두 집안 간 균형이 맞아야 하는데 하위직 철도공무원을 지낸 집안과 무슨 사돈을 맺으라는 것이냐며 반대함. 그래도 부친이 이북이 고향이고 장본인이 어려운 가정환경에서도 교대를 다니고 초등학교 선생까지 하는 점을 헤아려 달라고 하자, 더 이상 얘기 꺼내지 말라하여 삼남은 윤기선께 같은 얘기를 꺼내 일단 집으로 데려와 보라고 함. 상견한 자리에서 낮

에는 초등학교 교사로, 야간에는 삼선교에 있는 한성여대 야간 국문학과에 편입 재학하는 것이 나름의 자세는 되어 있다고 생각하던 중 김춘화는 2년제 초급대학 나와서 초등학교 선생하는 게 뭐가 대단한 것이냐며 혼인을 허락할 수 없다 했지만 윤기선은 자식놈이 좋다고 하는데 집안을 따지고, 환경을 논하면 서로 갈등만 생기는 것이기에 좋은 면만을 갖고 생각하자고 함. 격식은 갖춰야 한다며 예비신부 집에서 주관하는 약혼식을 큰 비용들이지 않게 하라며 9월 중국집 2층에서 간소하게 상견례를 겸한 약혼식을 갖기로 했는데 예비신부 집에서 먼저 와서 기다리지도 않고 약속시간이 한참 지나자, 김춘화는 못마땅해 하며 자리를 박차고 나가려 하는데 교통편이 많이 막혀 늦게 도착되었다며 양해를 바라는 예비신부 부친의 말에 진정시키며 간소한 약혼식을 진행함.

8월 19일	북한군, 판문점 공동경비구역내 집단도끼만행(미군 장교 2명 살해)
9월 9일	중국, 모택동 공산당주석 사망
9월 10일	유고, 자그레브 상공에서 영국, 유고 여객기 충돌 176명 사망
10월 2일	건설부, 경기도 반월, 새 공업도시 건설 발표
10월 11일	전남 신안 앞바다 송·원나라 시대 유물 대량 인양
10월 27일	안동 다목적댐 준공
11월 3일	미국 카터 대통령 당선
11월 15일	아랍평화유지군, 레바논 진주(1년 반의 내전 종료)
11월 24일	터기 대지진(7,000명 사망)
12월 10일	소련, 200해리 경제수역 선언
12월 17일	대구, 서문시장 큰 불(650개 점포 전소)

11월 하순경 김춘화는 삼남과 약혼한 장××를 집으로 불러 신혼생활

에 교통이 불편한 곳이지만 삼남이 생활하고 있는 구기동 10의 9호 단층주택에 들어가 생활할 수 있는지를 묻고, 동생처럼 지낸 장산아주머니가 그곳에서 이제껏 삼남과 오남의 생활수발을 들었는데, 오남은 퇴거시키겠지만 장산아주머니를 시어머니 모시 듯 생활할 수 있느냐고 하문하니 그렇게 하겠다고 답해 혼수와 예단은 필요치 않으니 장롱과 이불 등만 준비하라 함.

1977년

윤기선은 삼남의 1월 결혼식 주례선생으로 부총리를 지낸 이한빈 박사를 모셨는데 불교도 집안과 맞지않게 기독교식 성경말씀을 주례사로 행하여 다소 얼떨떨해 했지만 차남의 결혼식 때도 생략했듯 혼인식 후 한복은 입었으나 재래식은 갖지 않음. 당일 민방위훈련으로 예식장 내·외부가 혼잡스러웠음.

1월 17일 해운항만청은 윤기선을 자문위원으로 위촉

2월 10일	박대통령, 임시행정수도 건설 구상
2월 15일	허백련(남화 대가) 사망
2월 19일	증권감독원 개원

삼남 자부(장××)가 한성여대 국문학과(야간) 졸업 후 고대교육대학원에 입학하고, 사남은 전주 등 호남에서 수임한 업무 등을 완료한 듯 서울로 복귀한다며 연세대 교육대학원에 입학함.

3월 4일	발칸반도 대지진(사상자 1만여명) 특허국을 특허청으로 승격
3월 22일	인도, 간디총리 사임
4월 14일	부산, 제주 "카페리호" 취항

김춘화는 차남과 오남, 차남의 큰 여식인 손녀만을 데리고 속리산, 부여 등을 여정함.

5월 15일 매년 하는 행사로 건국대에서 광천면민회 행사

6월 1일 한국은행, 5,000원권 지폐 발행
6월 19일 국내최초 고리원전 1호기 점화(8월 20일 시험송전)
6월 25일 국내최초 해양탐사선(심해호) 명명
6월 28일 김형욱 사건(청와대 도청관련-미국에 항의 각서 전달)
6월 29일 박동진 외무장관, 국회답변 국가보전 위해 핵무기 개발 의지 천명
7월 1일 부가가치세 첫 실시

7월 16일 윤기선, 새마을교육 사회지도자반 수료

7월 24일 지난역 열차충돌(160명 사상)
7월 30일 프랑스 거주 피아니스트 백건우·윤정희 부부 북한으로의 피랍 중 파리 탈출
8월 4일 세계 최대 단열공장, 남해화학 여수공장(7비) 완공
9월 6일 미국, 박동선 중뢰혐의로 기소
9월 15일 한국 등반대, 에베레스트 정복

일본 동경전수대학교는 법문학부 4학년 재학 중 학병장교로 징집되어 졸업하지 못하고 경성대로 편입해 졸업했던 윤기선 등 일부 인사(고위공직에 있었던 동문 등)께 명예졸업장을 수여한다며 일본으로 초청해 동문 등과 함께 담소하며 촬영함.

12월 7일 국방부 창군이래 최대 "쌍용연습훈련" 실시

오남은 윤기선께 행정고시를 통과해 행정부 관료 생활을 시작해 보고 싶었지만 원만하지 않다며 사기업이라도 응시해 사회생활을 하고 싶다하여 오랜 세월 고시준비에도 역량을 발휘하지 못했음을 서운해 하면서 어쩔 수 없는 일로 적성에 맞는 곳에 응시해 보라고 함. 현대 등 주요 대기업 3곳에서 합격 통지를 받고는 최종적으로 대한항공(주)으로 결정, 첫 발령근무지로 김포공항에 발령되어 2·3교대로 새벽, 야간 등 교대하는 힘겨움에 처하자 윤기선께 애로사항을 설명, 본사 발령을 받도록 로비해 줄 것을 청하자 비행기 운송회사에 근무하면서 공항을 알지 못하고 무슨 제대로의 항공업무를 할 수 있겠냐며 불평 불만없이 업무에 충실하라 일침을 내림.

11월 11일　이리역, 화약운송열차 참사(사망 49명, 실종 7명, 중상 175명, 이재민 1,982가구)
11월 16일　장성탄광 경도화재(46명 사망)
11월 18일　최덕신 전 외무장관, 미국 망명

삼남이 거주하는 구기동 주택의 장산아주머니와 삼남 자부의 갈등으로 장산아주머니가 짐을 싸서 나가버림.

김춘화는 이에 대해 삼남 자부를 불러세워 질타함.

12월 1일　버스 "토큰제" 시행
12월 16일　국회, "12해리 영해법안" 통과
12월 17일　구마고속도로 개통

국회 전문위원인 윤기선은 정부 입법의 대통령 재가로 국회에 회부한 해운·항만법에 문제가 있음을 지적, 검토보고서를 통해 정부로 다시 반송처리한다는 결정적 의견을 제시했는데 일간 신문에서 국회 전문위원의 검토의견을 대통령제가 법안산정도 무력화시킬 수 있다는 평론이 제기되어 이를 수습하기 위해 청와대, 정부, 국회의 여러 조율을 거쳐 정부 상정법안의 부분별 수정을 하고 전문위원이 다시 검토하는 것으로 통과시킴.

국회에 회부된 정부의 상정법안이 국회 상임위에 의결하기 전 전문위원 검토로 쟁점되었던 국회의 최초 사건으로 기록됨.

1978년

1월 1일 동력자원부 발족
인도 여객기 봄베이 앞바다 추락
2월 21일 한국성씨는 249성이 있음(김씨 22%, 이씨 15%, 박씨 5% 순).

3월 15일(음 2월 7일) 삼남의 여식(은영)이 출생.

3월 21일 국회 교체위원들 해외시찰(인도, 호주, 태국, 뉴질랜드)에 윤기선은 전문위원으로 동행함.

3월 28일 UN 해양법회의(제네바) 정부측 대표단 고문으로 참석.

4월 14일 세종문화회관 개관
4월 21일 대한항공 B747 여객기, 소련 무르만스크 남쪽 200마일 빙판 강제 착륙
4월 30일 정부(2해리) 영해법 공표(대한해협은 3해리로 규정)

오남은 김춘화에게 교제하는 여친이 있다며 동국대학 영문학과를 나왔고, 위로 오빠 한 분과 아래로 여동생이 한 명이며 부친은 초등학교

교장선생으로 재임 중이며 제주도가 본인 고씨 성을 가졌다며 결혼을 허락해 달라고 요청하자, 김춘화는 작년 1월에 삼남이 결혼했고 사남이 아직 결혼도 안했는데 막내인 오남이 무슨 결혼타령을 하느냐며 타박하자, 공항지점 근무 중에도 더욱 이를 읍소함. 김춘화는 상놈의 집안도 아니고 올곧게 가려면 형제 간에도 순서대로 혼인을 해야 되는 것인데 최소한 작년에 삼남이 했으면 올해는 사남이 결혼한 후에 내년도에 생각해볼 것인데 조른다 해서 될 일이 아니라며 다시 더 논제하지 말라고 함. 사남이 김춘화에게 올해 결혼할 생각을 갖고 있지 않다며 밤마다 잠 좀 자려 하면 형광등을 켜고 얘기하자며 성화를 부리는데 오남의 청을 받아들여 결혼을 먼저 시키라 청하자 벌컥 화를 내고는 정 그렇다면 오남이 교제하는 여친을 만나본 후 결정하겠다 하고 데려오라고 함.

오남은 일정을 잡아 윤기선, 김춘화 양친 앞에 여친을 인사시키자 언제 어떻게 만나게 되었느냐를 하문한 바 처음 만난 곳은 하기 휴가의 해수욕장에서 보게 되었고, 서로간 좋은 면을 갖고 있어 교제했으며 부친은 초등학교 교장선생으로 재임을 계속하고 있다하여 교직생활에 몸담아 왔던 집안이면 예의바르게 성장시켰을 것이라 생각되어 서로 교제하는 것을 문제삼지 않을 것이나 오남의 형인 사남이 아직 결혼하지 않았으므로 여러사항 약조를 해준다면 양가의 상견을 겸해 약혼식을 할 수 있다 허락함.

칠월하순경 예비신부 집안에서 결정한 서울 평창동의 올림퍼스호텔에서 양가 식구들 참석으로 약혼식을 행함.

5월 18일　제2대 통대의원 선거
5월 21일　여천, 석유화학공단 준공

6월 22일　한·일 대륙붕협정 비준서 교환
6월 30일　한국정신문화원 개원
7월　6일　제9대 대통령 박정희 당선(통대의원에 의함. 12월 27일 취임)
7월 20일　고리원전 1호기(용량 58만7,000KW) 세계 21번째 핵 발전국
7월 23일　정비불량버스 한강 추락(33명 사망)
7월 25일　세계 최초 시험관아기 탄생(영국)
7월 30일　경주, 황룡사터에서 청동경(靑銅鏡)·백자호(白磁壺)·금귀거리 등 국보급 유물 250점 발굴

김춘화는 약조대로 오남의 약혼식을 시킨 만큼 사남에게는 함경도 고향집안의 여식으로 며느리를 맞자며 함남도의 관계 유지 등을 총동원 수소문해 중신으로 여러 차례 사남에게 소개 교제해 볼 것을 시도했으나 형식적인 만남만을 갖고는 말아버려 사남을 호되게 질타하며 순서에 맞게 올해에 사남이 결혼해야 한다며 압박을 서두르는데도 응하지 않고 딴전을 부려 오남의 성화도 있고, 윤기선의 공직생활 중 오남이라도 결혼시키자 하여 12월 28일 주요한 박사를 주례 선생으로 엠버서더 호텔에서 오남의 결혼식을 갖고 신혼생활 거처를 차남이 최초 거부했었던 서대문구 신사동 양옥주택으로 거주케 함.

8월　6일　교황 바오로 6세 사망(후임 요한바오로 2세를 선출했으나 즉위 34일만에 사망)
9월　3일　신현호 보사부장관 한국관료 처음으로 소련 입국
9월 16일　이란, 북동부서 강진(5,000명 사망)
9월 25일　미국, 샌디애고 항공기 충돌(150명 사망)
10월　5일　자연보호헌장 선포

10월 27일 유엔사, 북한 제3땅굴 발견
11월 7일 한·미 연합사 발족
11월 20일 가이아나 인민사원, 집단자살사건(존스교주 등 신도 800명 자살)
12월 12일 제10대 국회의원 선거
12월 15일 미·중공국교 정상화

1979년

1월 1일 미·중 수교
1월 7일 캄보디아군, 베트남에 캄보디아 인공 수립
1월 16일 팔레비 이란국왕, 이집트 망명
1월 31일 동해고속도로(포항-삼척) 개통
3월 31일 이란 호메이니, 회교국가 공화국 수립
4월 3일 율산그룹, 신선호 회장 구속

삼남은 윤기선께 그간 근무해온 동양시멘트 영업과장직 사직 후 한양주택(주) 노무과장으로 자리를 옮긴다고 알려왔으며 향후 사우디의 현장에서 경험을 쌓겠다 함(4월 30일).

5월 25일 미국, 시카고 DC10제트기 추락(272명 사망)

6월 5일 삼남이 한양주택 제다행 출국(현장 노무팀장) 해외현장에서 잘 처신하길 당부 전송함.

6월 8일 오남으로 부터 신사동 주택에 미결수가 잠입, 소동이 있었음을 전언해 윤기선은 치안처리 만전 지침함.

6월 29일 미 대통령 카터 방한
7월 2일 세계 시인대회 (4차) 서울 개최
7월 19일 세계 궁도대회(30회) 한국 개인, 단체 종합우승

8월 10일 윤기선 국회교체위 전문위원 3년 임기 만료로 해촉 후 광운공대에서 특별강좌 강의를 계속함.

8월 11일	경찰 신민당사 진입, 농성 중인 YH무역 여공 200명 강제 해산
8월 28일	신민당 의원 집단 농성 돌입

8월 29일 사남은 연세대 교육대학원 졸업, 전가족 축하함(논문 : 재외국민교육에 관한 연구, 교육학 석사).

9월 1일 윤기선, 항만연구회에서 명예회원에 위촉됨.

9월 12일 삼남자부(장××) 고대 교육대학원 졸업하자 윤기선은 초등학교 교사보다는 중등학교 국어담당 교사로 움직여 보라 권했으나 초등학교 교사로 계속 재직하며 장차 학교장까지 올라가겠다 함.

10월 4일	국회, 김영삼 의원 제명
10월 13일	신민, 통일당 의원직 전원 사퇴

김춘화는 수차 오남 거주의 신사동 주택을 방문, 급수사정이 나빠 여러 가지 문제점이 있음을 윤기선에 토로해 국회에서 퇴직한 퇴직금 등을 갖고 중구 신당동 주택을 중개상을 통해 별채를 전세처리하고 본체에서 생활할 수 있도록 오남 명의로 계약하고 12월 이전토록 함. 당시 오남 자부의 임신사항을 고려함.

12월 13일(음 10월 24일) 오남의 여식(가영) 출생. 김춘화는 12월 하순 차남, 삼남, 오남 까지도 내리 딸들만 출생한 것을 두고 화가 치밀어 올라 세 자부를 불러놓고 나는 손이 귀한 파평윤씨 집안에 와서 아들 다섯을 낳았는데 너희들은 동맹이나 맺은 듯 줄줄이 딸만 낳으면 파평윤문

집안의 대를 끊어 놓을 셈이냐며, 이렇게 간다면 다른데를 통해서라도 손자를 보게 하겠다며 으름장을 놓아 자부들이 좌불안석으로 아연실색케 함.

10월 26일 호남 방조제, 박대통령 준공식 참석, 야간 김재구에 의해 청운동 안가에서 시해

8장 광주항쟁과 5공화국의 세월

1980년

2월 22일	정부, 모스크바올림픽 불참 선언
4월 1일	양일동 전 통일당 총재 사망
4월 8일	첫 국산구축함 "울산호" 진수, 김대중·김영삼·김종필 대선유세(서울의 봄)
5월 10일	최규하 대통령 중동순방
5월 17일	국보위, 전국비상계엄 확대
5월 18일	광주사태(후일, 광주민주화운동, 170명 사망, 민간인 144명, 군인 22명, 경찰 4명) 계엄군 진압발사, 전두환 국보위 의장, 중앙정보부장 서리 겸임
5월 31일	정부, 계엄하에서 대통령자문 보강(국보위 비상대책위 신설, 의장 : 최규하, 상임위원장 : 전두환)
6월 4일	첫 태양광발전소 준공(경기, 강화)

구기동 10의 9 단층주택에 머물며 7번지 전답에서 경작일에 매달린 윤기선께 사남이 방문해 국책연구소에서 동양그룹으로 파견, 이곳 저곳 계열기업을 근무하다 6월 30일 의원면직, 사직했다며 시국관련 사항을 논의해 향후 방향을 물어본 바 연세대 교육대학원 동기동문인 청주의 운호학원(청주사대, 고등학교 등 운영) 이사장(최×자)께 부탁해 가을학기에 강의 두 과목을 맡게 될 것 같다며, 강사료가 많지 않아 친구가 하려는 유흥주점에 일부 투자해 벌이삼는다 하여 철저히 하라 함.

윤기선은 구기동 10의 9 단독주택에 머물면서 평일에 북한산 계곡을 따라 산책 겸 주말에 등산객들이 버리고 간 유리병 등을 마대자루에 담아 내려와 쌓아 두면서 후에 사용할 곳이 있겠지를 생각하며 계곡물에 땀을 씻어 내리곤 하던 중 삼남의 여식(은영)이 열이 많이나 병원엘 가야 하는데 움직일 사람이 없다는 입주도우미(정희)의 말에 포대기를 갖고 오라고 함. 윤기선은 손녀 은영을 등에 업고 가는골을 한참 뛰다싶이 내려와 내과의원에서 치료받고, 다시 포대기로 등에 업고 산등(산등성이)으로 올라감. 오장동의 김춘화에게 난생 처음 아이를 등에 업고 땀나게 병원으로 뛰어가 손녀(은영)가 치료받았다 하자, 잘하셨다 격려함.

김춘화는 차남을 불러 이남에서는 맏이 역할을 해야할 사항에서 동생들과 제수씨 등과 함께 친목도 가져보라며 일정금을 내어주자 차남은 자부를 시켜 동서들인 제수씨(사남은 혼전이므로 본인만 참석)를 모아 나이트 클럽 주점(중부극장 자리)에서 함께 형제 부부들과 음주향연을 가졌다며 김춘화께 전언하자 잘했다며 이남에서 다른 일가친척도 없고 고향사람들을 친척처럼 생각하며 의지하고 살고 있는데 친 혈육끼리 자주 친분·우애를 가지라며 차남을 다독거려 인정받는 듯 좋아하며 그렇게 하겠다고 다짐받음.

삼남이 차남 자부가 집에서 심심하게 지낼까 싶어 메추리를 키워보라고 하며 메추리 12마리를 구입해 보내주며 메추리가 알을 낳으면 계란대용으로 하라 함. 한 번 방문해 보니 메추리들이 다죽어 없어져 물어본 바 "쥐들인지, 고양이인지 새장을 쳐내 다 죽게 했다"함. 화가 나서 김춘화께 알려 김춘화는 차남 자부를 불러 곤욕을 치르게해 차남은 다시 삼남에게 욕설을 퍼붓기도 함.

7월 9일 국보위, 사회정화작업 일환, 2급이상 고위공직자 232명 숙청
7월 11일 미국 MIT대학, 세계 최초로 인공피부 생산, 이식에 성공
7월 15일 정부, 행정부 3급이하 공무원 4,760명 숙청
7월 19일 제22회 모스크바 올림픽 개막, 정부·은행·증권·보험기관 임직원 431명 숙청
7월 22일 정부, 투자기관산하 127개 임·직원 1,819명 숙청
7월 30일 문공부, 총 172개 정기간행물 등록취소
7월 31일 계엄사 김대중 내란문제로 기소(9월 17일 사형선고)

삼남이 사우디의 메디나 현장 근무 중 휴가차 귀국하여 윤기선, 김춘화 등께 인사 올림.

사남이 국책연구소에서 사용 후 명의 변경한 승용차량을 직접 운전해 삼남을 공항에서 영접함.

윤기선은 삼남이 매월 해외에서 받는 월급을 송금받아 단자회사에 저축하고 있음을 설명해 줌.

8월 1일 국보위, 연좌제 폐지 결정
8월 2일 국내 첫 칼라TV 시판
8월 11일 조오련, 대한해협 횡단에 성공(13시간 16분 10초)
8월 12일 세계 복음화대성회(여의도)
8월 13일 김영삼, 모든 공직사퇴, 정계은퇴
8월 15일 국보위, 사회악사범 30,578명 검거, 군부대 순화교육 : 삼청대.
8월 16일 최규하 대통령 하야, 박충훈 서리 대행

윤기선은 구기동 10의 9 단층주택 생활을 마감하고 오장동 주택으로

복귀하였으며 차남이 가족을 데리고 구기동 10의 9 주택에 입주한다해 김춘화가 이를 허락했으나 며칠 있다가 식구들이 생활 불편을 이유로 퇴거함. 차남이 주변 창고를 개조해 여름유원지 장사를 시작함(8월 10일).

8월 21일	전국지휘관회의에서 전두환 대장진급, 국가원수 추대 결의
8월 19일	사우디 여객기 리비아공항 추락(281명 사망)
8월 27일	대통령선거에서 전두환 국보위 상임위원장 제11대 대통령 당선(9월 1일 취임)
10월 10일	알제리 북부 강진(2만여명 사망)
10월 19일	송요찬 전 내각수반 사망
10월 22일	제5공화국 헌법확정(10월 27일, 공포, 국회·정당 자동해산)
10월 27일	입법회의(국회 보위입법회의법 의결)
10월 29일	입법회의 개회
11월 5일	미대통령 레이건 당선
11월 14일	신문, 방송협회 언론기관 통폐합 결정
11월 19일	대한항공여객기, 김포공항 착륙전 전소(사망 15명)
11월 22일	정치쇄신위, 정치활동 규제자 286명 해제. 이태리 남부 강진(1만여명 사망)
11월 28일	한·일 간 해저케이블 개통
12월 1일	새마을운동 본부 발족, KBS 칼라TV 첫 방영
12월 2일	대청 다목적댐 준공

12월 13일 오남의 여식(가영) 첫돌을 신당동 주택에서 전 식구 참석하여 축하함.

12월 15일	국방부, 군 징집나이 19세로 인하, 군복무 기간 30개월로 단축

12월 19일　중앙정보부 명칭을 국가안전기획부로 개칭

윤기선은 12월 20일 제11대 국회의원 총선 출마를 결심하고 민주한국당 발기인대회 창준위에(유치송 위원장) 입당원서 및 발기인으로 참여함. 1981년 1일 17일 민주한국당 정식 창당대회 서울제1지구(종로, 중구) 조직책에 신청했으나 김판술 전 의원을 전격적으로 공천함으로 탈당계를 내고 총선출마를 포기코자 했으나 옛 통일당이 창당 선언함.

1981년

1월 13일　월탄 박종화 선생 사망
1월 15일　민주정의당 창당(총재 : 전두환)
1월 17일　민주한국당 창당(총재 : 유치송)
1월 20일　민주사회당 창당(당수 : 고정훈)
1월 23일　한국국민당 창당(총대 : 김종철)
민권당 창당(총재 : 김의택)
1월 24일　정부, 비상계엄 전면 해제. 경제기획원 인구 80년 발표(3,744만 8천명, 남 : 1,876만 4,130명/여 : 1,868만 4,706명)
1월 27일　신정당 창당(총재 : 김갑수). 인도네시아 여객선 탐포마스호, 해상화로 재충돌(589명 사망)
2월 2일　KBS, 교육TV 첫 방송
2월 3일　통일민족당 창당

2월 3일 통일민족당이 창당되면서 윤기선은 중앙당 부총재 전당대회 의장으로 피선되고 서울 제1지구 조직책으로 공천됨.

2월 11일　대통령 선거인단 선거
2월 25일　전두환 대통령 당선(선거인단 투표)

윤기선의 지인 최영희를 비롯한 중앙대 교수 심우준 등이 군사정권하의 들러리가 될 국회의원 출마를 포기하라 조언했지만 윤기선은 당락에 관계없이 최선을 강구해 본다며 출마의사를 포기하지 않고 사남에게 선거사무장을 맡으라하여 정치경험은 물론 선거를 치러본 경험이 전무함을 내세워 거부의사를 밝히자, 선거꾼을 많은 돈을 들여 움직일 여력이 없으니 할 수 있는데 까지 해보라 하여 사남이 뜻을 거역할 수 없어 이를 수용함. 지구당 창당대회를 2월 27일 대림정에서 개최하고, 3월 7일 11대 국회의원 후보등록을 개시한 후 기호 순번 추첨에 참여한 선거사무장인 사남이 기호 1번을 추첨받음. 선거벽보, 현수막, 언론매체, 첫 명단에 이름이 인쇄되자 윤기선은 추첨에서 1번을 받은 것을 좋게 음미하고, 김춘화 또한 어쩔 수 없어 출마를 결심한 것인데 모든 것이 맨 앞에 있게 되는 기호 1번을 추첨받은 것에 대해 사남의 운신에 무슨 좋은 일이 있었나 생각되어 하문해 봤지만 후에 얘기한다기에 선거운동을 잘 보좌하라 함.

국회의원 입후보자들의 선기비용은 기탁금 700만원을 제외한 5,000만원 범주로 정해져 있었는데 윤기선은 삼남이 사우디 현상에 근무하면서 매달 송금해온 신탁적립금과 수중에 갖고 있던 자금 등 총체적으로 1,500만원을 갖고 모든 선거 비용에 사용해야 한다며 이중 700만원의 선거공탁금과 종로구 관철동 중앙당사에 입주해 사용할 사무실 임대보증금 300만원을 제외하면 남는 500만원으로 선거운동을 끝내야 할 선상에서 홍보물 제작비용, 선거현수막, 선거운동원의 비용 등으로 도저히 충당할 수 없어 사남은 오남과 차남, 삼남 자부를 통해 일정금을 지원받아 기본 선거운동원의 활동수당 등을 지급하며 부족한 자금은 사남이 지인 등으로부터 차입해 선거운동을 펼침. 합동연설회가 개최

될 때마다 최소의 운동원을 배치시키기도 했으나 3월 25일 총선결과 참패로 마감함.

윤기선은 주요 선거운동원들을 오장동 집으로 불러모아 식사를 제공하며 맑은 물에서는 이긴 것이라며 "청유승"을 담은 액자를 제공하기도 함.[1]

3월 3일	광주, 부마사태, 민청학련 : 박대통령시해사건 관련자 5,221명 사면복권, 감형조치
3월 25일	제11대 국회의원 선거(총선), 이갑성 사망
4월 11일	제11대 국회개원(의장 : 정래혁)

윤기선은 총선이 끝난 후 구기동 10의 9 단층주택으로 이동, 7번지의 밭에서 경작을 겸한 칩거생활로 마음 수양을 쌓음.

4월초 김춘화는 총선 전인 2월 28일 윤문의 첫 손자가 출생한 사실을 알고 사남을 앞세워 동양시멘트(주) 회장실 비서실에 근무하다 임신하여 퇴직한 후 혼전에 아이를 출산해 기르고 있는 강동구 천호동 자취방을 방문함. 잠들어 있던 아이의 바지를 벗기고 윤문가의 첫 아들임을 확인하고는 4월 중반경 아이를 데리고 오장동 주택으로 오라고 함. 구기동에서 칩거 중인 윤기선을 오게하고, 관례대로 아이를 안고 화장실 등을 경유시켜 안방으로 데려오게 해 윤기선께 첫 인사를 시키자 아이가 얼굴도 가리지 않고 할아버지 무릎에 덥석안겨 미소지어 머리를 쓰다듬어 주며 아이가 건강하고 매우 똘똘해 보인다고 함.

4월 16일(음 3월 2일) 삼남의 아들(호진) 출생. 김춘화는 사남의 첫 아들

1) 서울 제1지구 종로·중구에서 군사정권의 민정당 이종찬, 여당의 위성정당으로 널리 퍼져있던 민한당의 김판술 후보가 당선됨.

에 이어 삼남에게도 아들이 출생한 것에 삼남 자부를 위로, 격려하면서 이제야 윤문가의 집안이 제대로 방향을 찾아간다 함.

4월 20일 국정자문위 발족(의장 : 최규하)
5월 1일 정부, 교육세 신설
5월 6일 공정거래위원회 발족
5월 7일 평화통일 정책자문위원회 발족
5월 10일 프랑스, 미테랑사회당수 대통령 당선
5월 14일 경산열차 추돌사고(52명 사망)

5월 25일 종묘에서 광천면민회 개최, 전 가족 참석.

5월 28일 국풍개막(여의도)

6월 5일 삼남이 사우디 해외현장에서 귀국, 한양주택(주) 업무과장 근무 소형포터를 업무용 및 개인 출·퇴근용으로 사용함.

6월 29일 중국 공산당 주석 : 호유방, 군사주석 : 등소평

김춘화는 이남에서 한 명이라도 함경도 고향출신 자녀를 며느리로 보겠다던 간절한 소망이 무너진 것을 애석해 하면서도 윤문가의 첫 손자를 보게 해준 것을 그나마 흡족해 하면서 사남에게 약혼식을 갖자고 함. 예비신부인 집안에서 8월 한식집인 서울 충무로의 대림정에서 양가 식구들 축하 속에 약혼식을 치름. 가정의례준칙이 강화되어 인쇄된 청첩장을 제작·배포할 수 없고 결혼식장내의 비디오촬영, 화환을 배제해 사남으로 하여금 종전 형과 동생이 호텔 등에서 결혼식 올린 것을 배제하고 일반 예식장을 수소문해 예약하도록 함.

8월 22일 자유중국 여객기 폭발(110명 사망)
9월 1일 第18호 태풍 "에그니스" 남해상륙(사망 157명, 493억 피해)

삼남은 윤기선께 나대지 상태의 토지인 종로구 구기동 10의1에 단독주택(2층, 지하창고) 건립의사를 밝혀 건축허가 등을 사남에게 의뢰하고, 건축공사비 등을 위해 삼남이 해외에서 송금해 신탁회사 등에 저축했다가 선거비용으로 일부 삭감한 부분을 충원해 이를 공사비에 사용하라며 내어줌. 삼남이 한양주택이라는 건설회사에 근무하고는 있으나 주택을 지은 경험이 없어 사남의 지인(조×상)이 건축업에 종사한 적도 있고, 윤기선이 결혼식 주례도 서준 인연도 있어 공사를 전적으로 맡김.

9월 4일 부·마 고속도로 개통
9월 30일 第84차 IOC총회(서독, 바덴바덴) 제24회 '88올림픽 서울개최 의결
10월 7일 대우, 옥포조선소 준공(세계 최대)

윤기선은 구기동 주택에서 칩거생활하며 7번지 전에 거름을 주기 위해 옥외 회장실에서 변을 퍼 나르던 중 사남이 찾아와 이 광경을 보고 등산객이나 주변 동네 분들이 보게 되면 얼마나 민망해 하시냐며 조용히 지난날의 사항을 담아 자서전을 집필하시는 게 어떠냐 하자 윤기선은 농지에 자연적인 퇴비를 걷어 거름을 주는 것이 무엇이 창피한 일이며 민망한 일이냐고 함. 아직 세상을 냉철히 보지못하고 있다며 질타하고 자신 스스로 부끄럽지 않은 당당함이 있다면 주변을 의식할 필요는 없는 것이고, 북한산에 버리고 간 유리병을 마대에 담아와 마당 정원석을 깔아 보려는 것도 자원을 아끼고 절약할 수 있는 일이 된다며 모든

것을 당당하게 움직이라 지침.

사남은 제11대 국회의원 총선이 끝난 후 가을학기부터 다시 대학에서 강의해 보려는 생각을 했지만 장차 지방대학에도 석사학위만으로 강의하고, 정교수 반열에 오르기 쉽지않아 많은 생각을 하던 중 구기동 238의 1(지목이 전으로 되어 있는) 윤기선 명의의 500평을 외상으로 지원해 주시면 인근 경계의 전답 등 1,300여평 토지에 공동주택을 건립 분양하는 사업을 추진해 보고 싶다고 함. 윤기선은 지목이 대지도 아닌 전으로 되어 있고, 진입로가 협소하고, 하천물이 흐르는 곳이 건축허가 및 사업승인이 용이하겠느냐 하문하며 확신성을 갖고 추진하겠다면 자금지원은 못하겠지만 복숭아 밭으로 있는 토지는 사남에게 증여방식으로 지원해 주겠다고 답함. 사남은 증여받을 생각을 갖고 있지 않으며 인근 토지주들의 토지를 매입해야 하므로 공동투자자들을 수소문해 찾아내고, 건설회사를 설립 후 재차 논의한다 하여 그렇게 하라고 한 후 사남은 투자자들과 의기투합, 서울 여의도에 사무실을 마련하고 삼진건설산업(주)를 설립, 대표이사로 등기하고 투자자 임원들의 출자금으로 인근토지를 평당 15만원씩 매입을 시작했다고 청취함.

10월 18일 충무로5가에서 함께 생활을 한 함남 단천군 고향의 김창락의 장녀 김상숙이 결혼(규방)함. 윤기선은 사남의 결혼(10월 23일)을 국제펜클럽 회장을 지낸 양명문 시인을 주례선생으로 초빙, 사남이 예약한 종로4가 위치의 고려예식장에서 결혼식을 시킨 후 제주도 신혼여행(오남이 항공권 및 제주KAL호텔 1박 숙박권을 제공, 삼남이 결혼예복 제공) 후 공실로 비워있던 서대문구 신사동 주택에서 생활케 함.

사남은 구기동 238번지 일대의 토지상에 공동주택을 건립하면 형제들이 각개 지역에 분산되어 생활하고 있어 자주 만날 수 없는 것을 감안하여 구기동지역으로 옮겨 살게하는 것이 어른들 또한 손주들을 가까이 보게할 수 있다 생각, 삼남의 종로구 구기동 10의 1 단독 2층 주택이 완공되면 2층에 삼남 가족, 1층에 오남 가족이 중구 신당동의 주택을 처분하고 교통불편은 있겠지만 일시 입주해 생활하고, 장차 오장동 주택에서 거의 혼자 생활하시는 김춘화 또한 구기동 10의 9 단층 주택으로 이전해 생활하는 것이 어떠할지를 윤기선께 문의함. 오남이 신당동 주택 별채를 전세준 것을 포함하여 매각, 회사운영 자금난을 겪는 것을 해소할 수 있게 한다면 오남에게는 공동주택 건립의 28평 규모 한 세대를 제공하는 것으로 하겠다 하자 윤기선은 오남과 상의해 보라며 좋은 생각이라 함.

사남이 오남에게 권유한 것을 오남이 윤기선께 상의드리자 바람직하다 하여 오남은 신당동 주택을 매각하여 2,000만원을 사남에게 제공하고, 28평형 주택 1세대(구기동 공동주택 건립예정분)를 추가 자금없이 분양명의 이전받기로 하고, 오남은 종로구 구기동 10의 9 단독 2층 주택이 11월 20일 준공된 다음날 동 주택 1층으로 입주하였으며 아울러 출·퇴근 교통편의를 위해 사남이 제공하는 회사 승용차량을 이용케 함.

11월 22일 부산 금정산 버스 추락(33명 사망)
11월 25일 아시아 올림픽 협의회 IOCA '86년 아시안게임 서울개최 결정

1982년

1월 1일 오장동 90-3 본가 주택에서 신년 하례식을 전 가족 참여하에 갖고 친선 윷놀이를 행함.

윤기선은 김춘화에게 삼남이 구기동 10-9에서 10-1 신규 단독주택 2층으로 옮겨가면 10-9 단층 주택으로 생활거처를 옮겨 볼 생각이 없느냐며 사남이 제안했던 사항을 하문하자, 시장 가깝고 생활 편한 오장동을 떠날 생각이 없다고 손사래를 침.

2월 하순경 사남이 오장동 주택을 방문하자, 김춘화가 가끔씩 시장도 보고 외출도 해야 하는데 중부시장의 상인들의 눈빛이 저 집안은 11대 국회의원 선거에서 많은 돈을 써 망하지 않았겠는가를 직·간접으로 보여주고 있다 함. 사남에게 복숭아 밭의 공동주택 건립사업은 잘 할 수 있느냐고 물어 시간이 조금 걸리겠지만 착오없을 것이라 답하여 구기동 10-9 단층가옥이 곧 비워질 것이므로 이동하면 오장동에 사무실 주택의 복합건물을 지어 동네에서 망한 듯 보여질 수 있는 모든 것을 일소할 수 있지 않겠느냐해 김춘화는 심사숙고하겠다 함.

1월 5일	통금시간 해제 발표, 중·고교에 교복 자율화 실시 발표
2월 6일	제주도 군용기 1대 추락(장병 53명 사망)

2월 27일 이남에서의 윤문 첫 손자(호준)의 돌기념을 은평구 신사동 주택에서 가족들 전원 참석으로 축하함.

3월 18일	미 문화원 방화사건

김춘화는 사남을 불러 오장동 주택을 철거하고 복합건물을 신축하려면 공사비가 필요한데 무슨 돈을 갖고 공사하려느냐고 묻자, 사남은 건설법인체를 운영하고 있으므로 시공사로 결정해 주면 회사 발행의 은

행도 어음 등으로 공사자재를 구입하고 공사 인력에 대한 노임과 인건비 등은 순차적으로 조성해 볼 수 있다하여 김춘화는 오장동의 퇴거를 결정, 삼남이 운영하는 승합차 포터에 여러 차례 짐을 싣고 운행케하여 3월 24일 퇴거를 완료함.

사남은 중구청에 김춘화 명의로 건축허가를 신청하고 건축허가서를 받는 사항에서 3월 26일 오랫동안 생활해 왔던 오장동 90-3 양옥집 철거를 시작, 4월 6일 지하 터파기를 시작으로 건축공사를 착공함.

김춘화는 4월 13일(음 3월 20일) 오남의 아들(호찬)이 중구에 위치한 대평의원에서 출생해 이를 축하, 격려하기 위해 방문하고 산파 등에게 감사금을 전달함.

4월 23일　서울 중구 다선국회의원을 지낸 정일형 박사 사망 (사회장)

4월 24일 삼남의 아들(호진)의 돌잔치를 구기동 10의 9 주택 2층에서 성대하게 함.

윤기선은 사남에게 오장동 복합공사를 위해 창고 등 사용이 힘들어 비어있는 부산 영도구 청학동 부지를 매각해 공사자금에 충당하라며 매매계약 등에 필요한 인감증명 발급 등 전권을 부여, 위임해 사남이 이를 실행함.

4월 25일　미 대통령 부시 방한
4월 26일　의령경찰서, 순경 난동 56명 피살

5월 1일 부처님 오신 날 구기동 관음사에서 전가족 봉축 참여

5월 7일 대검찰청 이철희, 장영자 외환관리법 위반 구속

윤기선은 오장동 복합건물의 상낭식을 위해 상낭판을 직접 상낭판 목재에 서필을 담아 상낭에 올리게 함(5월 21일).

5월 23일 구기동 10의1 정원에 윤기선이 북한산 자락에서 주워온 공병들을 정원구성 작업을 지시해 전가족이 참여하여 시행함.
5월 31일 삼남이 해외 사우디 현장에 파견되어 출국함.

6월 1일 경기 성남 군수송기 추락(53명 사망)
6월 12일 500원권 새주화 발행

6월초 사남이 윤기선을 찾아와 서울시에 신청한 구기동 공동주택의 사업승인이 여러 경로에서 난관에 부딪치면서 사업에 참여한 투자임원 1명이 퇴진할 뜻을 밝혀 자금난에 봉착했다고 함. 서대문 신사동 주택에서 생활하던 것을 전세로 내주고, 구기동 10의 9 단층주택의 방 1칸으로 이동해 살고, 독신으로 결혼하지 않은 승용차량 운전기사에게 좁은 방 1칸을 사용케 해줄 것을 청해 이를 수락, 6월 17일 이주해 생활함.

사남이 7월 17일 오장동 복합건물이 준공예정에서 건물명 현판을 걸어야 하는데 북에 남겨두고 온 장남 윤국진을 위해 "국진빌딩"으로 하는 게 어떠하냐는 제의를 윤기선이 받아 그렇게 생각하고 있었다며 7월 22일 가족들이 참여해 현판식을 가짐.

사남은 김춘화에게 이제껏 생활 전반이 불편하셨을텐데 국진빌딩 4층이 주택이므로 이동해 생활할 것을 권유했으나 김춘화는 이제 세검정(구기동) 생활이 좋다하면서 윤기선이 이곳에 있는데 내려갈 생각이

없고, 사남 자부의 임신에 편케 내려가라 하여 사남 가족이 8월 14일 국진빌딩 4층에 입주함.

중구 오장동 국진빌딩 4층 주택으로 이사 내려가기 전, 구기동 10의 9 단독 1층 주택과 2층에 살고있는 만 2살배기 삼남의 아들(호진)과 사남의 아들(호준)이 윤기선의 지인들이 세검정 공기 좋은 곳에서 점당 100원씩 하는 고스톱을 벌이는 사이 손님들이 벗어 놓은 구두에 모래를 담아 놀고 있는 것을 모르고, 귀가를 서둘던 지인들이 신발을 찾아도 없어 김춘화는 어찌된 영문인지 알지 못해 사남 자부를 불러 아이들이 어디갔냐고 물었더니 모래를 잔뜩 넣은 구두를 들고와 역정을 내며 신발의 모래를 털어내고 손님을 귀가시키자, 윤기선은 화를 벌컥 내며 손자들인 호준, 호진을 마당 한 가운데 무릎 꿇리고 손을 들게하여 반성하라 했는데, 학교에서 귀가하던 삼남 자부가 이를 보고 아이들에게 손을 내리고 놀게해 김춘화는 할아버지가 벌을 주고 있는데 이 무슨 버릇없는 짓이냐며 언성을 높이고, 아이들에게 너희들도 신발 벗고 놀라고 하니까 마당 흙들이 햇빛에 달궈져 아이들이 뜨거워 폴짝 폴짝 뛰어 용서하고 감싸안음.

윤기선은 10의 9 단독주택과 경계된 구기동 7번지 밭에서 잡초를 뽑고 몇 종의 식물재배에 땀흘려 사남 자부가 시원한 생수를 가져다 주거나 냉커피를 가져다 주면 번거롭게 자주 가져다주지 말고 주전자에 냉커피를 많이 담아 가져오라 함. 젊었을 때는 농사 한 번 안해봤는데 농지를 일구는 일이 여간 힘든 게 아니라며 농부들의 값진 땀으로 일궈낸 곡식과 과일, 야채 등을 도시민들이 많이 구매해 섭취해 주어야 한다며 임산부의 배부른 상태에서 집안일 하느라 수고가 많다고 격려함. 사남이 진행하는 구기동 공동주택 진척을 물으면 밖의 일들은 전혀 얘기해 주지않아 알지 못한다고 답하여 그럴 수 있겠다 하고, 매사 적극적으로 움직이는 사남의 자세에서 뭔가 해내고 말 것이라며 힘들더라도 잘 견디라고 함.

폭우가 쏟아져 구기동 10의 1 정원 담벽이 길거리로 무너져 내려 앉았는데 삼남 자부가 특별하게 학교를 출근해야 한다며 방치하고 외면하는 것을 목격한 윤기선은 주말에 시간내어 낙엽들을 걷어내고 치웠으면 비가 몰아쳐도 담벼락 브럭이 힘없이 무너질 일이 없었을텐데, 학교선생이 이런 자세로 도대체 무엇을 가르칠 수 있느냐며 한 바탕 호통을 치고, 방학 중 특별사항 운운하지 말고 길거리에 무너진 블럭 등을 다시 올려 세우라 지시하자, 동네 인근의 인부를 불러들여 작업시키고 학교로 향함.

윤기선은 화가 치민 상황에서 저녁에 올라온 사남에게 구기동 10의 1 주택을 건립할 때 들어간 신축공사 비용이 얼마냐며 그 돈을 내어주고 나가라고 해야 될 것 같다해 사남이 주변을 살피지 못한 제 잘못도 있다며 삼남이 해외현장에서 땀흘려 일하고 있는 상황임을 감안해 진정하시라고 청하자, 남편이 무더운 사우디 해외현장에서 일하고 있는데 학교선생이 단정하게 용모를 갖고 움직여야 하는데 화장을 짙게 하고 다니는 것도 말이 안되고, 처음에 불우한 환경에서 자라났지만 그 곤경을 딛고 일어서 교육대학이라도 다니고 야간 대학이나마 공부했다는 자세가 좋아 항상 너그러히 좋게 보았다며 이번 일은 묵과해 넘기지 않는다 함.

김춘화가 역정내는 윤기선을 자중시키고 항시 그러하 듯 집앞 개울가에서 작대기 들고 바윗돌을 들쳐내며 가재를 잡아가는 젊은 사람들을 향해 “무슨짓들 하느냐”고 욕설을 퍼부으면 “개울물 주인되느냐”며 대들면 윤기선은 자연 있는대로 자연을 사랑하라는 뜻으로 받아들여 달라며 다독거려 젊은 사람들의 사과를 받아냄.

9월 6일 사남의 둘째 아들(호민)이 대평의원에서 출생. 김춘화는 대평의원을 방문, 손자의 출생을 축하 격려하며 차남·삼남·오남이 연이어 딸들만 낳았는데 사남의 자부가 아들을 출산한 후 계속 삼남·오남이 아들을 출산하고 사남이 둘째 아들까지 갖게 된 것에 감사함을 갖고 산후 수발할 아이를 수소문해 배치함.

9월 하순 파평윤씨대종회에서 윤기선께 서울 종로·중구 화수회장을 맡아 달라는 연락이 와 첫 손자의 항렬을 위해 81년도에 종친회 사무실을 방문했을 때 항렬사용이 조부인 윤극영에서 다음 항렬이 맞지않고 손자대인 항렬도 없다 함. 함남 단천에서 아들의 항렬을 기자로 하고 손자의 항렬을 나라국자를 사용한 것이 유례없다해 선친께서 일제강점기에 나라를 되찾아야 하는 일념에서 큰 손자를 국진으로 하고 차남인 작은 손자를 국철로 작명해 남한 땅에서 출생한 삼남, 사남, 오남을 국자 돌림으로 했다며 손자들의 항렬 또한 정해져 알려달라하여 호걸 호자를 돌림자로 등재케 함. 종친회 일도 해야 함이 맞는다고 판단해 종친 대종회에서 만장일치로 서울 종로·중구 화수회장으로 선출됨.

사남은 오장동 신축 국진빌딩의 사무실 임대가 쉽지않아 여의도의 사무실을 떠나 국진빌딩 3층으로 이동함. 구기동 공동주택 건립 분양을 위한 공동투자자 추가 인사를 선정해 미진했던 사업승인 신청을 위해 당시 11대 국회의원에 민한당 소속으로 당선된 내무분과위원인 서×원 초선의원을 비상근 고문으로 위촉하고, 본격적으로 로비에 힘쓰며 법인의 명의로 이전되지 않은 윤기선 명의의 복숭아밭을 12월 중순 평당 20만원으로 외상·매입하되 분양주택의 최고선호도의 주택과 토지거래 양도세 등을 책임지는 전제조건의 각서를 작성해 옴. 당초 생각한 바 사남에게 증여할 뜻을 다시 논하며 사업승인 처리에 만전을 기울이라 했지만 사남의 뜻이 분명해 이를 수락, 명의를 사남이 대표이사로 있는 삼진건설산업(주)에 명도함(12월 16일).

12월 16일 김대중 복역 중 서울대 이송, 도미(12월 23일)

차남이 이같은 정황에 다소 분개해 윤기선을 찾아와 1974년 자신이 근무했던 동서POP를 그만둔 후 골재 채취업을 공동으로 추진하는 사업에 당시 500만원을 투자해 주길 바랬는데 그것은 허락하지 않고 지금 사남에게 무슨 보장을 받고 1억 상당의 복숭아 밭을 돈 한 푼 받지 않고 명도할 수 있느냐며 항변함. 윤기선은 당시 골재 채취업을 한다며 나이 많은 사람들과 동업하며 주관적인 대표성을 갖고 있지 못해 이용 당할 수 있어 세무사 자격도 있으니 세무법인으로 들어가 일을 배우다 세무사 사무실을 개업하라 했는데 말을 듣지않아 김춘화의 시도 때도 없는 성화로 대한통운(주)에 특별전형을 통해 입사시킨 것이고, 사남이 비록 공동사업을 한다고 하지만 자신이 대표이사로의 전권을 갖고 운영하는 건설업체이고 투자자들이 투입자금으로 사업부지 인근을 평당 15만원씩 매입하고 사업을 추진, 증여까지 생각한 것을 증여받지 않고 외상으로 평당 20만원씩 계산 처리하겠다는데 개인적 욕심도 없는 사남이 힘겹게 사업을 추진하면 형으로서 도와주지 못하고 다른 생각을 갖느냐며 호되게 질타한 후 거리를 둠.

1983년

1월 1일　　공직자윤리법 발표(고위공직자의 재산등록)

삼남이 사우디 현장에서 1월 16일 휴가차 귀국하여 가족들과 여행하고 1월 30일 사우디 현장으로 출국함.

1월 23일　충남 대호방조제(7,807m 국내최장) 완공
2월 8일　미국, 국무부 인권보고서(북한에 최소 10만 5,000명의 사상범 8개 수용소에 갇혀 있다 발표)

2월 12일 구정 날, 구기동 10의 9 주택에서 전가족 모임.

2월 15일　북한군, 이웅평 상위 미그19기 몰고 귀순
3월 2일　중·고생 복장자율화 시작(각급학교)
3월 15일　정부, UN해양법 협약 서명

중구 오장동 90의 3 집에서 수양딸 겸 입주 도우미로 있다가 결혼했던 명자가 김춘화가 거주하던 구기동 10의 9 단독주택을 방문, 사남 운영회사의 구기동 238번지 일대에서 공동주택을 건립한다는 얘기를 들었다며, 그곳 현장에서 함바집를 해보고 싶다해 음식을 잘하는 것을 알고 있던 김춘화는 사남을 불러 공사현장의 일꾼들을 위한 함바집을 명자가 자기 남편과 함께 해보고 싶다하는데 웬만하면 그렇게 해주라고 함. 회사운영상 함바집을 하겠다고 주문들어 오는 곳이 많다며 일정한 보증금을 납부해야 회사 대표이긴 하지만 명분이 선다하여 최소의 보증금을 납부시키고 현장 함바집 운영을 맡김.

윤기선은 해사보좌인 협회의 업무처리 등으로 출근하고 귀가 길에는 구기동 사업현장을 들러보며 현장 주재이사 및 소장들과 과거 일본군 시절 공병학교에서의 경험도 들려주고 함바집에 들러 명자가 주는 커피 등 음료를 마시며 격려도 함.

4월 15일 윤기선은 한국도선사협회의 해사 상임고문에 위촉되어 여의도협회 사무실에서 주1회 상근업무를 시작했음.

4월 18일 레바논주재 미국대사관 폭발(외교관 63명 사망). 카톨릭의대팀, 백혈병 골수이식 성공. 대구 디스코홀 화재(청소년 25명 사망)
4월 27일 한·일 정기항로 재개(부산페리오 취항)

5월 2일 삼남이 사우디 현장에서 귀국하여 본사에서 대기근무함.

5월 25일 성동중학 교정에서 광천면민회 개최함.

사남이 운영하는 삼진건설산업(주)이 구기동 238의 1 일대 토지 1,300여평에 공동주택을 위한 사업승인의 입지심의를 서울시가 두 차례만에 통과 승인을 받고, 당초 계획한 28평형 공동주택을 산세좋고 공기좋은 곳에 소형주택 건립이 분양효과에 맞지 않는다면서 42평 고급주택으로 설계를 변경, 종로구청에서 건축심의 및 건축허가를 받아 6월 2일 삼진파크 명의로 공사현장을 착공, 법인의 비상근고문인 국회 민한당 소속 초선의원인 서×원과 윤기선이 찬조의 착공식 테이프를 끊고 자축함.

6월 11일 한국은행 5,000원, 1만원권 새지폐 발행
6월 12일 한국청소년 축구팀 제4회 대회에서 사상 첫 4위
6월 30일~11월 14일 KBS 이산가족찾기 TV생방송

김춘화는 여의도의 KBS방송국에서 북에 남겨두고 온 장남 윤국진을 찾는 피켓을 들고 수없이 방문하고 생방송에도 출연하여 헤어진 상황들을 설명, 많은 시청자들을 울리게 함. 충무로5가 2의 10에 세입자로 생활한 한계옥 여사도 가족찾기에 나서 함께 출연하기도 함.[2)]

8월 21일　필리핀 야당지도자 "아키노" 피격 사망

윤기선은 각 항만에 등록된 도선사들과 해운선사의 선장 등 해난사고 등의 변론을 수행하며 일상업무를 진행하고, 사남이 진행하고 있는 구기동 사업현장을 수시로 방문하여 현장에 근무하는 주재이사 및 현장 소장 등에게 자문 및 격려함.

8월 29일　윤자증 전 교통부장관 뇌물혐의 구속
9월　1일　소련 전투기 사할린 부근 KAL기 격추(탑승자 269명 전원 사망)
9월　9일　고리원전 2호기 준공

윤기선은 사남이 서울 남산세무서가 오장동 국진빌딩을 신축한 취득금의 상당부분이 당시 특별한 소득도 없던 김춘화께 사남이 운영하는 건설회사가 시공·증여한 것이라 판단되어 증여세 납부를 독촉받고 있음을 청취하고, 부산 청학동 창고를 매각한 자금이 충당되었음을 증명하라 했으나 이 또한 윤기선 명의의 부산 청학동 창고를 매각한 자금을 충당한 것이면 부부 간의 증여로 간주되는 것이라며 불필요하게 상황을 얽히게 하지 않겠다며 당시 상당한 증여세 해당의 700여만원을 사남

2) 의사인 아들이 남한에 있다 생각하고 남하했으나 아들은 어머니를 생각, 북으로 올라가 버린 후 삼팔선이 막힌 사연 등

이 독자적으로 충원하여 납부해 마무리했다 전언받음.

10월 8일 전두환 대통령, 대양주 6개국 순방길(10월 8일 버마 랑구운의 아웅산 묘소). 북한군 공작원 장착 폭탄테러, 참배 중인 서석준 부총리 등 고위관리17명 순국
11월 1일 새 주민등록증 발급 신청개시
11월 7일 동아건설(주) 단일공사, 세계 최대 리비아 수로공사 수주(32억 9,100불)
11월 12일 미대통령 레이건 방한
12월 24일 정부, 해운회사 통합 위한 "해운사업합리화 계획" 확정

1984년

1월 1일 신정에 구기동 10의 9 주택에서 전 가족 신년하례

1월 5일 통일원, 82년말 현재 한국의 GNP는 북한의 4.8배라 발표
1월 14일 부산 대아관광호텔 화재(투숙객 38명 사망)
2월 9일 소련, 안드로포프 서기장 사망

2월 4일 차남의 큰 여식(소영)이 영희국민학교를 졸업해 윤기선, 김춘화 등 가족들 축하 방문(3월 2일 숭의여중 입학)함.

2월 25일 정치활동 규제자 301명 중 202명 추가 해금
3월 10일 서산지구 방조제 추진공사 완공(2,899만평 육지화)

현대그룹 정주영 회장은 서산지구 방조제 추진 공사를 위한 기초조사에서 같은 실향민으로 연을 갖고 있었던 윤기선의 국토배가 확장론(국립 서울대 행정대학원 석사학위 논문)에 육지가 협소한 상황에서 국토확장

을 위한 동감을 가졌다며 이북오도 실향민 유지들의 만남에서 거론함.

3월 30일　세계 최대 활화산 마두나로와(하와이) 폭발
4월　2일　영화배우 최은희, 신상옥 감독 북한 납치
4월 10일　호주의 의료사상 첫 냉동수정아 출산 성공
4월 18일　동남여객선 페리호 조난(제주~부산) 120명 익사

4월 24일 사남이 운영한 구기동 삼진파크 1차인 삼진파크맨션 공사가 사실상 마무리되어 분양 견본으로 사용한 가동 101호에 구기동 10의 9 단층주택에서 생활하시던 윤기선, 김춘화가 당초 사남과 약조한대로 구기동 238의 토지외상 지분으로 상쇄하고 입주했지만 사남에게 소유권 명의변경을 생각해보자며 유보시킴. 4월 28일 오남 가족이 구기동 10의 1 단독 2층 주택의 1층에서 삼진파크맨션 가동 201호로 입주하고 돌기념 행사를 갖지 못한 아들(호찬)의 돌잔치를 뒤늦게 행함.

윤기선은 사남에게 당초 오남에게 28평형 1세대를 제공키로하고 2,000만원을 제공받은 것일텐데 6,000만원을 호가하는 42평형 1세대를 제공하면 문제되지 않겠느냐해 사남은 등기이전시키고 금융권에서 2,000만원을 대출받게해 상쇄시키면 된다고 하자, 그래도 금리 전반을 따져도 헛장사하는 것이 되는데 월급쟁이 생활하는 오남이 향후 대출이자 부담을 갖게 하지 말라며 당초 복숭아밭의 외상구매 요청시 사남에게 증여 의사를 언급한 것도 있어 이를 상쇄하는 것으로 하여 금융대출 처리없이 이전시키라 함. 사남은 뜻을 이해한다며 수용해 등기 취득세는 오남이 납부해야겠지 했으나 오남이 냈겠는가 싶어 사남이 이 또한 사업하는 입장에서 그 간 불편케 했던 점을 고려해 내주었으리라 생각됨.

5월 1일 서울대공원(과천) 개원
5월 3일 교황 바오로2세 내한(한국교회 순교자 103위 집전)
5월 14일 해운항만청 해운회사 63개사 통례함 발표, 미연방 법원, 통일교주 문선명에 징역 18개월 확정

5월 20일 성동공고에서 매년 개최되는 광천면민회를 개최함.

6월 5일 인도정부, 시크교 황금사원 공격(시크교도 260명 사살)
6월 25일 민정당, 정래혁 대표 경질
6월 27일 88올림픽고속도로 개통(광주~대구)
7월 28일 27회 LA하계올림픽(한국종합 10위)

8월 중순경 김춘화는 차남이 중구 신당동의 전셋집에 문제가 생겨 보증금 한 푼도 받지 못하고 쫓겨나게 되었다는 사연을 감춘화께 얘기해, 김춘화는 사남이 오장동 국진빌딩 4층 주택에서 퇴거하여 구기동 10의 1 주택 1층으로 이동하고, 국진빌딩 4층 주택은 손녀들이 방도 없이 사는 것을 안타까워하며 살게 해주고 싶다해 사남은 김춘화의 뜻을 따라 오장동에서 퇴거하고 차남이 입주함.

9월 1일 서울 중부지방 폭우로 북한 적십자가 양곡, 구호품 보내옴.
9월 6일 전두환 대통령 방일(일본국왕 과거 한·일관계 유감표명).

9월 8일 오남 자부(고××) 친정 할머니가 타계하여 윤기선이 문상함.

9월 10일 추석을 맞아 삼진파크맨션 1차 가동 101호에 가족들이 모여 윷놀이 등 친선 우애를 가짐.

9월 27일 사남 자부(전××)가 조선호텔에서 윤선회 사범자격으로 꽃꽂이 전시회를 개최해 윤기선 등 가족이 방문 축하, 격려함.

김춘화는 8월 중순경 차남 및 차남 자부가 오장동 국진빌딩 4층 주택에 이동거주하며 차남 자부(서××)가 동 빌딩 지하의 아람다실을 인수해 운영해 보겠다고 한 것을 사남에게 요청함. 사남 자부의 친정언니가 운영하던 것을 명도시키라해 지하층 보증금과 시설인수 및 권리명목 대금은 차남에게 사남이 언급했으나 차남은 김춘화가 운영하는 조건을 수락한 것이고 가진 돈도 없으니 알아서 하라고해 사남은 2,500여만원으로 처리하고 차남의 자부에게 인계조치를 10월 2일 행함.

10월 5일 윤기선은 민주화 추진협의회(민추협) 입회위원 피선.

10월 8일	진도대교 개통(484m 길이)
10월 31일	간디 인도총리 시크교도 경호원에게 피살
11월 6일	미대통령 레이건 압승, 영국이 홍콩을 중공에 반환 협정 조인

11월 18일 사남은 참신하게 일을 잘 하고 있는 "이성우"가 윤기선을 주례 선생님으로 모시고 싶다는 말씀을 전해 윤기선은 집안일 부분에 여러 도움을 준 것이 있어 흔쾌히 주례를 맡아 행함.

11월 19일	멕시코시티, 가스공장 폭발(544명 사망)
11월 14일	동작대교 개통(1,330m)
11월 16일	국내 최장대로 방조제 완공(7.8km)

12월 20일 신한민주당(가칭) 발기인대회(창당준비위원장 이민우)에 윤기선은 발기인으로 참석한 후 12월 26일 대학원 동창인 정해영 전 의원의 권유로 신한민주당에 입당, 서울제1지구(종로·중구) 조직책을 신청함.

12월 27일	시내버스, 열차 충돌(전남 나주, 15명 사망)

1985년

1월 민추협 공동의장인 김영삼, 김대중이 신한민주당 창당준비위원장인 이민우를 12대 총선에서 야권의 유일한 야당의 가치를 내걸기 위해선 정치 1번지인 서울 제1지구(종로·중구)에 이민우가 출마하여 돌풍바람을 일으켜야 한다고 하자, 이민우는 고향인 충청도에서 출사표를 던지겠다하여 해외에 머물고 있는 김대중의 대리인과 협의를 거쳐 이민우에게 신한민주당의 총재직을 부여하고, 선거 본부장에 서울대학 동문 선배인 윤기선을 내세우겠다며 윤기선께 서울제1지구당 조직책 신청을 포기하고 전국구 24번으로 출마케 한다고 함. 윤기선은 대학원 동문인 부산지역 국회의원을 지낸 정해영과 심도깊게 논의하여 서울1지구 조직책 신청을 포기하고 서울제1지구의 조직책이 된 이민우 위원장 예하의 수석부위원장에, 선거사무를 총괄하는 본부장으로 11대 국회의원 총선 당시 서울제1지구의 선거사무장을 했던 사남을 총재 보좌역 중앙상무위원으로 임명케 하고 2월 12일의 선거에 총력전을 다함.

신한민주당의 전국구 후보등록에서 24번의 공천 특별당비로 2,000만원을 제공해 달라했던 바 총선에서 당시 야당인 민주한국당(민한당)도 있어 열풍을 기해도 전국구 후보의 당선권은 15명 내외에 머물 것으로 판단한 윤기선은 수중에 갖고 있는 자금도 없었지만 굳이 특별당비 명목의 돈을 제공하며 감투를 써보려는 것이 자존심 상한다며 포기 결정을 해 상황을 인지한 사남이 어떻게든 자금을 만들어 보겠다며 특별당비를 제공해 달라 했으나 이를 불허함.

1월 13일 　백낙준 전 연세대 총장 사망(사회장)
1월 18일 　신한민주당 창당(천도교회관) 국무회의, 구정을 공휴

일(민속의 날)로 지정

1월 18일　여자탁구, 영국 웰슨오픈대회 단체전 우승
1월 22일　고리원전 5호기(95KW) 완공
1월 25일　제4 위성통신지구국 준공
1월 26일　테레사 수녀 내한
2월　2일　동호대교(1,220m), 동호로(5.1km) 개통
2월 12일　제12대 국회의원 총선

2월 12일, 제12대 국회의원 총선거에서 11대 때 유일야당을 주장한 민주한국당은 몰락하고 신한민주당이 압승(이민우, 이종찬 당선), 윤기선은 당선인 이민우를 대신해 선거본부장으로서 선관위에 참석, 당선증을 수령함.

신동아 월간지 등에서 선거열풍을 일으킨 주역의 서울제1지구 선거본부장인 윤기선께 선거운동기간 전반을 원고 작성하여 기탁해 주길 청해와 원고 작성에 임했으나 향후 문제점을 고려, 이의 작성을 중단하고 기탁하지 않기로 결정함.

2월 18일　총리에 노신영 안기부장 임명
2월 23일　민정당 대폭 개편(대표위원에 노태우 서울올림픽조직위원장)
3월　6일　김영삼, 김대중, 김종필 등 14명 전원해금 조치
3월 10일　김영삼·김대중 회담, 신민당 중심의 야당통합 합의. 소련 체르네코 서기장 사망
3월 22일　국민당 전당대회(총재 : 이민섭)
4월　3일　민한당 조윤형 총재, 신민당에 무조건 합당선언

5월 사남이 구기동 2차 사업부지를 취득한 후 서울시 사업승인을 신청 중 여러 어려움이 있다며 윤기선께 삼진건설산업(주) 비상근 고문으

로 일을 봐달라는 요청에 이를 수락하고, 사남이 회사에서 매달 비상근 고문수당을 지급하겠다해 침묵으로 동의함.

스승의 날에 삼남의 여식(손녀 : 은영)이 윤기선께 학급 명예교사로 강의해 달라 부탁해 윤기선은 손녀의 청을 수락, 학교를 방문하여 특별 강의를 함.

삼면이 바다로 둘러싸인 한반도에서 바닷길을 제대로 움직이게 하는 것이 국가정책의 주요한 일환이 되어야 한다며 평생을 해운관련 분야의 관료생활을 해온 경험을 아이들 수준에 맞게 강의해 교실 뒤편에서 방청한 교장, 교감선생을 비롯한 학부형들의 박수를 받고 전송받으며 나서기도 함.

5월 11일　영국, 브래드포드시 축구장 화재(70명 사망)
5월 20일　신민당 이민우 총재, 국회에서 직선제개헌특위 제의

5월 26일 정릉 청수장에서 광천면민회 개최
5월 27일 석존절 관음사에서 가족들 봉축

5월 30일　유럽컵 축구결승전(영·미·브뤼셀) 영국관중 난동 38명 사망
6월 17일　미국, 민간우주왕복선 "디스커버리호" 발사

7월 사남이 오장동 국진빌딩 4층 주택에서 윤기선의 67주년 생신기념. 오장동 함흥냉면을 특별 배달시켜 식사한 후, 예관동 70의 21 주택을 철거하고 5층 건물 상가로 사무실을 신축할 필요성을 제안함. 공사자금을 어떻게 조달할 수 있겠으며 세입자를 퇴거할 자금도 있어야 할

것을 우려하자 일단 오장동 국진빌딩을 담보로 공사비를 조성하고, 예관동 건물이 완공되면 동 건물을 담보로 오장동 담보를 해제하고, 은행 대출금에 대한 이자 등을 상가 및 사무실 임대료로 충당할 수 있다하여 사남이 운영하는 삼진건설산업(주)에 공사를 의뢰함.

7월 하순 예관동 상가 건물 공사가 착공됨.

7월 19일 부산지하철 1호선(범어사~서면) 16.1km 개통

7월 26일 이세기 통일원장관, 북한 인민회의 부의장 손성필이 백두산 영토의 반쪽을 중공이 차지하고 있음을 시인해 큰 충격을 일으킴.

7월 27일 홍도근해 유람선 침몰(12명 사망)

7월 31일 사마란치 IOC위원장, '88올림픽 북한측이 한국의 분산개최 주장을 거부. 한국은행, '84년 한국의 실질경제성장률 7.5%(1인당 GNP 161만 1,210원, 1,999달러 집계 발표)

8월 7일 해운항만청, 부산~대만 간 정기 카페리호가 9월 25일 정기취항 발표

8월 9일 구기동 능금산장에서 가족들 말복식사에 차남 가족 불참속에 사남이 윤기선께 예관동 70-21 사무실, 상가 건물의 향후 준공시 윤기선 명의 부동산이 여럿 있어 차남 명의로 했으면 좋겠다고 함. 당초 사남에게 해준 것이 없으므로 명의를 주겠다는 것을 그렇게 청하자, 그렇다면 자신의 명의로 그대로 유지하라고 역정을 냄.

8월 12일 일본 항공브이 747기, 군마현 오스크산에 추락(516명 사망)

9월 8일 예관동 상가, 사무실 건물 상낭식에 상낭현판을 윤기선 서체

로 목재 상낭판을 띄움.

9월 19일　멕시코시티 3차례 강진(사망 2만여명 추정)

9월 20일 남·북 고향방문단(서울, 평양 각 151명씩 선정) 혈육상봉이 40년 만에 실시되어 TV 생중계 속에 실향민들 눈과 귀의 시선이 집중된 상황에 김춘화는 눈물 글썽이며 시청함.

9월 27일 세검정 초등학교 운동회에 손녀(은영)의 참관요청에 윤기선, 김춘화가 격려차 방문하여 참관하고 식사를 제공함.

10월 12일　국내 시험관아기 탄생

오남이 가족과의 특별휴가를 김춘화와 함께 하고 싶다하여 부산 여정을 10월 15~17일 다녀옴.

10월 18일　서울지하철 3호선(구파발~양재), 4호선(상계~사당) 개통
11월 3일　한국 월드컵축구 아시아 최종예선(서울) 일본 누르고 본선 진출
11월 13일　콜롬비아 "루아산" 화산 폭발(2만명 사망)

삼남은 윤기선께 구기동 10-9 단층주택이 공실로 된 상황에서 지인 김청웅이 능금산장을 자신과 함께 공동운영하는 관계로 동 주택에 무상으로 입주시켜 생활하게 하고 싶다고 하여 이를 허락함.

1월 18일 김천웅이 식솔들을 데려와 입주함.

11월 23일　이집트 여객기, 지중해상에서 피랍, 몰타에 착륙(특공대 구출작전 60명 사망)

1986년

1월 1일 구기동 10의 1 주택에서 신년하례를 함.

1월 13일 대입논술고사 첫 실시
1월 28일 미국, 우주발사선 "첼린지호" 발사 후 폭발, 승무원 7명(女 2명) 전원 사망
2월 7일 필리핀 대통령 선거(마르코스 실각, 코라손아키노 당선)

2월 10일 사남 운영의 삼진건설산업(주) 시공의 예관동 70-21 사무실, 상가 공사가 완공되어 북에 계신 부친 윤극영의 "영"자, 모친 김상화의 "화"자를 붙여 "영화빌딩"으로 명명하는 현판을 걸어 개문함.

2월 11일 윤기선은 국립서울대학교 대학원 박사과정의 자격을 위한 제2외국어(불어) 시험에 응시했으나 과낙으로 논문제출 기회를 얻지 못해 평생 소원처럼 생각한 박사학위 사항을 유보함.

2월 15일 오남의 여식(가영)이 상명유치원 졸업 후 3월 3일 세검정초등학교에 입학함.

2월 18일 차남의 둘째 여식(지영)이 영희초등학교 졸업함.

3월 3일 숭의여중에 입학. 3월 7일 사남의 큰 아들(호준)이 상명유치원에 입학함.

3월 13일 신상옥, 최은희 부부 북한 탈출

3월 23일 김춘화의 생일기념으로 전가족 민속촌에서 야유회를 가짐.

3월 31일 부산~오사카 카페리('88올림피아) 첫 출항
4월 26일 소련, 체르노빌 핵발전소 원자로 화재로 3,000명

이상 사망

4월 30일 올림픽공원(50만평, 6개 경기장 회관) 완공

5월 2일 대처 영국총리 내한, 올림픽대로 개통(행주대교~암사동) 36km

5월 16일 구기동 관음사에서 석촌절을 가족이 봉축함.

5월초 사남 운영건설회사의 구기동 121번지의 공동주택 사업승인이 입지심의에서 배제되자, 윤기선은 삼진건설산업(주)의 고문자격이자 제1야당인 신민당의 고위직 간부 입장에서 서울시 부시장(입지심의 위원장)을 면담하며 조그마한 선물까지 제공했으나 비서관을 통해 집으로 되돌려 왔고, 다시 심의신청에서 조건부 승인을 받게 됨. 사남이 급성맹장으로 신촌세브란스병원에서 수술받음. 사남은 구기동 121번지의 삼진파크 2차 사업 현장 운영을 위해 삼남이 한양주택(주) 퇴직 후 별 움직임을 갖고 있지 않음에 삼진건설산업(주) 대표이사로 취임을 요청하고, 사남은 스스로 이사자격으로 현장을 주재하겠다 했으나 삼남은 형이란 이유로 대표이사직을 맡을 수도 없고 법인을 운영해본 경험도 없으니 현장 주재이사(전무)로 관장해 보겠다하여 숙고함.

5월 23일 문익환 목사, 집시법 위반 구속

6월 3일 월드컵(3회) 멕시코대회(아르헨티나 우승)

6월 8일 빌트하임 전 UN사무총장(오스트리아 대통령 당선)

6월 18일 페루, 3개 교도소 제소자 폭동(156명 사망)

6월 21일 사남 운영의 삼진건설산업(주)은 구기동 121번지 일대의 삼진파크 공동주택 2차 공사를 현장 주재이사(전무) 윤국한, 현장소장 조태상 하에 착공, 삼진 2차 현장의 모든 전권을 삼남에게 부여하고, 사남은

본사 운영에 전담하며 구기동의 3차 사업을 위한 4,000평 부지의 지주들과의 합의 진행함을 고문인 윤기선께 보고 올림.

차남은 김춘화에게 동해안의 최고 북상인 화진포에 윤기선과 함께 가족피서여행을 제안해 이를 동의받고, 차남 가족과 함께 고속버스를 이용해 화진포해수욕장에 도착해 차남이 민박집 방 2칸을 얻음. 해변가 전경이 보이는 곳으로 잘 정하였다며 칭찬해 주고 점심 때 차남이 국수를 끓여 식사하는 자리에서 윤기선은 소영애비(차남)가 국수는 잘 끓인다며 쫄깃하고 맛있다고 칭찬하자 차남 자부는 다른 건 몰라도 국수는 잘 끓인다하여 서로 웃고 넘어가기도 함.

삼·사남 가족들은 여수의 오남 가족들과 피서 겸 잘 보내다 올 것이고, 화진포 전망대에 올라 북측의 금강 해변 등에 철조망이 쳐진 것을 보고는 갈매기들과 물새들은 삼팔선 경계가 있는지도 모르고 마음대로 날아다니는데 철조망 막아놓고 같은 혈족들의 만남을 차단한 남·북 정부 당국자들의 한심스런 통일 교류정책을 신랄하게 평하며 함께 동행한 손녀(소영, 지영)에게도 북에 계실 증조부모와 큰아버지(장남 윤국진) 등이 있음을 잊지말고 열심히 하고자 하는 일을 성취하기 위해 학업에 전력을 다하라 함.

8월 4일　　독립기념관 공사 중 화재

8월 17일 오남이 대한항공(주)에서 여수공항으로 발령되어 삼진파크 1차 가동 201호 방 1칸에 대부분의 짐을 두고 남은 방들은 전세처리하고, 간편한 짐들을 화물로 여수에 운송함.

여수지방 해운국에 근무하던 윤홍률이 여러 도움을 주고 여수의 국동아파트에 전세로 입주함.

오남은 서울주택의 전세 처리자금 중 일부를 사남 운영의 삼진건설 산업(주)에 차용해 주고 월정 이자를 받기로 함.

윤기선은 대한항공 여수지점에 발령받아 근무하고 있는 오남의 가족들, 특히 손녀인 가영과 도선사협회 사무실에서 시외전화를 하며 안부를 물으면 손녀인 가영은 월반장을 하고 있다며 자랑하여 한 학기 반장이면 반장이지 월반장은 뭐냐고 물으니 여수는 서울과 달리 매월 반장을 뽑아 학급을 운영한다며 그것도 모르냐 하며 농담조 조크를 받기도 하고, 자부에게는 여수지방 해운국에 근무하는 윤홍률 가족과도 친근감을 갖고 우애를 가지라고 함.

오남이 형들인 삼남, 사남이 좋다하여 고속버스 편으로 식구들을 데리고 여수에 도착, 오남이 세들어 사는 국동아파트에서 짐을 풀고 형제간 화투게임도 하고, 아이들 사촌끼리 오랜만에 만남을 가지며 즐겁게 지냄. 여수 돌산도에 들러 회도 먹고 충무공 이순신동상, 철갑거북선 등을 둘러본 후, 서울가는 편을 오남이 항공권을 예약해 장시간 걸리는 고속버스 편보다 편하고 빨리 움직여 귀가할 수 있었음.

김춘화는 여수에 놀러갔다 귀가하여 방문한 사남의 아이들에게 재미있게 놀았냐고 물었더니 사남의 둘째 아이 호민이가 하늘을 가리키며 오늘도 비행기는 떳겠지하며 처음 비행기를 타본 소감을 말하는 것을 사남의 큰 아이 호준은 빙그레 웃으며 비행기 처음 타보긴 했지만 그렇게 얘기하면 매일 비행기 타는 놈처럼 보인다며 쑥스러워해, 김춘화가 할아버지 윤기선은 해외를 수도 없이 비행기 타고 다녔다며 너희들은 커서 나랏일을 하면 나라에서 비행기표를 마련해 준다고 하니 고개를 끄덕이며 나랏일을 해야겠다며 힘을 주어 말함.

오남 자부의 친정 이모가 사남이 세검정에서 고급빌라 등을 사업승인을 받아 건설법인에서 운영한 사실을 알고 일정금을 오남 자부 등을 통해 이자를 받고 대여하고, 삼진파크 1차 사업이 끝난 후 대여금 일체를 상환했던 신용을 믿었는지 사남에게 연락해와 차용해줄 돈이 있으니 공사에 필요하면 대여 받으라고 함. 전에는 오남 자부를 통하던 사항에서 굳이 그렇게 할 필요가 없다며 사남은 6개월 상환의 은행도 어음을 회사 명의로 발행하고 상당한 금원을 대여받음.

8월 21일 새 국립중앙박물관(구 중앙청 개조) 개관
8월 23일 창경궁 증건 준공
8월 25일 카메룬북부 니오스호수 바닥에서 유독가스 분출(사망자 1,600명). 국립현대미술관 과천 개관
8월 28일 태풍 "베리호" 전국 강타
8월 31일 소련여객기 나하도프제두호가 흑해 근처에서 화물선과 충돌(사망자 79명, 실종 319명)

9월 14일 효창공원에서 단천군 군민회를 개최함.

9월 20일 서울 아시안게임 개막
10월 10일 엘살바드로에서 세 차례 강진(890명 사망)

10월 28일 서울 하얏트호텔에서 사남 자부 꽃꽂이 전시회를 함.

11월 5일 북한 김일성 피격 "호외" 파문

삼진파크맨션 2차 공사 마감을 위한 공정과정에서 라동의 지하 주차

장 뒷면의 바닥콘크리트가 양성되기 전 무리하게 밀어부쳐 장비, 크레인 등이 지하로 추락하는 사고가 발생한 것을 목격한 윤기선은 회사 비상임고문이긴 하지만 고문의 위치에서 묵과할 수 없다며 회사 대표인 사남을 호출하여 현장을 총괄하는 삼남의 과실을 형사고발해 조치를 취함이 좋겠다고 함. 현장에서 인명피해가 없었음이 그나마 다행이라며 하중을 미처 생각지 못한 미숙한 부분이 있지만 개인적 관계에서 형을 어떻게 형사고발하며 그렇게 해서 건축법 위반 등 처벌받는 것도 흠집이 된다며 무릎까지 꿇으며 진정해 줄 것을 청해 마음 상하는 일이지만 경영일선의 대표가 그렇게 하겠다니 알겠다며 수그러짐.

11월 하순 사남이 12월 초순경 삼진파크 2차 공동주택이 준공되니 삼진 1차 가동 101호에서 퇴거 후 49평의 삼진파크 2차 다동 206호로 입주하시는 것이 좋겠다고 청하자, 윤기선은 그 쪽은 49평으로 분양가도 거의 9,000만원 가량인데 추가할 돈을 갖고 있지 않다고 하여 그것은 걱정할 필요없다며 삼진파크 1차 가동 101호가 소유명의를 이전하지 않아 법인명의로 남아 있으니 방법을 찾겠다고 하여 그렇게 하라며 이를 수락함.

12월 10일 윤기선은 김춘화와 함께 삼진파크 2차 다동 206호에 입주하며 기념으로 새 장롱까지 구입해 생활편의를 제공함.

12월 11일 차남의 큰 여식(소영) 고교연합고사를 치룸.

12월 19일　해풍호 조난사고(오징어값이 폭등, 폭풍에 휘말려 선원 26명 사망, 17명 실종)

사남은 삼진파크 1차 가동 101호를 회사에서 매각하지 않고 차남의 가족이 생활할 수 있도록 입주시키는 것이 좋을 것 같다며 오장동 국진빌딩 4층이 인근에 주택이 없어 편치않은 생활임을 감안, 신사동 전세준 주택을 처분하고 부족금은 차남 명의로 금융대출을 받으면 가능하다해 윤기선은 김춘화가 손녀들 생각을 많이 한다며 같은 지역 구기동에 가까이 살게 되면 제일 좋아하실 것이라며 쾌히 수락함.

1987년

1월 1일 삼진파크 2차 다동 206호에서 가족들 신년하례 때 사남이 윤기선께 삼남이 구기동 2차 사업현장의 주재이사로 노고가 많았음을 치하, 주택건설면허 외에 설비, 도장공사업 면허의 전문건설업체 회원으로 전문건설협회가 주관하는 유럽 5개국 견학 외유일정(1월 12~29일)에 삼남을 보내겠다는 얘기를 전언받고 잘 생각했다 하며 출발일에 윤기선이 삼남 전송을 위해 공항까지 배웅함.

1월 14일 박종철 고문치사 사건
1월 15일 북한 김만철 일가 11명 목선(청선) 타고 탈출(2월 8일 도착)

윤기선은 사남에게 삼진1차 가동 101호에 차남 가족이 입주했으면 좋겠다고 한 전날의 상황에 어떤 의견을 갖고 있느냐며 곧장 실행에 움직이지 않는 것이 못마땅해, 사남은 이런 저런 정리 등이 있을 것으로 미루어진다 보여 내심 오장동 국진빌딩 4층 주택에서 이동하고 싶지않는 듯한 차남의 속내를 애써 잠재우며 설득해 1월 14일 차남 가족이 삼진파크 1차 가동 101호에 입주, 국진빌딩 4층 주택은 사남이 법인 사무실로 사용함.

1월 16일　중공, 호유방총서기 사임, 조계양이 취임
2월 1일　정부, 한방의료보험 전국 확대실시

사남의 큰 아들(호준)이 국립사대부국 입학 추첨에 되었다며 사립국민학교도 아닌 점을 들어 입학할 수 있도록 윤기선께 청하자, 구기동에서부터 종로구 효자동 사대부국까지 통학하려면 쉽지 않은 사항이고 한 학년에 3개 반으로 편성되어 대중적 교육의 한계로 자칫 귀족같은 특성을 몸에 배게 할 수 있지 않겠냐며 검토해 보자고 한 후, 윤기선은 현직 교사인 삼남 자부에게 의견을 물은 바 부정적 의견을 제시해, 윤기선은 통학거리의 문제점을 지적하고 특수학교같은 인식에 함몰될 수 있음을 제시하며 6년 간의 초등학교 재학사항에서 구기동에서 생활권을 또 옮기게 되면, 전 가족이 구기동 지역으로 모여 살게 돼 손주들을 가까이서 볼 수 있게 되었다며 좋아하신 김춘화의 면면도 생각하길 바란다하여, 사남은 사대부국에 추첨되어 사대부국 입학에 모든 것을 구축하려는 마음이 들떠 있던 아들(호준)을 설득하여 입학을 포기하고, 2월 14일 상명유치원 졸업 후 세검정 초등학교로 입학을 결정한.[3)]

2월 21일 삼남의 친구인 김천웅의 부탁으로 평창동 귀빈예식장에서 윤기선 주례로 결혼식을 행함.[4)]

2월 차남의 큰 여식(소영)이 숭의여중을 졸업하고 숭의여고에 입학함.

3월 6일　영국 여객선 "헤롤드오브멘터 조라이즈호" 벨기에

3) 사대부국은 입학허가 반납을 제시하자 즉각 처리한 사항은 추첨에서 낙첨된 학부모에게 배려키 위한 의사였을 것.

4) 김천웅은 결혼했던 적이 있지만 함께 살고 있는 부인은 결혼식 웨딩드레스도 입어보지 못했다며 요청해, 신혼의 결혼식 주례는 수없이 했지만 다소 망설이다가 수락했던 것.

앞바다에서 전복(160명 사망)

윤기선은 차남의 작은 여식(지영)을 숭의여중에서 세검정 상명여중에 전학시키는 수속을 직접 수행하고, 이후 차남의 큰 여식(소영)을 숭의여고에서 동명여고로 전학시킴.

4월 1일　전매청을 전매공사로 발족
4월 8일　김영삼 신민당 고문, 김대중 민추협 공동의장, 신민당에서 탈당(74명 의원), 신당창당 선언

윤기선은 신한민주당 이민우 총재가 김영삼이 과거 신민당 대표시절 국회부의장의 야당몫을 행사해준 것과 12대 총선에서 돌풍바람을 일으켜 제1야당으로 자리잡게 된 주축을 세운 것을 두고 김영삼 상임고문께 당의 전권을 부여하길 바라는 것을 외면하고 있어 심사숙고하길 제의했으나, 고집불통으로 김대중도 있는데 누구 손을 들어주려 하냐며 당 총재로서 권한을 계속 행사할 것을 피력함. 김영삼의 측근인 황명수 의원이 윤기선께 다시금 이민우 총재를 설득 압박해 달라 읍소하며, 그래도 말을 듣지 않으면 윤기선에게 김영삼이 신당을 창당할 것이라며 신당 창당시 합류하라 권했으나 중앙당 고위 당무위원에 지구당의 수석부위원장까지 하고 있는 사항에 끝까지 유지한다면 김영삼의 신당창당에 참여하지 않음.

5월 1일　김영삼 통일민주당 창당(김대중은 이에 호응 참여)

5월 5일 석존절 봉축을 위해 윤기선은 가족들을 인솔하여 북한산의 대남문까지 먼거리를 등산 겸 등정하여 대남문 인근 산세를 촬영하고 문수사를 경유하고 관음사까지 봉축.

5월 10일 정부, 썸머타임제 실시(10월 11일까지)
5월 17일 미국군함 "스타크호" 페르시아만서 이라크기에 피격(37명 사망)
6월 9일 연대생 "이한열" 교문 앞 시위 중 최류탄 맞고 입원 중 사망(7월 9일)

윤기선의 7순기념 잔치는 하지 않아도 기념식사를 위해 김춘화는 의형제처럼 지내왔던 심우준 교수의 가족들을 초대해 6월 14일 구기동 능금산장에서 함께 전 가족 식사함.

6월 16일 유람선 "극동호" 거재근해 화재사고(29명 익사) 전국 8개시에서 국정 시위
6월 23일 원전 7·8호기 준공(전남 영광 19만KW)
6월 29일 노태우, 직선제 개헌 선언(6월 29일 선언)
7월 1일 국립공원 관리공단 발족
7월 15일 태풍 "셀마" 전국 수해
7월 17일 동독 정치범 2,000명 사면, 사형제 폐지
8월 15일 노태우, 민정당 총재 취임

8월 15일 천안에 연접한 곳의 독립기념관을 무료입장으로 개관하는 것에 맞추어 윤기선은 서울역에서 천안까지의 KTX열차표를 미리 구입해 여수에 있는 오남 가족을 제외한 전 가족을 인솔하여 구기동 집에서 출발했는데, 출발 후 뒤늦게 열차표를 소지하지 않은 것을 확인 후 급히 집에 다시 들러 열차표를 갖고 서울역으로 출발, 먼저 도착해 있는 일부 가족들과 합석해 미리 준비한 모자 등을 나누어 주고, 기념관에 모인 많은 인파 속에 서로 흩어지지 않게 하려고 단단히 주의를 주고 행동하게 했지만 손녀인 소영, 지영이가 딴 행동을 한 탓에 사남이 이들을 찾으

러 나섰고 한참 후에 찾아와 식구들과 만났음. 삼남 또한 찾으러 나섰다가 오질 않고 있어 윤기선은 삼남은 어른이니까 어떻게든 할 수 있을 것이라며 기념관에서 천안역으로 향하는 버스에 타고 천안역에 도착했는데 서울로 향하는 새마을호의 연착방송으로 역 부근에서 무더운 더위를 식히던 중 삼남이 역에 와서 어떻게 기다리지도 않고 자기만 빼놓고 가느냐며 투덜거려 김춘화는 미안하게 되었지만 기차시간이 있어 어쩔 수 없었다며 다독거리고, 그래도 기차 연착으로 함께 서울을 향할 수 있게 되지 않았느냐며 화를 가라앉히게 함.

무더운 폭염 속에 준비해간 음식도 마땅한 음지가 없어 태양볕을 받아가며 식사했던 상황임.

8월 29일　오대양(주) 여사장 등 32명 용인공장서 동반자살
8월 31일　태풍 "다이너" 상륙 수해
9월　2일　스웨덴 구스타프국왕 방한
9월　9일　여배우 "강수연" 씨받이 영화의 베니스영화제 여우주연상 수상

9월 20일 이북오도체육대회를 효창운동장에서 개최, 전가족 참석함.

9월 24일　서울대병원 "체외수정" 5쌍둥이 출산

9월 27일 효창공원에서 광천면민회

10월 12일　국회헌법개정안 의결
10월 27일　헌법개정 국민투표(93% 찬성)
10월 28일　한·일 어업문제 타결
10월 30일　신민주공화당 창당(김종필 총재)
11월　1일　해병대사령부 재창설(73년 10월 10일에 해제 후)

김춘화는 담석 등 복통에 힘겨워하다 11월 6~21일까지 세브란스병원에 입원 치료를 받게되어 윤기선의 식사수발 등 여러 상황을 걱정하며 자부들에게 순번을 정해 수발을 부탁하자 윤기선은 식사 걱정하지 말라며 일제강점기 때 만주·일본 등에서 자취하며 생활했는데 조그만 솥단지 하나 구입해 밥을해 먹을 수 있다며 자식, 자부들 일체 신경쓰지 말라 당부하고 틈틈이 세브란스병원 입원실을 들러 간호사들은 노년부부의 금술이 좋아보인다며 칭찬올리면 윤기선은 애인 만나러 오는 것이고 평생의 애인이라며 답해 간호사들을 웃게 만듬.

김춘화는 윤기선이 방문해서는 1인실이라 화장실의 샤워부스에서 뜨거운 물을 사용, 샤워 등을 하고는 자기가 환자인양 코까지 골아가면서 잠을 잔다며 병실을 면회 방문한 아들, 자부들에게 핀잔처럼 토로하곤 함.

11월 12일 평화민주당 창당(김대중), 민주통일당에서 분리 탈당함.

신한민주당이 유일야당으로 12대 총선에서 압승했지만 내분에 의해 김영삼, 김대중이 탈당하여 신당을 만들고 김종필 또한 새로운 정당을 창당함으로써 12대 총선의 신한민주당 전국구 후보 30명만 공천등제한 사항에서 전국구 후보들 다수가 의원직을 상실하는 탈당을 단행해, 전국구 17명까지 의원직을 가진 선에서 남은 30번까지도 의원직 승계가 끝나고도 전국구 의원 후보가 없게 된 초유사태가 발생함. 불과 몇 개월 국회의원직을 수행하겠지만 당초 신한민주당 전국구 24번에 후보수락을 했었다면 전국구 국회의원직을 승계받았을 것이라고 사남이 윤기선에게 아쉽다는 뜻을 밝히자 지나간 것은 생각할 필요없다 함.

11월 28일	남아공여객기 인도양 추락(159명 사망)
11월 29일	KAL 테러참사(45명 사망)
12월 2일	대선후보 첫 TV 선거유세
12월 3일	중부고속도로(서울~대전) 개통

윤기선과 김춘화는 삼진파크 2차 단지의 후면 구기터널 관리소와 경계된 산지공터에 자비로 충당해 정자를 설치하여 2차단지 입주자 주민들의 휴식처로 활용케 하고 윤문가족들이 방문하면 정자에 돗자리를 깔고 휴식, 식사를 하게 함.

입주자 대표회는 뜻깊게 생각해 다각적으로 활용하며 반상회도 개최한 장소로 사용하기도 함(이후 99년에 선임된 반장이 철거해 버림).

김춘화는 삼남을 시켜 비둘기 모이를 대량 구입해 오게한 후 하루 오전, 오후에 비둘기 모이로 직접 뿌려주어 비둘기와 참새들이 거의 시간을 맞춰 떼로 몰려오는 통에 주차한 차량 등에 분뇨로 많은 문제가 생기는 것을 감수하고, 애견 "똘"과 "복똘"이 자유롭게 마당을 다닐 수 있도록 현관문을 일부 열어놓아 애견들 스스로 산책을 마친 후 돌아올 수 있게 함.

애견 "똘"이 죽었을 때 윤기선은 종이박스 상자에 곱게 천을 감싸안기고 함께 했던 세월의 글귀를 정성을 담아 지면과 함께 단지 내 후면 산지공터에 묻어줌.

김춘화는 퇴계로(충무로5가 2의 10) 단층집에 거주하는 한계옥 여사를 방문할 때면 한계옥 여사는 친정 딸을 만난 듯 기뻐하며 단층집에 세들어 사는 입주자를 잘 관리 통솔하고 있다며 자주 방문해주길 요청했으나 구기동과 충무로의 거리가 있어 쉽게 방문하지 못해 미안스러움을 가진다며 통일에 대한 염원을 함께 나눔.

한계옥 여사는 모든 것에 감사함으로 닷량의 황금열쇠를 김춘화에게 선물까지 함.

12월 5일 김춘화는 북에 계신 시아버지 윤극영에 대한 생신상을 삼진파크 2차 다동 206호에서 처음 차려 올림.

12월 10일 윤기선은 신한민주당의 당기관지 "신민주전선"의 주간으로 위촉됨.

12월 16일	13대 대통령 노태우 당선
12월 20일	필리핀 여객선 "도나파르호" 침몰(1,500명 사망)
12월 24일	정부, 최저 월 임금액 결정(11만 1,000원, 11만 7,000원 이원화)
12월 30일	국회의원선거구 소선구제로 211개 지역구 민정당 확정

1988년

1월 1일 김춘화는 신년하례를 삼·사남이 생활하고 있는 구기동 10의 1 주택(일명 : 산집으로 칭함)에서 행함.

1월 2일 윤기선은 국회의원 대다수가 탈당해 전국구의원 및 지역구 의원을 포함 20명선의 소수정당으로 전락했지만 매년 행해온 중앙당사(종로4가)에서 이민우 총재 등 당 간부들과 단배식을 가짐.

1월 22일 고향 지인 김병일의 타계로 윤기선이 고향분들과 함께 문상함.

2월 11일 노태우 대통령 당선자 6공화국 총리에 이헌재 전

서울대 총장 내정
2월 12일　교통부, 금호그룹에 제2민항공 인가(아시아나로 후일 결정)

2월 13일 삼남의 아들(호진) 상명유치원 졸업에 윤기선 등 식구들이 참석하여 축하함(3월 4일 세검정초등학교 입학).

2월 15일　예술의 전당, 음악당, 서예관 개관(양재동)
2월 17일　세종과학기지 준공(남극, 해외 첫 상주기지)
2월 24일　유조선 "경신호" 침몰(벙커C유 유출됨, 묵호운항 중 선원 70명 사망)
2월 25일　제6공화국 출범(노태우 취임)

3월 9일 사남의 둘째아들(호민)이 예원유치반 수료 후 상명유치원에 입학함.

3월 16일 사남의 큰아들(호준)이 세검정초등학교 2학년 반장선거에 선출되어 윤기선은 사남 운영회사의 운전차량을 이용, 빵과 음료수를 직접 구입해 학급에 들러 반장턱을 내는 것으로 하자, 손자인 호준은 뺨이 붉게 되면서 할아버지 윤기선의 방문에 기쁘면서도 수줍게 웃고 있어 참으로 순진하고 착해 보이지만 욕심은 하늘을 찌를 듯 높은 녀석이라 격려·칭찬을 아끼지 않음.

삼남의 여식(은영)도 5학년 부반장에 선출되어 격려함.

3월 21일　전두환 전 대통령 동생, 전경환 구속(횡령, 탈세혐의)
4월　1일　서울 천호대교 버스추락 참사(19명 사망)

4월 13일 윤기선은 제13대 국회의원 선거를 위한 중앙당 유지를 위한 일환으로 국회의원 선거구가 소선거구제로 통과되어 서울 제1지구의 종로·중구가 분리되므로 신한민주당 서울제2지구 중구지구당을 대림정에서 개최, 위원장으로 선출되어 지구당 창당증을 중앙당에 인계하고 신문지상에 신민당 후보 출마예정으로 알려진 사항에서 출마를 포기하고 정치활동을 접음.

4월 16일 오남은 여수공항 근무로 여수에 그냥 남기로 하고 오남 자부와 자녀들은 서울로 이사옴. 사남이 그간 차용했던 차입원금 등을 상환, 전세를 퇴거시킴.

오남 아들(호찬)이 금잔디유치원에 입학하고, 여식(가영)은 세검정초등학교 3학년에 전학시킴.

삼남의 여식(은영)이 윤기선께 우리 집안 가훈은 무엇이냐며 학교에서 제출하라 했다하여 붓글씨로 **"의를 바탕으로, 자연을 사랑하며, 성실하게 살도록"**의 가훈을 작성해 날인을 찍어 각 가정에 배포함.

4월 26일 제13대 국회의원 선거, 신한민주당 참패, 선거관리위에서 후일 정당을 해산시킴

5월 8일 어버이날 기념으로 삼남이 봉고승용차량을 빌려 가족들이 자연농원 나들이에 나섰고, 5월 23일 석존절 봉축을 위해 종전의 관음사가 아닌 세검정의 "소림사"(김춘화가 사찰 변경)에서 함께하며 참석한 아이들에게 윤기선이 "벽화"를 설명해 주며 선하지 못한 일을 하면 지옥행의 불가마에 타들어 간다하여 아이들이 섬찟해 하며 선하게 살아가겠다고 다짐하기도 함.

7월 3일 생일기념 나들이로 여주 "신륵사"로 집에서 준비한 도시락과 음료를 갖고 한강변 정자에서 식사 후 신륵사 전경을 관람 중 삼남

아들(호진)이 경내 담벼락에 오줌을 싸고 킥킥 웃자 윤기선은 정숙하게 마음 모을 곳에 소변보는 녀석이 어디 있냐며 혼을 냄. 차량운전에 동행한 “이성우”가 자기의 고향 여주를 설명하면서 산가지나무에 숱한 학들이 머물고 있는 것에 대해 학들의 이동 정착지인데 배뇨 때문에 소나무들이 진통을 겪는다는 설명을 올림.

7월 하순 폭염 등 무더위로 한탄강변으로 피서겸 1일로 가족을 동원한 윤기선은 한탄강에 쇠똥들이 마구 내려와 피서사항은 글렀다하고 제대로 그늘막도 없어 발만 적시고 있는 사항에 김춘화가 자부들을 모두 데리고 얘기도 없이 떠나버려 삼남에게 함께 움직이지 않았다며 짜증내곤 우리도 이제 철수하자며 너무 더워 피서는 망쳤다 함.

7월 4일	미함, 이란여객기 격투(탑승자 290명 사망)
7월 8일	소련, 화성탐사선 발사. 정부, 중공을 중국으로 공식호칭 사용

7월 15일 1천만 이산가족재회 추진위에서 북한에 보내는 편지를 접수한다하여 윤기선은 각 가정에 편지글을 쓰게해 이를 취합하여 추진위에 제출함.

7월 22일	중국, 사천성 민강에서 여객선 침몰(112명 사망)
8월 17일	지하울 파키스탄 대통령 비행기 폭발로 사망 서울올림픽문화예술 축하(국립극장)
8월 27일	올림픽성화, 제주착, 국내 봉송 시작

9월 11일 오남 자부(고××)가 병원에서 입원 수술 후 퇴원함.

9월 11일 효창공원에서 단천군민회가 개최되었고 윤기선은 올림픽주

남북이산가족찾기 신청서

일련번호 : 1988 년 8 월 일 작성

대상인

성명 (한글)	성명 (한문)	성별	생년월일(연령)	신청인과의 관계
① 심우혁	沈禹赫	여	1875.11.26(113)	조모
② 윤극영	尹極英	남	1891.10.15(91)	부
③ 김상화	金尙和	여	1893.10.1(95)	모
④ 윤국진	尹國振	남	1939.9.10(48)	장남
⑤				

헤어진시기	1945. 10. 20	헤어질 당시직업	농업
헤어질당시 주소	함경남도 안천군운천리 189번지		

대상인을 찾는데 도움이 될 기타 사항

(1) 윤극영씨는 영생중학 재학시 반제 학생사건으로 퇴학 용정에 유학하여 [illegible] 운동을 하다가 1922년 동경에서 귀국 향리에 보천강습소(중학과정)를 설립 독립을 위한 청소년 육영에 진력하면서 신간회·농민조합 등 독립단체 간부로 있으면서 농업자영

(2) 윤극영씨는 1944.12월 신청인처 김춘화(1917.4.03생)와 동차남 윤국철(1944.4.15생)을 데리고 월남 당시 경성대학을 졸업하고 교통부 해운국에 근무하면서 조선민족청년단 수원간부 훈련소에서 수련중인 신청인 윤기선 [illegible] 약 20일간 [illegible] 체류하다가 고향 안천으로 귀향 (김춘화·윤국철은 서울잔류)

(3) 1951년 6.25사변 종료시 헤어질 당시의 주소 함남 안천군 광천면 운천리 189번지에 조모 심우혁, 부 윤극영, 모 김상화, 장남 윤국진은 전원 무사하였음을 향리인으로부터 확인

신청인

성명 (한글)	성명 (한문)	성별	생년월일(연령)	연락처(전화)
윤기선	尹基善	남	1918.6.26 (69)	서울 중구 오장동 국제빌딩 (267-[illegible])
김춘화	金春花	여	1917.4.03 (70)	서울 종로구 구기동 삼성[illegible] (353-4260)

주소	서울특별시 중구 오장동 90-3 국제빌딩 삼천리산업 방
본적	함경남도 안천군 광천면 운천리 189번지

*기재사항이 넘칠 경우엔 후면 보충기재란을 이용하십시요.

화 및 각종 경기 입장권을 매입하기 시작하고, 사남은 올림픽개막식 입장권 추첨에 참여해 당첨되어 입장권과 차량에 부착할 스티커 등을 윤기선께 전달함. 서울올림픽의 개막식에 부부동행하여 관람함(당시 개막식 추첨권은 입장식 티켓의 30배 이상의 암거래가 있었음). 올림픽 기간(9월 17일~10월 2일) 중 윤기선은 축구경기 등 주요경기의 입장권을 자녀들에게 배포하여 경기에 참전토록 하였고 기념주화를 세트로 구입한 것을 각 가정에 한 개씩 배포하고, 별개의 기념주화를 일정분량씩 나누어준 후 금화세트는 윤기선이 보존함.

9월 18일	버마, 쿠데타
9월 29일	노벨위원회, 평화상→유엔평화유지군
10월 1일	소련, 안드레이그로미코 의장 해임(고르바초프 서기장 선임)

10월 16일 효창공원에서 광천면민회 개최함.

10월 23일 윤기선은 삼·사·오남의 아들인 손자들을 데리고 서울대학교 관악교정 동창회에 참석해 손주들에게 너희들도 할아버지의 서울대학 동문으로 학업을 열심히 해달라 하면서 너희들 아버지가 할아버지의 뜻을 이어주지 못했지만 손자들이 소원하는 뜻을 이어주었으면 좋겠다하여 모두들 씩씩하게 그렇게 하겠다 하고, 비가 내린 일기로 귀가해 오열로 지쳐 며칠간 집에서 요양함.

11월 13일 삼남 자부 친정아버지가 교통사고로 사망하였다는 소식을 접한 윤기선은 사돈의 유고를 문상가는 것이 맞다며 사고 현지가 워낙 외진 곳인데 왜 이곳까지 왔었는지 이해되지 않는 부분이 있었지만 장례식장의 문상을 하면서 삼남 자부의 친척 식구들에게 위로와 격려를 다함.

사남이 아침에 동행하는 차량으로 차남의 여식인 소영, 지영과 함께 국도극장에서 상영하는 "서태후"를 모처럼 관람코자 한다며 표를 함께 구해 관람하실 수 있나 물어 그렇게 하자하여 영화를 관람하는 중 자주 소변 생각으로 화장실을 두어 번 들르고 해 공연히 피곤하신데 무리하신거 같다하자 나중에 상영될 "마지막 황제 푸이"는 가족들이 함께 관람하자는 제의에 사남은 그렇게 하겠다 함. 차남의 여식 소영이가 할아버지에게 오늘 영화감상은 어떠냐고 하자, 서태후의 잔인함을 평함.

11월 하순 사남이 아침 동행 출근길에 드릴 말씀이 있다하여 국진빌딩 지하 아람다방에서 차를 함께하며 혼외자로 호적에 등재되어 있는 윤영미의 전화를 오장동 주소지의 267-7407 전화로 받았는데 꼭 뵙고 싶다하니 만나서 위로와 격려해 줄 것을 청해 연락이 오면 장소를 정하라고 함. 윤기선은 영미를 만나 미국에 영주이민을 가서 국적이 미국이고, 주립대 의대를 재학하고 있음을 확인하고 잠시간이나마 부녀 간의 정을 나누었다고 사남에게 전해줌.

1989년

1월 1일 구기동 삼진파크 2차 다동 206호 본가에서 식구들 전원이 신년하례를 갖고 매년 미리 준비해온 손자, 손녀들의 1년치 학용품을 나눠주고 윷놀이를 하면서 상당히 지쳐 있었던 윤기선은 삼양동 이민우 집을 방문하고, 1월 5일 사남과 함께 출근길에 서울대병원을 들러 비뇨기과 진료를 해야 한다며 병원에서 하차, 병원에 입원해 전립선비대 수술을 받아야 한다며 삼남에게 연락을 취해 사남이 함께 입원실을 1인실로하여 입원시키고 순번을 정해 간병키로 함.

병원에서의 여러 검사 등을 위해 삼남이 첫 보호간병에 나섰고, 사남은 구기동 본가에 들러 요청한 준비물 등을 챙겨 1월 6일 점심시간 무렵 삼남과 교대해 간병 보조를 함.

1월 6일　　정주영 현대명예회장 소련향발
1월 7일　　일본, 히로히토 국왕 사망

서울대학병원의 수련의, 간호사 등이 부분파업시위를 벌이고 있어 산만한 가운데 수련 및 전공의들의 월요일 비뇨기과의 전립선비대수술을 지정하고 여러 문의를 환자인 윤기선께 물어보며 숨가쁘게 움직임. 다음날 7일 아침 잠을 깨시고 지난밤 꿈에 북에 계신 부친 윤극영을 뵈었는데 멀리 있어 가까이 다가가려 하면 자꾸 멀리 떠나 안타까워 했다는 얘기를 사남에게 함. 당초 간병담당의 오남이 여수에서 상경하지 못한다하여 차남이 중식시간대에 교대할 때 심한 오열과 한기를 느낀다하여 담요를 두텁게 하고, 준비해둔 연하장을 사남에게 우체국 발송을 부탁함. 저녁경 차남의 긴급한 전화를 받고 삼남과 사남이 병원을 방문했을 때 입원실에서 심정지상태의 복원을 행하고, 급히 중환자실로 이송해 밤늦게 김춘화와 자부들이 병원을 방문, 중환자실에서 윤기선의 상태를 지켜본 후 동공의 흐름이 좋지 않다며 근심걱정한 상황에서 1월 8일 15시경에 운명을 달리하심.

만 70세 6개월여의 삶을 마감하시면서 지인들에게 발송한 연하장에 **"나가면 자유의 바다, 들어오면 민주의 땅, 푸른 하늘이 맑고 밝은 별이 쏟아지니 행운이 뱃길에 넘실대네"**

"말린 사람없고 묶인 세월없지만 오고간 봄 가을 40넘어 오고갈 발길 막혀 살붙이 못보고 고향 찾지 못해 불효의 갓쓰고 고장 외면한 천족신겨 이해만은 불효의 갓 벗고 천족도 벗었으면"

병 상 록 ('89. 1/5 – 1/7)

1988년 12월 31일 (토) 막내인 가영 아빠가 여수에서 항공편으로 서울상경, 전 가족이 서울 종로구 구기동 121번지 삼진파크맨션 다동 206호 본가에서 한해를 보내고 맞는 제야 종소리를 TV로 시청한후 예년의 행사처럼 소 가족단위별로 윷놀이가 시작되었음. 아버님은 목언저리에 자주 가래가 꼈던 탓인지 휴지 일부를 손머리에 갖다 놓고 수시로 뱉어내는등 안색이 좋지 못한 속에서 쉬었다 하자는 자식들의 제의를 괜찮다 하시면서 화장실을 수시로 다니면서도 밤새 그 힘든 윷놀이를 계속 하셨음.

예년에는 윷놀이를 잘하셨던 사항이나 그날따라 윷통이 손에서 잘 맞지 않는다며 짜증섞인 농담을 하셨고 게임이 종료되지 않은 속에서 12회 게임중 8회를 마치고 수면을 취했음.

1989년 1월 1일 (일) 아침 소 가족 단위별로 한복들을 갈아입고 신년하례를 올리고 기념촬영을 마친후 아버님은 전 신한민주당 총재였던 이민우씨께 신년하례를 위해 삼양동에 다녀오신후·남은 윷놀이 게임을 마쳤으나 항상 1등 아니면 선두 순위의 본부팀은 의외로 5위로 꼴등을 했고 5위 아니면 하위팀에만 있었던 둘째 소영 아빠팀이 1등을 하는등 이상 기류로 게임은 종료 되었고 손녀 은영의 시상 사회로 게임 시상을 마치고 형제들끼리 친선 화투를 즐기는 속에서 1일 저녁 또한 가족 전원이 함께하고 2일 (월) 아침 식사후 소 가족단위로 각자 집으로 돌아갈 무렵 감기기운이 심했던지 기침을 자주하시는 아버님께 병원 진료를 청했으나 신정 년휴등으로 병원 진료가 순조로울것 같지 않아 세째인 은영아빠가 약국에서 콘택600알약과 판피린을 사와 드시게 했고 가족들은 각자 집으로 돌아감.

3일 (화) 막내인 가영아빠가 근무지인 여수로 떠나갔고 아버님은 소변등이 시원스레 잘 나오지 않는다고 어머님께 자주 짜증을 내셨고 4일 (수) 아침 출근길 연남동의 서울대학병원에서 진료를 받기 위해 내리면서 동행코자 하는 네째인 호준 아빠를 사무실로 가게 한후 비뇨기과에서 배뇨 하신후 귀가, 어머님께 다소 개운하다고 하셨지만 다시금 소변을 보기가 거북해진 상태에서 5일 (목)

출근길에 다시금 서울대학병원에서 내리신후 비뇨기과에서 정밀 검사한바 전립선 부위가 비대해짐으로써 수술을 해야한다며 급히 입원 치료해야 한다는 진찰의사말에 따라 내째인 호준 아빠가 있는 오장동 사무실로 전화 연락을 취함.

전화연락을 접한 사무실의 이성우 기사는 이곳 저곳 수소문한후 12시 30분경 사무실에 들린 호준 아빠께 이를 알렸고 호준 아빠는 세째인 은영아빠께 전화 연락을 취해 서울 대학병원에서 만날것을 전갈한후 퇴계로 할머니(한계옥)의 병원 입원 관계로 외출하셨다는 어머님을 이기사께 수소문 시키고 서울 대학병원으로 향했음.

* 이성우 기사는 퇴계로 할머니댁을 방문 이웃 셋집에서 중대 성심병원에 입원수속하는데 새검정 할머니도 함께 가셨다는 얘기를 듣고 동 병원에 갔으나 입원수속을 마친후 귀가 했다하여 다시금 새검정 본가로 향했다함.

서울 대학병원에 도착하여 비뇨기과 진료실을 찾아갔으나 아버님이 계시질 않아 간호사께 물어보니 진찰하고 가신것 같다고 얘기함으로 주변을 찾아보기 위해 정문등을 왔다갔다 하던중 은영아빠를 만나고 함께 비뇨기과 대기실에 앉아계시는 아버님을 뵙고 진료상황 설명을 듣고 입원수속 준비를 함.

아버님은 비뇨기과 의사의 입원통지서를 내어주며 여럿이 있는 병실도 상관없다고 얘기했으나 은영, 호준 아빠가 숙의, 비뇨기과 간호병동에서 의료계 파업 및 신년 년휴등과 겹쳐 특실이 두개가 비워 있다는 상황을 접하고 공동 입원실은 간병에도 문제가 있고, 아버님 자신도 여러 환자들 틈에서 불편하실 사항등으로 입원하신동안 편히 쉬실수있게 특실을 택하자는 은영, 호준 아빠의 합의 끝에 아버님을 몇차례 설득 7층에 위치한 비뇨기과 병동 7211 호실에 15시경 입원하게 되심.

병실 입실후 간호사의 기초적인 입실 사유등을 메모해 갔으며 세째인 은영아빠가 간병 당직으로 병원에 남고 한일은행 거래통장및 인장과 속내의, 타올, 트랜지스터, 불어책등 몇몇 물품을 갖고 오라는 지시의 메모를 받고 내째인 호준아빠는 병원을 떠남.

* 오후 시간대 일정과 금요일 낮동안의 일정이 바쁘지 않다하여 · 5일(목) - 6일 (금)을 은영아빠가 간병 당직하기로 하고 6일 저녁부터 7일(토) 오후 3시까지 호준 아빠, 7일 오후 막내인 가영아빠가 서울 상경함으로 7일 (토) 오후 서울 귀경부터 8일(일) 12시까지 가영아빠, 8일 12시부터 9일 (월) 오전 7시까지 둘째인 소영아빠 순으로 간병당직을 정함.

호준아빠가 새검정 본가에 도착했을때 어머님은 미리 도착한 이성우 기사와 함께 몇몇가지 준비물을 챙기고 있었고 메모 사항에서 빠진 물품등을 추가로 챙겨 본가에 뒤늦게 도착한 소영, 은영, 가영 엄마등과 함께 서울 대학병원을 방문함. 어머님은 아버님께 퇴계로 할머니의 성심병원 입원상황을 설명하시자 마음 아퍼하셨고 환자도 아닌데 전식구가 뭐때문에 이렇게 다 모이고 하느냐고 반짜증 반 위안 식의 얘기를 나누며 준비해간 쥬스들을 마셨으며 은영엄마가 아이들은 문병오지 못했다고 얘기하면서 다음날 같이 오겠다고 하자 아이들은 일체 오지못하게 하라고 엄명하심.
호준아빠가 토요일등 낮에 다소 한가하실때 필요할지 모르니 본가에 있는 소형 텔레비젼을 갖고 오겠다고 하자 검사및 수술관계로 병실을 비울수도 있는데 분실하면 안되니까 내버려두라고 하심.
본가에 있는 복돌이 (애완견 발발이 종류)가 사람이 없는것을 알면 시끄럽게 짖어댈테니 집에 빨리 가라고 어머님을 다구치듯 하자 반역정, 짜증 내듯 어머님이 병실을 나섰고 동시에 자부들과 호준아빠가 병실을 떠났음.

(세째인 은영아빠의 간병당직 대화사항 추후 수록)
* 5일(목) 15시 - 6일(금) 17시 (26시간 상황)

1월 6일 (금) 16시 50분경 호진아빠와 간병 당직 교대시 아버님은 수면중에 계셨고 호진아빠로부터 배뇨량의 검사방법등 병상 기록사항 수첩을 인수 받은후 월요일인 1월 9일 소영아빠의 출근 사항이 있으니 아침 일찍 병원에 오라고 일르고 있을때 수면에서 깨신 아버님이 호준아빠와 은영아빠가 교대하는 것을 알고는 30만원 수표가 있었는데 어디에 두었는지 기억이 나질 않으니 은영아빠가 본가에 들러 찾아보고 전화하라고 하심. 본가에 도착된 우편물을 내보이자, 확인 책크 하신후, 배뇨주사기를 꽂은채 누우셨다, 앉았다 하시면서 멋적어 하시는것 같아 전립선 비대로 인한 사항의 수술은 맹장수술보다 간단한 수술이라고 하는데 조금 불편하시더라도 참으셔야지요, 지금은 소변보는것이 불편하진 않으시지요라고 물으니 배뇨주사기에 의해 소변이 자연적으로 빠져 나가니 불편한것은 없다고 하시면서 퇴계로에 있었던 김명학 외과에서 맹장수술을 받기 위해 입원했던이래 처음 입원이라며 당시 상황을 회상하셨음.

18시경 저녁식사가 도착되자 식사전 흰알약을 (당뇨등의 관계로 복용 해왔던 약으로 추정됨) 드시려 하길래 수술전에 지장없는것이냐고 했더니 상관 없다고 의사가 얘기했다면서 보리차물로 알약을 드신후 미역국에 고기가 들어있는것을 알고는 호준아빠께 먹으라고 하여 국물채 들이 마시고 (평소 육류를 하시지 않았던 관계로 음식을 버리기가 아까왔던 탓에 호준아빠가 댓구없이 마셔버린 사항) 간호사께 특별 식단을 주문해야겠다고 얘기하자 통상적인 식사사항을 번거롭게 할 필요가 없다며 11층에 식당이 있는데 생선까스를 시키면 반찬도 네가지 정도 주고 맛도 있다고 하시면서 식사하고 오라고 돈을 내어주심. 환자는 갈수없게 되어있으니까 빨리 가서 식사하고 오라고 성화하여 식사하는 것을 제대로 보지 못하고 식사하러 나감.

식사후 18시 30분경 병실에 들르니 의사 한분이 방문했다가 막 나가는 사항이어서 아버님께 여쭈어 보았더니 내과 의사인데 식사량과 병력, 당뇨 사항등을 문의하고 갔는데 나더러 폐가 나쁘다는 얘기를 자꾸 하는데 무슨 얘기를 하는지 모르겠다고 말씀하심. 식사한 그릇을 보니까 밥이 하나도 남지 않아 식사를 잘 하신것 같다고 생각함. 은영아빠가 본가 서재 책상위에서 10만원권 수표 3매를 찾았다고 전화가 걸려와 알았다고 하셨음.

18시 45분경 병실 주치의가 방문하여 환자분이 평소 육류를 하지 않으시니 음식에 고기등이 배제 되어졌으면 좋겠다고 얘기하자, 명일부터 식사량은 당뇨에 따른 식사로 변경하겠다고 얘기하고 수행한 간호사께 지침한후 내과의사 방문시 대화한 사항을 종합적으로 파악하고 나감. 수시로 들낙거리는 간호사의 각종 검사사항에서 19시 20분경 혈압은 130.90의 정상, 맥박정상, 체온 36° 정상등으로 병상 기록을 해 놓고 있으니까 간호사가 자기들의 기록에 다적히니까 별도로 기록해둘 필요가 없고 배뇨량 용지건만 시간대별로 잘기록해 달라 하여 우리는 병상기록을 해두는 관례가 있어 그러니 신경쓰지 말라고 하고는 자세한 체크 사항만 알려달라고 주문함. 20시경 가영아빠가 여수에서 부터 전화가 걸려와 아버님을 바꿔드림. 주요 얘기는 발령문제 얘기 없냐는 사항에서 별다른 얘기가 없다고 하는건지 잘되겠지 하시고, 토요일에 올라와 뵙지 못할것 같다고 얘기했음인지 굳이 올라올 필요가 뭐 있겠느냐고 하신후 15일에 올라와 뵙겠다는 얘기끝에 알겠다고 하고는 다소 서운한듯 전화를 끊으시고 이번 토요일엔 가영아빠가 당직인가 뭐때문에 못올라 온다고 얘기하고는 "15일에 올라온다는구나, 대한항공놈들 왜 빨리 서울 발령을 안내는지 모르겠군, 벌써 1년도 훨씬 넘지 않았니" 라고 말씀하셔서 2년이 넘은것 같다고 얘기드린후 해외 발령을 위해 조금 더 붙잡아 놓고 있는건 아니겠느냐고 덧붙임에 해외 발령도 일단 서울 본사 발령후에 이루어 질때지라고 하시면서 올해에 서울발령받고 내년 초에 해외 발령받으면 애들도 좋을거라고 얘기하심.

간병 당직등의 차질이 생긴것을 걱정하셨던지 내일 가영아빠가 못오면 누가 병원에 올꺼냐고 물어 소영아빠하고 교대하고 일요일에 제가 다시 오면 된다고 얘기드림. 월요일은 수술등을 하고 바쁠사항이니 은영아빠가 있어야 할 것을 곁들여 말씀드리니까 은영 애비가 어제, 오늘 수고 많이 했다고 말씀하시면서 생활리듬을 깨지 않으려고 했는데 참......,

소영아빠께 전화를 걸었더니 집에 오지 않았다고 소영엄마가 전화를 받길래 가영아빠가 내일 서울에 올라오지 못함으로 회사 퇴근후 3시까지 병원에 오라고 전하면서 이성우 기사를 보내겠다고 전화함.

소영아빠가 집에 오지 않은것을 통화 사항으로 감잡은 아버님이 소영 애비는 요즘도 퇴근후에 화투만 치고 다니느냐고 언성을 내길래 무슨일이 있는 모양이겠지요 라고 하자, 정신을 안차리고 뭐하는지 모르겠다고 그 귀중한 시간 책을 봐야지 하시면서 걱정하시는……, 대한통운은 국영업체에서 민간기업으로 전환되면서 나이 많은 직원도 많은데다가 친선을 위해 가끔은 화투도 치는것이고 옛날보다는 많이 틀려져 있으니까 걱정하시지 말라고 혈압오르는 것을 안정시키고는 소형 라디오 방송을 틀어 놓고 뉴스를 듣고, 석간 신문인 중앙일보의 국제면 기사를 읽어드리던중, 아까 잠시 신문을 보니까 건축법이 바뀐것이 났더구나 78년도 건축분 자투리 땅에 한해 제 면적으로 건물을 지을수 있는 기사던데 세검정 공지에 지어서 내려오면 좋을것 같은데 대지면적이 적다고 안된다고 할런지……, 도시계획상의 짜투리 땅이니까 건축허가는 받을수 있을 겁니다. 단지 토지면적이 적으니까 건물 사용면적이 제대로 안나오겠지만 최대한 공간을 활용할수 있도록 허가를 받겠다고 하자, 지반이 낮으니까 4층 까지는 지을수 있겠구나 하시여 4층을 허가 내주진 않을테고 지하 1층, 지상 3층으로 지으면 반지하 1층과 1층을 저희가 살고 2,3층을 은영내가 살면 된다고 답하자, 토지가 가영엄마 명의로 되어 있는 사항에서 건물을 짓고 내려와 살게되면 건물명의는 은영, 호준엄마 명의로 하고 소형 건물이니까 외형모양을 아담하게 해야 할거라고 일러주시며 애들이 걸어다니느라고 힘든 사항이 덜어질테고 내려와 살게되면 너희 어머니가 제일 좋아하겠다고 하시면서 윗집의 개발 사항을 생각하시곤 유스호스텔을 했으면 좋은데 도로 폭으로 안된다고 했고 ……, 좋은 방법들을 천천히 생각해 보자고 하심.

21시 30분 이후 화장실에서 따뜻한 온수가 나오니까 샤워하라고 하여 대학생시절 풍전호텔 객실에서 집으로 전화걸어 막내인 가영아빠와 함께 호텔로 오라고 하여 찾아갔더니 목욕하고 가라는 생각이 언뜻나서 띄웃고는 아무 말없이 샤워를 함.

21시 50분경 화장실에 들러 다량의 설사를 하시고 나오시기에 속이 꽤 불편하신건 아니냐고 물었더니 묽은변으로 환원 다소 정상적인 설사라고 얘기하심.

22시경 간호사의 손끝 채혈에 의한 혈당 검사를한 결과 175의 수치가 나와 물어본즉 정상인은 120 - 130정도인데 상당히 높은편이라며 당뇨 때문에 그런것 같다고 얘기함으로 아버님께 물어본즉 거의 꾸준하게 그 수치가 나오고 있다고 얘기하시면서 혈당검사의 수치가 갑짜기 차이가 생겨도 좋지 않은 결과라고 말씀하심.

22시 30분경 침대에 누워 계시기만 한것이 불편했던지 간병인 쇼파에 내려와 앉아 계시면서 돋보기를 들이대면서 불어책을 조금 보시다가 무릎 아래쪽을 만져보라고 하여 만져보면서 별다른 사항이 없는것 같다고 하자 왼쪽다리 무릎 밑부분이 자꾸 경련이 있는것 같다고 하심.

23시경 창밖을 내다보고 여기서 내려다 보니까 밤전경도 괜찮아 보인다며 서울대학 병실에서 야경을 한참동안 내려다 보심.

23시 30분경 심한 기침을 하시면서 휴지를 손언저리에 갖다 놓고 자주 가래를 뱉으시길래 간호사실로 내진을 의뢰 호흡이 거북하고 숨이 찬 사항을 위해 청진기의 진찰과 감기증세 사항을 설명 더운 보리차물을 자주 드시게 하라고 얘기 나눈후 의사 지시를 받겠다고 하면서 병실을 나서자 이병원 친구들 왜 감기약은 안주는지 모르겠군, 감기부터 떼어 버려야 할텐데 말이야……, 혼자 말로 투덜대심.

24시경 수면을 취한후 05시 30분까지 1회의 간호사 기본 검사만 있었음.

1월 7일 (토) 05시 30분 간호사의 진료에 잠이 깨서 병상을 채크 5시간 사이에 배뇨량이 800ml, 혈압, 맥박 정상을 확인함.

아침 식사가 시작되기전 간밤 꿈에 이북 영감을 뵈었는데 왜 광천에 있질 않고 자꾸 북쪽으로만 올라가는지 모르겠더라, 손이라도 잡아보려고 가까이 가려하면 자꾸 북쪽으로만 올라가는데 무슨 이유인지……,

통 꿈에서 뵙질 못했는데라고 말씀하셔서 그거야 요즘 계속 북방외교 때문에,

특히 정주영씨가 소련에 갔다고 하니까 고향생각이 나서 꾸신 꿈이겠지요 라고 대답함. 신문돌리는 아이가 아침 조간 조선일보를 집어 넣자 150원이 없어 내일 준다고 하자 그 아이는 알았다고 하고는 떠나자 내일 아침 꼭 전해주라고 하심. 식사가 들어오자 주발그릇의 밥을 보고는 이게 몇 칼로리가 되는 거냐며 이렇게 먹다간 큰일나겠다며 당뇨식사라 적게 주기 시작한것인가 라며 혼자 말로 하시면서 식사하고 오라고 성화를 하여 지하층에 있는 직원 식당에서 식사하고 돌아와서 지하층 직원 식당도 음식이 깔끔하게 나오더라고 말씀드림.

아침 뉴스에서 일본 천황 히로히또 사망 소식을 듣자 그 양반 20m정도 거리에서 봤었는데 하고는 일제시대때를 회상하신것 같으며 정주영 북한 방문 소식을 듣고 잠시 고향생각에 잠기신것 같음.

07시 45분경 정기 의사 회진시에 폐가 다소 나쁜것 같다는 의견과 내과의사가 금일중 진단한다고 했으니 결과 여부에 따라 월요일의 수술을 결정하자고 말하고 특진 의사를 지정했느냐고 물어 이종구 박사께 특진 신청했다고 말함. 배뇨량은 250ml

08시에 채혈한후 09시 40분 혈압, 맥박, 체온 정상을 채크 받고 10시 50분 의사 회진시 월요일 수술을 어떻게 하느냐고 묻자 척추부분 마취로 진행 될것이라고 하면서 전립선 수술은 그렇게 어려운것이 아니라고 얘기하고 나감.

11시경 혈당 검사에서 역시 170이 채크되었고 월요일날 수술을 하게 되면 지저분해 보이면 안되니까 샤워라도 해야 할것 같다고 해서 수술할 부위만 물수건으로 닦으시면 되는데 감기 기운도 있는데 샤워는 피하시지요라고 했더니 고개를 끄떡이고는 목욕을 하고 입원했어야 하는건데 급성 입원하라고 할줄 몰랐으니 참, 온몸 샤워는 그렇고 물수건으로라도 온몸을 딱아야겠다 하시면서 등쪽을 딱아 달라고 하심. 아울러, 환자복 하의를 바꿔 입으신후 벗은 옷은 빨려고 해서 제가 빨지요 놓아두세요, 그리고 환자복은 새로 갖여오면 되니까 굳이 빨 필요도 없는건데라고 하자 아니 운동도 해야하니까 천천히 빨지 하시면서 한동안 비누를 묻히고 문지르시고 한후 힘이 차니까 짜는것은 내버려 두길래 물에 헹군후 호준아빠가 화장실에다 널어 넣음. 그리고 우연히 창밖 아래쪽을 내려다 보다가 환자가 퇴원하는것을 보고는 저친구들 퇴원하는 모양이군, 병원 신세를 지고도 나갈때는 병원욕을 죽어라 하겠군.....

11시 30분경 내과의사 두명이 방문, 벽력등을 10여분간정도 숨이 가쁠정도로 바삐 물어 본후 감기 기운은 있으나 수술문제로 부작용이 있을지 모름으로 감기약 복용은 억제해야 한다면서 감기부터 먼저 치료할것을 거절함.

* 학도병시절 늑막염을 앓은 적이 있다는 설명과 그 늑막염은 재검에 의한 신검(수습사관 임관 직전)시 완전히 나았다고 얘기하고 폐가 나쁘다는 것은 뭔가 잘못된것이라고 내과 의사께 설명, 내과의사는 입원시 종합검사를 받았고 폐사진등을 다 찍어논것이 있으니까 그 결과를 보기 위해 월요일 예정된 수술을 하루, 이틀 연기할것을 시사함.

의사가 나간후 수술 날짜를 하루 이틀 미루자고 했는데 가영아빠가 언제 올라온다고 했느냐고 물어 15일날 생일하러 온다고 말씀하지 않았느냐고 하니 아 그렇지 15일이면 그전에 퇴원할것이니 그건 됐고 최박사(내과 담료 진료의)와의 특진이 11일인가 13일인데 그게 어찌될지 모르겠군! 그거야 같은 서울대학 병원인데 걱정하실 필요가 뭐있느냐고 대답하고 수술을 그전에 할테니 수술후 요양하면서 진료 받으시면 된다고 하자 고개를 끄떡거리고 향후 차질이 생기면 특진 진료를 다시 신청하라고 얘기하고 일정 진료표를 내어주심.

12시경 집에 무슨일이 있는지 전화걸어보라고 하여 전화했더니 김보겸 박사와 마산의 박선장이 전화 왔었다고 한다니까 다시 전화오거든 동해바다로 바람쐬러 갔다고 말하라고 얘기하여 어머님께 그대로 전해드림. 그리고는 병실 각진 부분의 옷장을 보고는 서울대학병원이 잘 지은 건물같다, 구속 벽체를 이용해서 옷걸이장을 만들어 놓은 사항은 공간을 최대한 활용한 사항이니 공지의 건물 건축시 참고해두고 화장실 벽체 타일등도 색상에 맞게 붙여진것 같다고 얘기하고는 옛날 서울대학 병원에서 많은 사람이 죽었다고 얘기하시면서 (과거 6.25사변시기를 회상하신것 같음) 일제시대 때의 건물은 몇개 안된다고 하심.

점심식사가 들어오자 5,000원을 주머니에서 꺼내주면서 식사하고 오라고 성화하셔서 11층 식당에 올라가 생선까스로 식사를 하고 1층으로 내려와 자판커피를 마시려던 중에 홍성천 부부와 아들이 들어오길래 여긴 어떻게 왔느냐고 얘기하고 식구들 이외에는 만나지 않고 있으니 그냥 돌아가라고 얘기하자 그래도 일단 왔으니 뵙고 갔으면 좋겠다고 사정하여 이성우 기사가 공연히 알려주어 신경쓰이게 한다고 생각하면서 그래도 문안왔다고 하는데 여쭤는 봐야 할것 같아 7층병실까지 올라가 복도에 있게한후 아버님께 여쭤보려 했더니 식사를 천천히 하셨던지 식사도중에 있었고 이렇게 매운 음식은 처음 먹어보는것 같다, 왜 이렇게 음식이 매운지 모르겠다 하시면서 당뇨에 따른 식사를 준다더니 밥이 적질 않나 음식이 맵지 않나 하는등 떨떠름 하셨음.

친구가 병문안왔는데라고 말씀드리자 바쁜데 뭐하러 왔느냐고 해서 전에 선거때 총무부장했던 친구라고 하자 그럼 만나지라고 하여 잠시 인사를 받은후 환자도 아닌데 무슨 문병이냐고 내려가서 차나 한잔 마시라고 해서 1층 홀로 내려감. 1층으로 내려가는중 홍성천의 부인이 호준아빠는 그래도 간병할 아버님이라도 계시니 좋으시겠다고 말하면서 원기아빠(홍성천을 지칭)는 혈연의 어른이 아무도 안계시니까 이런것들이 참으로 부럽다고 얘기하여 쓸데 없는 소리를 지껄인다고 속으로 생각하면서 1층으로 내려와 자판커피를 대접하던중 식사도 잘하시는것 같고 환자 같지도 않다는등의 홍성천의 말에 대해 맹장수술하신후 처음 입원하신 사항에서 신경이 쓰이는 사항이고 갑작스러운 문제점도 있는 사항에서 병실을 오래 비울수 없다는 식으로 얘기하고는 서둘러 보내 놓고 에레베타를 타기 위해 승강기쪽으로 가니 이성우 기사와 소영아빠가 기다리고있어 함께 7층으로 올라감.

15시 이후에 올줄 알았는데 어떻게 일찍 왔느냐고 물었더니 퇴근시간에 맞춰서 이기사가 왔길래 그냥 왔다고 얘기함.

식사가 다 끝났던지 식사 그릇은 없어지고 (냄새가 날것 같아 복도에 내다 놓았다함) 기독교 관계 사진이 벽에 붙어 있어 이걸 누가 갔다 놓았냐고 물으면서 떼어내려 하자 그것도 좋으라고 하는건데 그냥 내버려 두라고 하심.

소영아빠께 병상기록 사항과 배뇨사항 채크 방법등을 알려주고 13시 40분경 간병 교대함. 식사중 고기가 있었던것을 휴지에 싸놓으신것을 건네 주며 복돌이를 갖다주라고 하고 전날 갖고 왔던 한일은행 통장과 인장을 잘 갖고 있으라고 얘기하고는 두장을 힘들게 썼던 일반 엽서 (년하용으로 작성)를 우체국에 넣으라고 하심. 아울러 일요일에 올때는 집에 준비해 놓은 년하 카드가 있으니까 갖고 오라고 말하시곤 쥬스를 달라고하여 조금 마신후 잠좀 주무시겠다고 하여 담요를 군대식으로 침대엽으로 집어 넣어 따뜻하게 해드린후 편히 쉬십시요 라고 인사드리고 이기사와 함께 병실을 나섬.

(둘째인 소영아빠의 간병 당직 대화사항 추후 수록)
* 7일 (토) 14시 - 7일 (토) 20시 30분 (6시간 30분 상황)

13시 40분경 간병교대한후 호준아빠는 세검정 삼진 2차 다동 206호 본가에 도착 복돌이에게 주라는 휴지에 싼 고기를 어머님께 건네주어 복돌이에게 먹이고 일요일 간병교대 방문시 갖고 오라는 년하카드용 엽서와 당뇨주사제인 볼핀등을 준비하고 간병중에 있었던 상황을 잠시 설명한후 구기동 10의 1 산집에 올라감.

저녁시간 유머 1번지를 감상하고 어제밤 제대로 잠을 자지 못했던 것의 수면 충족을 위해 잠자리에 들려는 시간 19시 50분경 소영 엄마로부터 전화를 받음 "병원에서 연락왔는데 아버님께서 위독하다는 내용" 이층의 은영아빠께 전화걸어 바삐 움직임.

겨울비가 내리고 있는 상황에서 은영아빠와 함께 이루 헤아릴수없는 참담한 마음으로 병원으로 감.

병실 도착 20시 20분, 병실 앞에는 간호사들이 분주하게 움직이고 있었고 병실내에는 산소호흡기통을 갖여다 놓고 열심히 알수 없는 주사약을 투입하고 있었으며 병실앞 공동 병실 환자들이 복도에 서서 상황을 지켜보고 있었던 상황. 병실내에는 소영아빠와 은영 외삼촌인 장상호 (연세대 세브란스 병원 내과 전문의로 연구실 근무)씨가 있었고 아버님은 병실내의 침실 바닥에 반듯이 누운채 의사 2인으로부터 호흡조절을 받고 있었음.

사전에 긴급 호출했던것인지 20시 25분경 마취과 의사가 병실에 도착 충격요법으로 심장활동을 시키기에 주력했고 심장활동이 재개되다, 멈추다 했던 상황에서 재차 충격요법을 시도 심장활동이 재개되어 20시 40분경 6층의 중환자실로 이동함.

13시 40분 간병교대후 소영아빠의 간병상황

< 간병일지 기록사항 >

14 : 00　심한기침

16 : 10　대변약간, 배뇨량 200ml

17 : 30　혈당검사 120 정상　(당뇨증세의 환자로서 종전 170선에서 급강하한 정상인 사항으로 체온사항이 정상이 되지 못한 사항)

17 : 40　배뇨량 200ml

18 : 00　간호사 순회, 기침약 30　(물약) 주입

* 14 : 00 부터 기침계속, 몸이 떨릴 정도로 한기를 느낌.
(담요 두장으로도 부족)

간병인의 간담 사항

19 :00　숨이 가쁘다 하여 간호사의뢰 병실내의 산소호흡기 설치.

19 :10분경　구토증세를 보였으나 구토는 없었고 조그마한 소리로 물을 달라 그러는것 같아 컵에 보리차물을 따라 드렸더니 화를 내면서 고개를 흔듦

1월 8일(토) 15시경 급환으로 타계하신 부친 윤기선의 부음을 전해들은 이북오도·단천군민회에서 5일장의 단천군민장을, 한국도선사 협회 등 해운단체는 해운인 5일장을 제안했으나 김춘화는 3일장의 가족장으로 조용히 영면에 들게 하겠다는 결정을 하고 북으로 향하는 통일로변의 장지를 미리 준비하지 못한 상태에서 삼남의 처남을 통해 주선한 천안공원으로 장지를 결정함. 단천군민, 해운관련인사, 지인 등이 다수 참여한 가운데 조계종 소림사 주지스님의 불경 동송으로 안치됨.

2월 1일　　한·헝가리 수교

김춘화는 조계종 소림사에서 행할 윤기선의 49제 전까지 매주 기제에 전가족을 참석시켜 주지스님의 불경 낭송의 재배를 함께하며 공양함.

〈한계옥 여사의 부음〉

김춘화는 하운시장(현 인현시장)에서 노점상으로 가자미식해를 판매하던 한계옥 여사의 식해를 구입하는 과정에서 함경도 사투리를 쓰고 있어 고향이 어디냐고 물었더니 북청이라며 1·4후퇴 때 아들이 북에서 남한으로 내려와 찾으러 왔는데 남하한 육촌조카(김북지) 얘기로 서울에서 일을 보고 다시 북으로 올라갔다하여 북으로 돌아가고 싶었지만 삼팔선이 막혀 올라가지도 못한채 쪽방에서 기거하며 북에서 익혔던 가자미식해를 만들어 생계를 유지한다 함. 아들은 의사이고, 남편은 북에 있을 때 타계한 후 아들을 키워왔는데 남·북교류가 되어야만 아들을 만날 수 있겠지 하며 김춘화께 매달려 울기에 김춘화는 연세가 친정어머니 나이쯤 되어 보여 쪽방 같은 곳에서 생활하지 말고 충무로5가 2-10 단층 한옥집의 방 1칸을 내어줄테니 그곳에서 기거하라하여 한계옥 여사는 쪽방에서의 보증금과 갖고 있던 적은 돈을 내어주며 생활거처를 옮김.

북을 향한 너무도 간곡한 소원은 아들을 만나는 것의 그리움인데 KBS 가족찾기 방송에 김춘화와 함께 참여하며 혹시나 아들을 찾을까 희망에 차 있었고, 단층 한옥집에 방이 3칸으로 다른방에 세들어 있는 사람들에게 잘 관리하며 살라는 등 관리인 행사로 김춘화가 한 번씩 들르면 딸을 만난 듯했고 오장동에서 세검정(구기동)으로 옮긴다고 했을 땐 가족간 이별이나 하는 것처럼 울면서 자주 와달라하여 오장동 국진빌딩 건축 이후 한 번씩 내려와 대면하고, 특히나 사남이 자신의 남편(유국열) 이름과 같다며 따뜻하게 대해 주심.

한계옥 여사의 위증 소식을 접한 김춘화는 병원을 찾았으나 임종을 지켜보지 못해 울음을 참지 못했고, 육촌조카에게 퇴계로 집으로 모셔 장례를 치르게 하면서 평소 정을 나누었던 사남과 함께 다시 문상을 올리고, 윤기선의 49제 기간이 있어 장지에 동행하지 않고 3월 28일 조계종 보문사에서 한계옥 여사의 49제에 사남이 참석해서 천도케 함.

윤기선의 타계 100일제를 사찰에서 행하고 생존시 잠시 거론된 바 있던 차남의 자녀가 여식 둘만 있어 노후는 물론 이남에서 장자역할을 한 형제 중에 대를 이어갈 아들이 없음을 탄식한 것에 대해 사남의 큰 아들 호준을 4월 26일 차남의 양자로 입적시키게 하고, 김춘화는 사남의 문중에 대한 충의를 위로 격려하고, 5월 24일 조부 윤극영으로 시작되는 호적의 호주를 차남 윤국철로 승계하여 마무리 함.

5월 28일 전교조 결성
6월 3일 이란 호메이니 사망
6월 4일 중국 천안문 유혈극

김춘화는 홀로된 주거생활의 여러 어려움을 걱정, 사남 자부가 주선하여 입주도우미로 영주 아주머니를 입주시키고 오남은 5월 18일 대한항공 여수지점에서 본사로 발령받은 후 7월 7일 차량(엑셀)을 처음 구입해 운행을 시작함.

7월 27일 KAL기 라비아 대참사(80명 사망)

9월 10일경 김춘화는 사남과 동행해 한계옥 여사의 묘소를 참배, 큰절을 올리며 통곡하고, 북에 두고온 아들(의사)을 만나지도 못하고 쓸쓸하게 이남 땅에서 온갖 고생을 다 하시다가 타계하심을 한스러워 함.

김춘화는 윤기선의 혼외자(영미)가 이민을 통해 미국 국적을 취득하고 주립의과대학에 재학하고 있음에도 호적상 정리되지 않은 점을 상기시켜 사남으로 하여금 가정법원을 통해 제적신고토록해 사남이 이를 수속밟고 법원 확정판결을 받아 정리하게 함.

사남이 1981년 설립 운영했던 삼진건설산업(주)이 운영난 등으로 10월 30일 금융부도를 맞기까지 결혼 후 한 번도 처가 쪽을 방문하지도 못한 것을 독려해 사남 자부 친정부친이 윤기선 타계시 수의 한 필을 보내준 정성에 감사히 답하고 생신 축하를 겸해 아이들을 동행해 방문케 함.

사남은 자신이 설립해 운영했던 삼진건설산업(주)의 법적 청산절차를 원만히 진행하면서 기존에 계열사로 설립 등기한 국진건설(주)를 활력있게 움직이게 하기 위해 삼남에게 대표이사 명의로 진행시키는데 전력함.

11월 9일 독일, 베를린장벽 무너짐

11월 14일 차남이 거주하는 공동주택 구기동 삼진파크 1차 가동 101

호 주택 내부에서 새벽 시간대에 원인을 알 수 없는 화재가 발생하여 119소방차가 급거 출동해 화재를 진화했으나 단지 내에 추가 화재 발생은 없었고 인명피해도 없었지만 101호 주택 내부가 전소되어 부득불 김춘화 거주의 공동주택 삼진2차 다동 206호로 이동, 거주하면서 차남의 큰 여식(소영) 대학입시를 앞두고 학업관련 모든 책자, 준비물 등이 소실되어 막대한 정신적 후유증에 휩싸이게 되었으나 학교에서 급히 책자와 준비물 등을 보완해 마지막 입시에 만전을 기하게 되었고, 삼·사남이 화재 원인이 한국전력의 과부화에 있지 않았나 수소문했으나 정확한 원인을 찾지 못한채 주택 내부 주방의 화력이 인화물질에 옮겨 붙어 화재 발생이 된 듯 잠정적 결론이 내려짐.

사남이 건설인부 등을 동원해 주택 내부를 새로 수선하여 차남 가족들이 12월 17일 김춘화의 댁에서 이동해 정착시까지 함께 거주하며 불협화음이 생긴 것은 윤기선의 유품 중 의류, 구두 등 사용할 수 있었던 것을 아들 사형제에게 필요에 따라 나누어 주려던 것을 소실한 것에 대해 마음 불편함을 드러내 정신적 충돌이 발생했기 때문임.

12월 27일 윤기선의 1주기 추모제를 조계종 소림사에서 가족과 고향사람들 참석하에 행함.

1990년

1월 7일 삼남이 전세버스를 대절하여 천안공원 묘원에서 윤기선의 1주기 추도식을 함남 단천군민, 해운계 인사들, 고향 지인들이 참석하여 1주기 추도식을 행하며 윤기선의 의제인 심우준 교수가 추모사를 낭독하고, 단천군 명예군수가 윤기선의 약력을 설명하는 추모식이 거행됨.

약천 윤기선 선생 1주기 추도식

1. 개 식

1. 약 력 보 고 (별지 생략)

1. 추 도 사 (별지 생략)

1. 유가족, 자녀 제배

1. 개 별 분 향

1. 폐 식

추 도 사

서기 1990년 1월 7일 유가족, 자녀및 친지, 동료, 후배, 제자들은 삼가 약천 윤기선 선생의 영전에 고 하옵나이다.

오늘은 선생께서 이세상을 떠나신지 1주년 기일이 되는 날입니다. 이날을 맞이하여 저희 유가족 자녀및 친지, 동료들은 선생의 생전의 거룩하신 은덕을 추모하는 정성을 금할길 없어 간소한 주과와 향을 불사르며 삼가 명복을 비옵나이다.

약천 윤기선 선생의 약력

○ 선생께서는 1918년 6월 26일 (음력 5월 18일) 함경남도 단천군 광천면 운천리 189번지에서 윤규영, 김상화의 2남 2녀중 차남으로 출생하셨고 유년시절 장남인 형님이 불의의 병사로 두누이와 더불어 외아들로 유년기를 보내다가 1936년 음력 2월 현 미망인 김춘화 여사와 혼인하여 슬하에 5남을 두셨음. 장남 윤국진은 남,북 분단 사항에서 양친과 더불어 북에서 월남하지 못한채 남,북 이산가족으로 40여년을 보내심.

○ 선생께서는 1944년 일본 전수대학 유학중 학병으로 강제 소집되어 1945년 일본 육군 공병 예비 사관학교를 수료하고 조선군 사령부 참모부 보조 참모(일본 육군 소위)로 일관 근무하다 8.15해방을 맞으셨음.

동년 경성대학 법학과에 편입하여 1946년 동 대학을 졸업한후 1951년 서울대 대학원 정치학 과정을 수료하고 동년 미 아메리칸 대학의 정치학을 수강하셨으며 1961년 서울 행정대학원을 1기로 수료하고 동 서울대학원에서 정치학 박사과정을 이수하셨으며 1946년 해운관계 입문후 현 동양공전에서 야간 강의를 시두로 1951년 해양대 강의 1961년 수산대학 강의 1967년 항공대, 광운대학 등에서 해사관계의 강의를 하시고 공관직을 퇴임한 1979년이후부터는 광운대, 건국대등에서 초빙 강의를 하시면서 최근 1988년 중반이후부터 박사학위 논문집전에 진력하셨음.

○ 선생께서는 1946년 1월 미군사 영어학교 사관후보생 과정을 이수한후 대한민국 창설 군부에 입문코자하였으나 남,북분단 사항에서 북쪽의 가족들께 총구를 겨눌수 없다는 뜻과 삼면이 바다로 되어 있는 한국 현실에 비추어 청운의 뜻을 바다에 두기로 작심하여 동년 7월 미군정청 해사부 주임으로 해운계에 첫 입문한후 정부 수립후인 1951년에 교통부 해운국

선박, 선원 계장등 9년간의 최장 사무관 생활로 전문성을 살리고 1960년 서기관, 1961년 해무청 해운국장및 교통부 해운국장으로 이사관에 승차하셨고 1967년 중앙 해난 심판원장의 관리관으로 승차하신후 1970년 3년 임기의 원장직을 끝으로 25년간 봉직한 관계의 생활을 마감하고 해운업계로 투신함.

관직 생활기간중 한일 해운회담 교체 수석대표및 국제 해양회의등 한국대표로 8차례 봉직하셨고 해운업계 투신후 에도 정부 차원의 선박 도입등의 주역을 맡으시는등 관계와의 업무 에 협력하셨으며 특히 해사 보좌인협회를 설립 해운업계의 해사업무를 보좌 하였으며 1976년 국회 교체위 전문위원으로 위촉되어 1979년 임기 해촉시까지 국회에 입문하셨음.

ㅇ 선생께서는 1980년 11월 민주 한국당에 입당하였으나 후보공천에 따른 중앙당및 총재의 특별 기부금 지원을 제안받음으로써 이를 강력히 거부탈당하였으며 1981년 1월 무소속 출마를 소신하셨다가 돌연 통일당에 입당 부총재로 제11대 국회의원선거에 입후보하였으나 제도권하에서의 금권, 타락, 부정선거로 인해 낙선의 고배를 마셨음. 1984년 민추협에 입회한후 선명 민주 집결체인 신한 민주당 창당 발기인으로 정당활동을 재개하던중 원로 정치인들의 권유로 제12대의 출마 의지를 유보하고 이민우 총재의 선거본부장으로 당선케하신후 신민당의 중앙 상무위원, 지도위원, 총재특보및 당기관지인 신민주전선의 주간을 역임하고 1988년 지구당 위원장직에 명해졌으나 통일민주당, 평화민주당 등의 파당으로 정치로선에 환멸을 느끼고 야권통합을 외치며 13대 국회 출마를 포기한후 재야 정치인으로 계셨음.

ㅇ 선생께서는 남,북 분단으로 오고 갈수없는 고향분들의 친선, 관행 협력을 위해 한때 함남 단천군 명예군수로 위촉되어 2년간 봉직하시기도 하였음.

◦ 선생께서는 타계 직전까지 한국 도선사협회의 해사 보좌 고문으로 위촉되어 봉직하시는등 선생의 일생은 정계, 학계의 분야보다 해운분야의 원로로서 찬란한 성좌탑 이셨음.

◦ 선생의 저서로는 한국해운 25년사, 국토 배가 확장론및 각 논문, 수필, 평론집이 있으며 정부에서 녹조및 황조 근정훈장을 수상한바 있음.

◦ 특히 선생께서는 작고하시기 전까지 한국 해운 40년사및 박사 논문등을 집필중에 있었으나 이의 마감 탈고를 보지 못하고 북에 두고온 고향산천, 혈육을 애타게 그리워하시다가 1989년 1월 7일 (음력 11월 30일) 20시경 서울대학병원 입원실에서 급성 호흡 부전으로 의식을 잃으시고 동 1월 8일 15시 향년 70세를 일기로 타계 하셨음.

삼남과 사남 가족이 구기동 10의 1 주택 1·2층에 각각 거주하고 있던 관계로 삼남 여식(은영)이 작은아버지인 사남에게 아침 일찍 태권도 교육을 시켜달라고 부탁해 사남은 양쪽 집안 아이들을 위해 군 복무시절 교육했던 그대로 태권교육을 시킴.

1월 31일 차남의 큰 여식(소영)이 대입 1차에서 낙방했으나 2차 동덕여대 인문과학대학에 수석합격해 4년간 장학생으로 재학하게 되었지만 김춘화는 대입시험준비 막판에 화재로 인해 제대로 시험준비를 다 하지 못하게 되어 1차를 낙방한 것에 대해 차남과 차남 자부를 질타하며 손녀에게 미안함과 아울러 격려 위로를 함.

사남은 태권도 심사를 주관하는 국기원 심사를 대비, 고등학교 재학시와 군 복무시절에 운동했던 한국체육관(지도관)의 후배 사범들을 통해 기본형을 다시 답습시키기 위해 아동들을 집합시켜 막판 수련을 시키고 소속체육관이 없는 사범추천(삼남과 사남의 사범자격 활용)의 무소속으로 2월 1일 국기원 1품 심사에 참여시켜, 삼남의 여식(은영)과 아들(호진)은 1품 심사에서 합격했으나 사남의 아들(호준)은 불합격 후 2월 25일 재심사에서 1품 자격을 받은 사항에서 할머니인 김춘화가 참석하여 응원 격려함.

사남의 둘째 아들(호민)은 새벽운동에 참여했었으나 오남 자부가 가르치던 피아노 교습소에서 뜨거운 물이 엎어져 발이 데이는 상태의 치료를 위해 태권교육에서 열외되었음.

1월 22일　　민정·민주 공화3당 합당선언

1월 중순경 김춘화는 사남과 독대해 그간 많은 고초를 겪으면서도 재정적 뒷받침없이 이남의 형제들 가족을 구기동 한 지역으로 거주해 살게한 공로를 윤기선 생존시에도 고맙게 생각한 바 있고, 향후 윤기선의 재산에 대해 어떻게 정리해 가는 것이 필요할 것인가를 하문함. 사남은 윤기선 명의의 중구 예관동 70-21 영화빌딩은 상속인들의 분할 협의를 통해 차남과 삼남의 공유지분으로 하여 향후 월세 수익 등을 공유케 하되 상속세를 위해 일정금을 금융대출 받는 방법을 모색하고, 30여 명의 공유등기된 충무로5가 2의 10호 토지 등은 분할이 용이치 않아 법원의 분쟁조성이 필요하지만 힘껏 해보면서 일단 상속인들 협의 분할로 김춘화 사남 명의로 공유하고, 구기동 7번지 토지(전)는 생전에 향후 사업 모색을 위해 사남이 운영하는 국진건설(주)로 가등기한 상태로 배제함이 좋다하여 김춘화는 형제들을 불러모아 의견을 청취한 바 의견이 분분하자 독단적으로 결론을 내려 영화빌딩은 법정상속으로 매각해 지분별로 배분하고, 김춘화 명의의 삼진2차 다동 206호 주택은 자신의 사후에 차남의 양자로 입적된 손자 호준에게로 하고, 중구 오장동 국진빌딩은 이북에 생존해 있을지 알 수는 없지만 장남 윤국진 또는 그 식솔과 오남의 관리로 보전하라 결정하고, 충무로5가 2의 10 주택 일부 및 공유토지는 사남이 법적 분할단계를 진행할 때까지 잠정 유보하여 사남과 김춘화 관장으로 할 것을 결정함.

예관동 영화빌딩을 차남, 삼남의 공유등기로 유지해 보존하자는 생각이 무너지자 사남이 일시 항변까지 했으나 공유·공존하는 것은 또 다른 문제를 가져온다며 그 어떤 경우든 동업을 반대해온 사업이론을 꺼내 의견을 함축시켜 버리고, 사남이 관리해 왔던 국진빌딩의 관리권은 오남에게 인계하라하여 사남은 3월 1일자로 이유불문하고 오남에게 인계처리한 바 차남이 이에 항변까지 함.

2월 4일 사남은 구기동 삼진파크 2차 사업부지에서 짜투리 토지인 구기동 253번지를 기존에 오남 자부명의로 했던 부지에 지하 1층, 지상 3층의 단독주택을 설계·허가받아 삼남을 공사책임자로 주관케 함.

심우준 교수 장녀(영희)는 아들이 대학 학훈단장교에 임관되어 모자가 함께 인사와서 김춘화는 아들을 장하게 키웠다며 격려하고 촌지를 하사함.

삼남이 김춘화댁을 방문하여 여담을 나누던 중에 구기동 10의 9 산집 주택 마당에서 사남 아들 호준, 호민과 친구인 김천웅의 아들 정현이 함께 놀면서 라이타를 갖고 낙엽들을 모아 불을 지펴서 바람에 날려 산까지 올라가 큰 불이 날뻔 했음. 윤기선 생전에 폐류품을 모아둔 곳에서 불길이 타면서 검은 연기를 내뿜어 동네 사람들과 함께 물동이를 나르며 간신히 불길을 막고 껐다 함. 다행스런 일인데 아이들을 불러 앉혀놓고 너희들은 유소년이라 처벌받지 않겠지만 너희들 아버지가 보호자라 감옥에 갈 수 있다하니까 느닷없이 사남의 작은 아들 녀석인 호민이가 우리 아버지는 감옥 가면 안되니까 큰 아버지가 대신 가라며 떼를 써, 너희 아버지가 그렇게 무서우냐며 큰 아버지가 감옥가는 것은 괜찮냐 했더니 큰 아버지니까 그렇다하여 훈육시킬 목적으로 구기동 파출소의 정복경찰을 올라오게해 아이들 훈육을 부탁함. 아이들 세 명 앞에서 불장난하면 안된다는 훈시를 받으며 아이들이 바짝 긴장해 누가 먼저 낙엽에 불을 붙였냐니까 사남 작은 아들인 호민이가 집에 있는 라이터를 찾아다준 것은 자기지만 김천웅 아저씨 아들이 불을 붙였다 함. 낙엽에 불붙이는 것은 어디서 보았냐 했더니 큰 아버지인 삼남이 가끔씩 그렇게 하는 것을 보았다고 해 옆에서 듣고 있자니 민망했지만 앞으로 그렇게 하지 않는다며 경찰관이 내려가자 세 아이가 한 숨을 내쉬며 살았다는 표정을 지었고, 사남의 큰 아이 호준에게는 너는 형이 돼서 무엇했느냐하니 불이 붙길래 불을 끄기 위해 다들 소변보라 했다며 바람이 불지 않았으면 불이 나질 않았을 것이라 말했다고 얘기하자 어른들이 평소 행동을 잘 해야 한다며 후에 방문한 사남 아이들에게 얘기했더니 큰 아버지는 감옥에 가도 건강하니까 이겨낼 것이지만 아버지가 감옥 가면 큰 일이 날 것 같아 그렇게 얘기했다며 잘못했다고 하여 다시 그러지 말라며 다독거림.

사남은 예관동 영화빌딩 매각의 상속비율로 수령한 금원을 삼남에게 맡기고 구기동 10의 1 공유부지의 김시형 지분(황광열 명의)을 매입케 하고 구기동 253의 신축 단독공사 자금에 활용토록 함.

3월 11일 김춘화 생신, 오남 아들(호찬) 2학년 반장에 선출.

3월 15일 삼남은 승용차량(엑셀)을 구입하고 기존에 사용하던 승용차량(현대 포니 3029)은 사남 자부의 운전연수 차량으로 인계함.

3월 18일 독일 통일 결정, 자유총선 실시

6월 2일 김춘화 주관하에 대한극장 상영의 "남부군"을 전가족이 동행, 관람하고 오장동에서 함흥냉면으로 식사함.

김춘화는 매년 윤기선의 생신일에 생신제를 주관하고 4월 한식일에 천안공원에서의 참배, 설날 및 추석에 차례를 주관하는 속에 전가족을 입회 참여토록 함.

6월 22일 구기동 253의 1 단독 소형주택을 준공한 후 사남 가족이 구기동 10의 1, 1층 주택에서 이동 거주해 김춘화는 손자들을 3분 거리에

◇고향에 반가운 소식은 언제쯤 새 정부는 南北대화 적극추진으로 판문점에 「이산가족 면회소」와 「우편물 교환소 설치」를 적극 추진할 것을 밝혔다. 사진은 임진각에 설치되었던 우편함.

〈김춘화의 제의로 윤문의 손자들이 북의 장남 윤국진께 발송한 우편〉

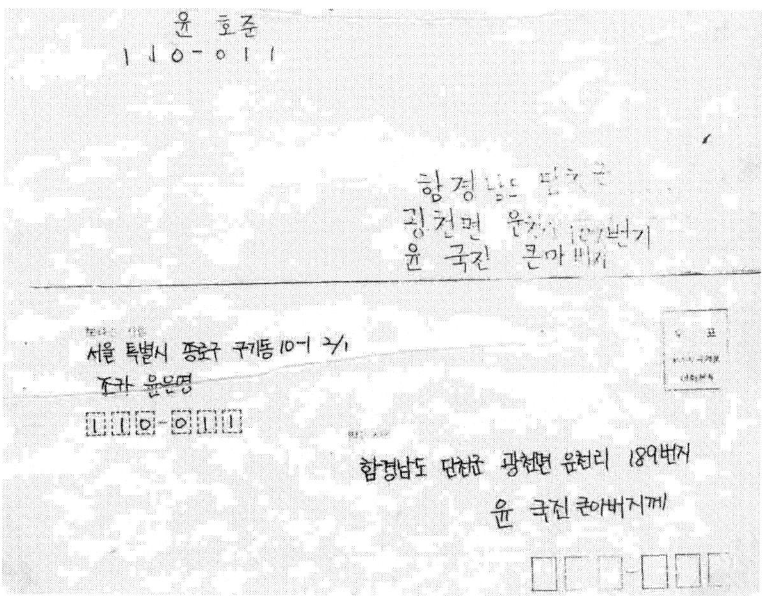

큰아버지께.

큰 아버지! 이 편지가 큰 아버지의 손에 들어갈 수 있게 되었으면 하는 간절한 마음으로 편지를 씁니다. 제겐 작은아버지들은 3명이나 있는데 큰 아버지가 이곳에 계시지 않으니, 그 이름을 부를 수 없어서 무척 섭섭합니다. 어서 만나뵈었으면 좋겠읍니다. 북한의 생활도 확실히 알고 싶고요. 이곳에 있는 우리모두, 가족 전체가 큰아버지께서 돌아오실 날을 고대하고 있읍니다. 가장 좋은 일은 통일이 되어 자유롭게 왕래할 수 있는 일이겠으나, 그것이 안된다면 서로 안부라도 전할 수 있게 되었으면 좋겠습니다.

하루빨리 뵙고 싶습니다. 그날이 언제가 될는지는 알 수 없으나, 그날이 반드시 오리라 확신하며, 그때까지 몸 건강히 잘 지내시기를 빕니다. 그럼 안녕히 계십시오.

1990. 9. 8.

-큰조카 소영 올림-

I AM RICH

In my room there are various sundries; a cheap headphone, an alarm clock which tells the right time only twice a day, a cassette tape, a pair of old roller-skating shoes, a disabled phonograph, a guitar I bought 2 years ago ... oh, one more a stand a friend of mine gave me. So I am always rich, since they are valuable articles though sorry-looking and tinged.

안녕하세요? 큰아버지.

얼굴도 모르지만 괜히 정감이 가고 그래요.

지금 큰아버지는 무엇을 하고 계실까?

우리 가족은 지금 아주 행복해요.

북한은, 살기가 무척 힘들 것 같아요

이 편지가 가게 되면 답장을 해주세요. 나중에 사진도 부칠께요.

아참. 저는 지영이에요

큰아버지 바로 밑의 동생. 윤국철의 차녀예요.

큰 아버지의 자식이 있으면 대학교 3학년 정도 되었겠네요.

부디 이편지가 큰아버지에게 가길....

— 지영 올림 —.

No.

가깝고도 먼곳에 계신 윤국진 큰아버지께

큰아버지 안녕하세요?

저는 큰아버지의 조카 윤영이입니다

큰아버지는 어떻게 지내사는지요?

저는 중학교 1학년이고 제동생(윤호진)은 국민학교 3학년, 아버지(윤국한)는 건축을 어머니(상애자)는 국민학교 교사이십니다

할머니(김춘화), 큰아버지(윤국철), 작은아버지(윤국필, 윤국섭) 큰어머니(서영혜), 작은어머니(전망자, 고경희), 사촌언니(윤소영, 윤지영) 사촌동생(윤가영, 윤호순, 윤호찬, 윤오민) 모두 잘지낸답니다

작년 1월 할아버지(윤기신)께서 돌아가셨어요

이편지를 임진각 우체통에 넣으면 큰아버지께서 계신 북한으로 갈수 있을지 모른다는 말에 우리 가족들은 희망에 부풀어 있답니다

지금 서울에는 북한 대표단이 와 있읍니다

빨리 통일! 통일이 되어서 큰아버지 얼굴, 백두산 천지, 북한의 여러곳을 보고싶어요

통일이 된다면?

북한의 많은 자원 남한의 노동력, 기술등으로 우리나라도 빨리 성장해 나갈수 있을 텐데…….

큰아버지!

우리가족 아니 우리 모두 국민들은 빨리 통일이 이루어지기를 빌고 있어요

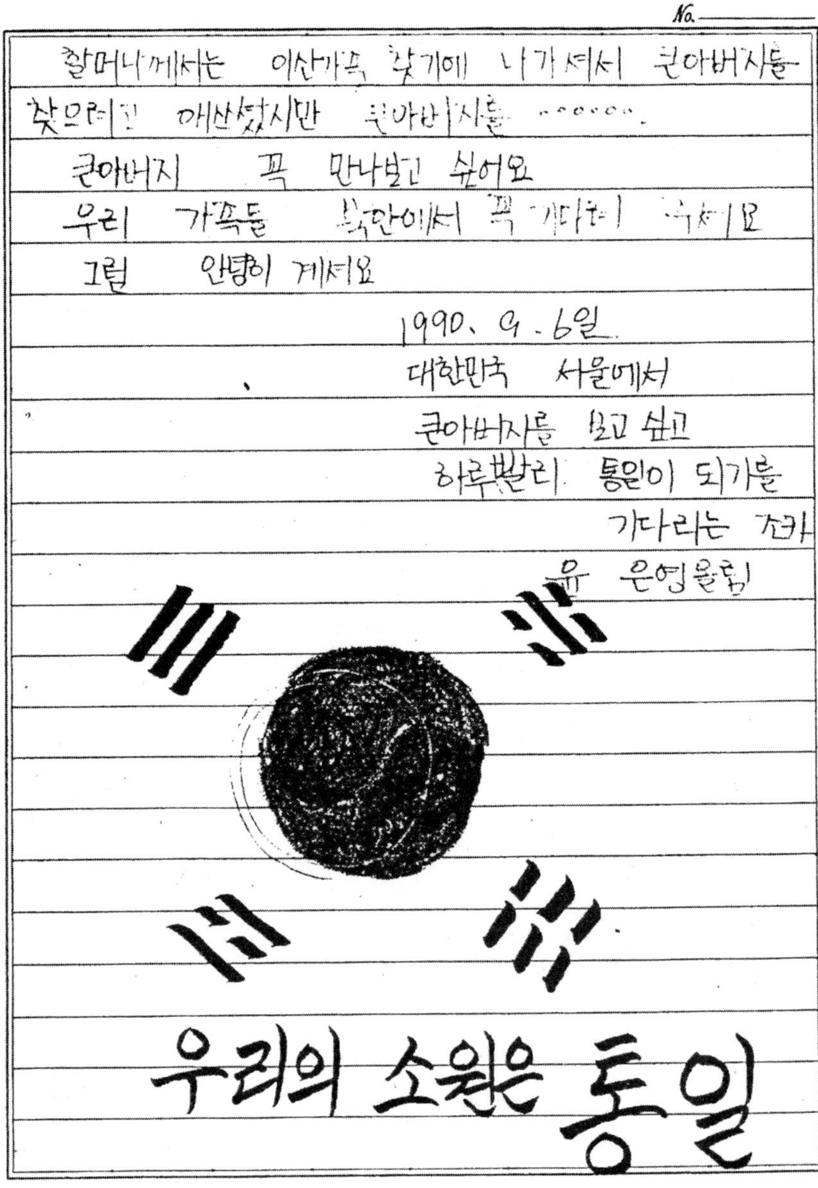

No.

할머니께서는 이산가족 찾기에 나가셔서 큰아버지를
찾으려고 애쓰셨지만 큰아버지를 ……
큰아버지 꼭 만나보고 싶어요
우리 가족들 남한에서 꼭 기다려 주세요
그럼 안녕히 계세요

1990. 9. 6일
대한민국 서울에서
큰아버지를 보고 싶고
하루빨리 통일이 되기를
기다리는 조카
유 은영 올림

우리의 소원은 통일

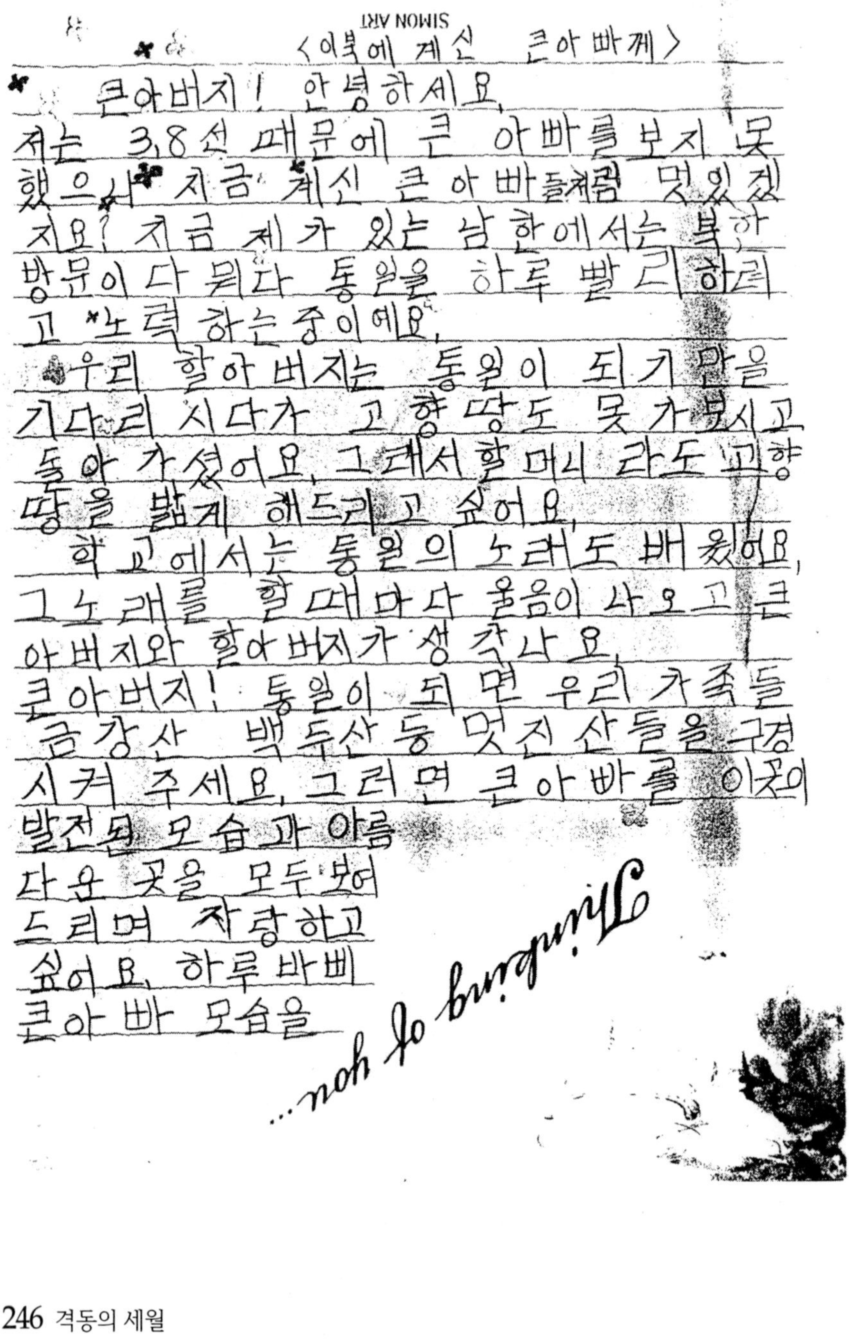

<이북에 계신 큰아빠께>

큰아버지! 안녕하세요.

저는 3.8선 때문에 큰 아빠를 보지 못했으니 지금 계신 큰 아빠들처럼 멋있겠지요? 지금 제가 있는 남한에서는 북한 방문이 다 되다 통일을 하루 빨리 하려고 노력하는 중이에요.

우리 할아버지는 통일이 되기만을 기다리시다가 고향땅도 못 가보시고 돌아가셨어요. 그래서 할머니라도 고향땅을 밟게 해드리고 싶어요.

학교에서는 통일의 노래도 배웠어요. 그 노래를 할 때마다 울음이 나오고 큰아버지와 할아버지가 생각나요.

큰아버지! 통일이 되면 우리 가족들 금강산 백두산 등 멋진 산들을 구경시켜 주세요. 그러면 큰아빠를 이곳의 발전된 모습과 아름다운 곳을 모두 보여드리며 자랑하고 싶어요. 하루 바삐 큰아빠 모습을

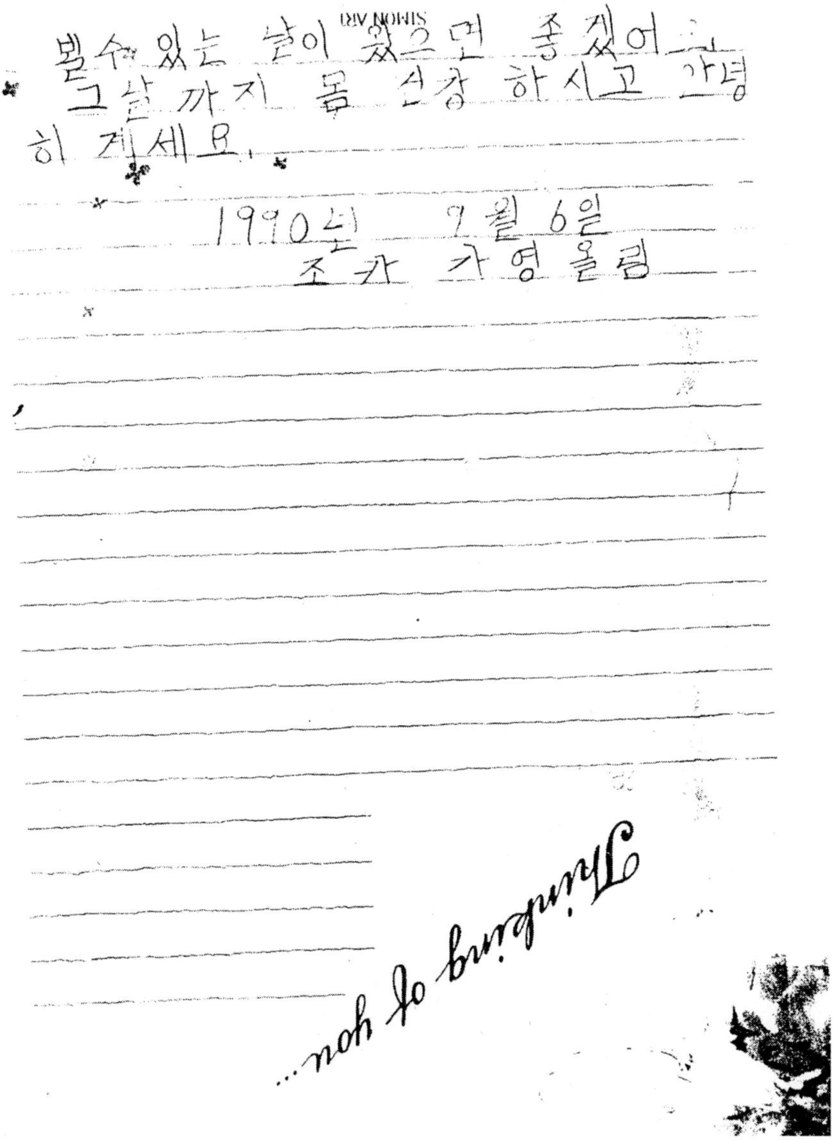
볼수 있는 날이 왔으면 좋겠어요.
그날 까지 몸 건강 하시고 안녕
히 계세요.

1990년 9월 6일
조카 가영 올림

Thinking of you...

이북에 계신 큰아버지께

안녕하세요?

저는 세검정 국민학교에 4학년 윤 호준이에요.

이북에 계신 큰아버지의 소식이 궁금하였는데 이렇게 편지를 보내게 되어 기쁩니다.

그리고 이 편지가 큰 아버지께 전달되기를 바라며 이 편지를 보냅니다.

큰아버지, 북한에서의 생활이 어떠세요?

이젠 북한에서의 대표와 우리 대표가 서로 만나게 되니 이젠 머지 않아 통일이 될것 같다는 생각이 들어요.

그렇지만 슬픈 소식이 있어요.

할아버지께서 북녘 고향 땅도 밟아 보시지도 못한 채 돌아가셨기 때문이어요.

빨리 통일이 되서 큰아 버지를 뵙고 싶어요.

꼭 통일이 되기를 바라면서 그만 쓸게요

통일이 될 때까지 몸 건강하시고 안녕히 계세요.

1990년 9월 6일

조카 윤 호준 올림

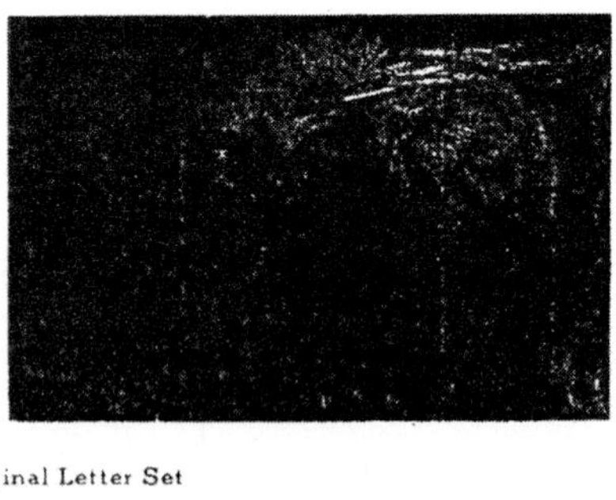

Eoden Original Letter Set

NO.

윤국진 큰아버지께

큰아버지 안녕하세요.

저는 조카 호진이에요.

우리 가족 모두 큰아버지를 보고싶어 하고 있어요.

큰아버지는 어떻게 지내세요.

저는 어머니 아버지, 누나와 함께 지내고 있어요.

아버지께서 조금있으면 통일이 될께래요.

통일이 되면 큰아버지도 만나고 백두산도 큰아버지와 가고 싶어요.

큰아버지 통일은 꼭 될꺼에요.

통일이 될때까지 안녕히계세요.

9월6일 조카호진 올림

이북의 큰아빠께
얼굴도 모르는 큰아빠께
안녕하세요
저는 서울 세검정 국민학교 2학년
윤효찬 입니다.
이곳에 식구들이 모두 보고 싶어 하는
데 왜 큰아빠는 우리들이 모두
있는 이곳에 못 오시나요 전번
이산가족 찾기 운동때 우리 할
머니도 텔레비젼에 나오셔서 큰
아빠를 찾았는데 못보셨나요?
우리는 이곳에서 하고 싶은것
다하고 자유롭게 놀고 싶으
면 실컷 노는데 큰아빠는 맘대
로 못 오시나요. 아빠가 그러시는데
통일이 될거래요 그러면 만나게
되겠죠? 그때 할머니 모시고
우리식구 모두 고향 함경남도
라는 곳에 가보고 싶어요.
그때까지 공부 열심히 하고
기다릴께요 안녕히 계
세요.

조카 효찬올림

이북에 계신 윤욱기 큰

도련님,

안녕하세요? 저는 윤기호 할아버지의

손자 윤호민입니다. (국민학교 2학년)

보고 싶고 궁금하였는데 "민족 대

통"으로 해서 편지를 보내게 되어

굉장히 기쁩니다. 그리고 이 편지가

큰아버지께 꼭 전달되기를 바라면서

쓰겠어요 무슨 말부터 먼저 해야 될지는 모르

지만 할머니께서 틈만 나시면

7살 때 북에 두고 온 큰아버지

이야기를 들려주시면서 어떻게 지내

고 계시는지 모르겠다면서 눈물을

흘리시기도 하신답니다.

큰아버지하고 빨리 남북통일이 되

어 빨리 만났으면 좋겠어요 그러면

할머니께서 얼마나 기뻐하시겠어요?

그럼 만날 때를 손꼽아 기다리며

그만 쓰겠어요 몸 건강히 안녕히 계세요.

1990년 9월 4일 화요일

조카 윤호민 올림

Eaden Original Letter Set

서 자주 볼 수 있게 되어 안도함.

또한 소형주택 3층에는 삼남 자녀들의 공부방으로 입주함.

사남의 큰 아들이자 차남의 양자인 손자(호준)가 세검정초등학교 4학년 재학 중 소년단 입단식에 김춘화가 참석하여 축하함.

7월 18일　　윤보선 전 대통령 타계

7월 24일 정부주관의 광복절 이산가족 재회 방문신청을 사남이 적십자사 등에 신청해 8월 8일 발급받았으나 방문 신청이 불발됨.

8월 25일　　김옥길 전 이대 총장 타계

9월 17일 이북 실향민을 위한 동화은행이 설립되면서 신주를 청약신청해 김춘화 중심으로 전 가족이 신주를 구입함(후일 동화은행 부실로 주권은 휴지가 되어버림).

오남의 아들(호찬)이 태권도장에 다니며 태권교육을 개별의뢰해 사남이 소형신축주택 지하층에서 아동들을 데리고 태권교육에 열을 올려 9월 23일 국기원 심사에서 1품 자격을 받음.

삼남 자부(장××)가 특별전형을 통해 사대부국 교사로 발령받고 난 후 아들(호진)을 세검정국민학교에서 사대부국으로 특별전형 방식으로 전학시킨 것에 대해 김춘화는 삼남에게 사남의 큰 아들(호준)은 추첨을 통해 사대부국에 입학했는데 삼남 자부가 특수학교 성격을 운운하며 윤기선께 대중적 교육을 시키는 것이 바람직하다하여 추첨된 것을 반납까지 하고 세검정국민학교에 입학시켰던 것인데 형제 간에 잘못된 것이 아니냐하며 질타하자 삼남은 자신도 처음에 과정을 알지 못했다며 사남에게 오해없도록 정중하게 사과하겠다해 마무리됨.

9월 24일 사대부국 운동회에 김춘화, 사남 등이 참석하여 참관함.

11월 중순경 오남은 김춘화에게 대한항공에서 해외지점인 인도네시아로 발령받았다며 12월에 출국하기 때문에 자신의 승용차량(엑셀)을 해외 근무기간 동안 사남께 일시 인계하고 오장동 국진빌딩 관리 운영권 또한 사남이 종전에 해왔던 것이므로 인계하고 떠나겠다하여 그렇게 하는 게 좋겠다고 함.

해외근무 출발 전인 12월 2일 형제들이 천안공원 묘원을 참배 인사드리러 떠난 상황에서 차남의 양자이자 사남의 큰아들(호준)이 김춘화 거주의 삼진파크 2차 주택에 놀러와 어제밤 꿈에 교통사고가 난 꿈을 꾸었다해 쓸데없는 소리한다 하곤 마음 조리며 형제들이 귀가길 안전하게 돌아오길 가슴조이며 기다렸는데 오남이 천안 공원묘지 입구 삼거리변에서 교통사고가 있었다며 얘기해 손자녀석의 꿈에서 무언가 보았는가 싶다 생각함.

12월 3일 사남의 아들(호준·호민), 오남의 아들(호찬)이 학교에서 귀가후 삼진2차 김춘화 댁에서 라면 등을 먹고 내려와 김천웅 아들(정현)을 탑승시키고 사남 자부가 YMCA 수영 강습을 위해 구기터널 불광변의 주유소에서 급유하려고 운행 중, 뒷좌석에 앉아있던 호준을 앞좌석(조수석)으로 옮기게 한 후 안전벨트를 장착시키려 했으나 고장난 상태에서 벨트를 하지 못한채 구기터널 S형 코스에서 운전미숙 등에 따라 급부레이크 작동으로 사고 발생, 접촉사고로 아이들 모두 충격파로 도로변에 떨어져 나갔고 운전자인 사남 자부가 지나가는 차량에 급하게 도움을 요청, 불광동 연신내 쪽의 청구성심병원으로 급송했으나 윤호준은 접촉사고 발생 후 사망이 확인되었다 하고, 호찬은 연락받고 온 오남에 의해 신촌세브란스 병원으로 이송하고, 호민과 정현은 경희대 의료원으로 이송, 사남이 뒤늦게 이 사실을 확인하고 사남 자부는 큰 아이의 사망확인 후 오열하며 실신함. YMCA 수영장에서 이같은 소식을 접한 삼남과 회사에서 퇴근한 차남이 병원에 도착, 영안실을 준비하고 지인들의 문상을 받음. 사남이 청구성심병원 영안실을 지키다 장례식날 양부인 차남에게 모든 장의를 맡긴다며 자리를 떠나 사남 자부의 충격 사항을 함께 했고 차남과 삼남은 유해를 실은 장의버스를 호준이 다녔던 세검정국민학교까지 경유, 학급 담임 인솔의 급우들이 울며 전송하는 것으로 벽제화장터에서 화장 후 인천 앞바다에 나룻배를 빌려 유해를 뿌리며 탄식을 함(이성우와 아이들 외삼촌 전××가 동행해 이 광경을 슬프게 지켜봄). 삼남은 접촉차량의 피해자 병실을 찾아가 위로하며 보험처리에 만전을 기하겠다하고 책임보험사항의 보상을 호적상 양부인 차남이 보상합의 보험금을 수령케 함.

12월 6일 삼남이 교통사고에 의한 모든 것을 김춘화께 알리고 고개를 들 수 없다하자 김춘화는 청천벽력 상황에 부딪쳐 삼남이 낡은 차량을 주어 사고난 것 아니냐며 질타하고 차남을 소환하여 욕설을 퍼부어대고 밤새 통곡하다 다음날 손자들이 입원한 경희의료원을 입주도우미 영주아주머니의 부축을 받으며 손자 호민이 상태를 확인하고, 사남을 질타한 후 다시 신촌 세브란스병원에서 손자 호찬 상태를 확인함. 김춘화는 그렇게 복스럽게 볼도 두툼해 든든하다 생각했던 큰 손자를 이렇게 허망하게 보내게 된 것이 차남의 양자로 입적시키게 한 것의 자괴감에 휩싸여 몇 날 며칠을 즐겨하시던 TV시청도 끊고 식음마저 전폐함.

오남은 아들 호찬의 장기 입원을 고려해 대한항공(주)에 인도네시아

해외지점 발령을 취소 요청함.

사남 자부가 김춘화를 뒤늦게 방문하며 무릎 꿇고 윤문의 큰 손자를 잃게 한 모든 것을 죄스러워 하면서 어떠한 조치도 달게 받겠다 했으나 김춘화는 더 논란할 것 없이 몸조리 잘하면서 병원에 있는 아이들 치료에 신경쓰라 함.

1991년

1월 4일 사남은 김춘화에게 사남 자부의 우울증 등 심한 충격에 천호동의 신경정신과 진료 상담을 받고 있으며 아들(호준)이 평소 저축해 둔 은행예치금을 인출하여 조계종 소림사에서 49제 비용으로 공양, 1월 21일 소림사에서 호준의 49제 천도제를 올려 김춘화는 49제에 참석하진 못하더라도 온 몸과 마음으로 천도한다고 전함.

김춘화는 사남에게 이북의 장남 윤국진 동향을 알 수 없는 속에 이남에서 윤문의 장손인 손자의 사망에 적잖은 충격을 받은 것이나 늦은 나이이긴 하지만 손이 귀한 집안에서 다시 아이를 가져보라고 독려함. 사남이 자부에게 불임수술을 복원키 위해 전문의사가 소속된 전북대 병원을 확인, 사남 자부를 전주로 보내 불임 복원수술을 받게 1월 22일 출발 시키고 2월 6일 퇴원함. 2월 사남은 유해가 뿌려진 인천 바닷가를 이성우와 수행했던 처남을 동행해 진혼을 가짐.

1월 24일 사남의 둘째 아들(호민)이 경희의료원 퇴원 후 김춘화댁에서 기거하며 생활하고, 오남의 아들(호찬)은 세브란스병원에서 111일 만인 3월 23일 퇴원해 집에서 요양함.

3월 26일　시·군·구 의회 선거(지방선거)

4월 3일 사남 자부의 교통사고 특례법위반 피의자 진술이 서울 서부검찰청에서 진행됨.

4월 6일 사남이 서부검찰청 담당검사(박해정)를 직접 대면하고 사고현장 의견진술을 대체하고 탄원을 요청.

4월 19일 한·소 제주도 정상회담

4월 5일 오남을 제외한 차·삼·사남이 천안 공원묘지를 참배, 윤문의 큰 손자의 사망을 고하며 묵도로 사죄 올림.

5월 31일 사남 자부의 서부법원 검찰 구형을 거쳐 6월 14일 법원은 피의자 사남 자부에게 금고 6월형을 선고하고 집행을 유예함.

사남이 실질적으로 운영관장하는 국진건설(주) 대표 삼남명의로 은평구 응암동 다세대주택 2동의 신축공사를 3월 13일 시작하는 속에 4월 19일 사남의 동의(오남 자부 명의 구기동 253의 1 소형단독주택)로 삼남이 위임받아 자동차정비업체와 매매계약을 체결한 후 6월 22일 사남은 구기동 56-9 가옥 2층을 전세로 이동하고 삼남은 공부방으로 구기동 연립 1층 세대로 전세 이동함.

6월 20일 광역의회 선거
6월 26일 의정부 금오동, 김준영 순경 권총 난동사건
6월 29일 노태우 대통령 미국, 캐나다 순방

생신 차례상에 사남이 생존 윤기선이 촬영했던 8m/m 필름을 비디오로 제작해 올림.

김춘화는 해외 자유여행이 되고 있는 상황에서 윤기선 생존시엔 고위공직자를 지낸 바 있어 북에서 자칫 피해를 당할까 우려해 파악조차

하지 못했지만 이제는 북한 혈육들의 동향을 파악해야 한다며 삼·사남에게 강력하게 주문해 5월 4일 삼남이 캐나다를 방문하고 차남을 미국에 거주하는 것으로 하여 방북신청서를 보내고, 7월 30일 선편을 이용하여 인천에서 중국 방문을 시작함.

8월 2일　소련 구데타, 고르비 실각

8월 24일 우란분절(백중) 소림사에서 김춘화 인솔, 가족들의 천도제

8월 25일 삼남 아들(호진)이 수영 평영 100m, 200m 청소년최우수상 수상함.

8월 26일 삼남은 중국에 다시 출국, 9월 6일 귀국하여 중국조선족 교포를 통해 북한의 장남 윤국진 동향을 파악해 달라 요청함.

8월 30일　소련, 공산당 종식
9월 10일　신민·민주합당 통합야당 출범

차남이 동대문구청 주관의 공용주차장 운영권 입찰을 위해 사남에게 의뢰 입찰에 참가했으나 1위와 1억원 차이로 낙찰받지 못함.

9월 15일 김춘화를 방문한 삼남은 중국 교포를 통해 소식을 받았다며 장남 윤국진은 생존해 있는 것으로 파악되었다 하여 김춘화는 상세한 상황을 파악하라며 험지에서 생존해 살아 있으면 얼마나 외롭게 살았겠느냐 하며 살아있다니 만나겠지 기대함.

9월 17일　남·북 UN 동시 가입

김춘화는 TV에서 남·북이 UN에 동시가입 사실을 알고는 방문 중인 삼·사남에게 남·북이 각각의 나라로 UN에 동시 가입되었다면 UN회원국으로서 통일국가를 가진 못해도 서로 교류할 수 있는 것 아니냐며 생

전에 고향 단천에 가서 혈육들을 만나볼 희망이 생겼다며 삼남께 중국으로의 관계를 독려함.

10월 12일 삼남은 중국을 방문, 열 하루간 체류하며 사남이 중국조선족 교포 집에 거주하는 것으로 하여 북한과의 서신을 받으면 이를 다시 서울로 보내거나 중국 방문시 건네받는 것으로 교류함.

10월 21일 남·북 총리급 회담(평양)

김춘화는 삼남이 중국 조선족 교포의 주소지로 연결해 받은 큰 시누이 윤기숙의 아들인 김인국의 91년 10월 17일 서한에서 시부 윤극영 78세, 시모 김상화 93세에 타계하셨다는 것을 알고는 북에 있을 때 시부 윤극영의 자상함과 엄격한 가풍을 다시금 떠올리고 시모 김상화와는 고부 간 갈등이 있긴 했으나 시조모 심우혁이 손주며느리를 너무 편애하여 생긴 것으로 두 분 어른의 타계 사실에 상봉조차 해보지 못하고 가심을 애통해하며 삼남에게 언제 돌아가셨는지를 다시 서한을 보내 알아보고 생전에 두 분이 찍은 사진을 보내달라 청하라 함. 큰 시누이 윤기숙은 북에 있을 때 외숙모인 김춘화가 시집 보내주었다는 서한에 내해 당시 보관했던 금괴를 팔아 혼수비용으로 정성을 다해 주었던 것을 회상하고 몸이 불편하다는 것에 대해 마음 아파함. 시부모는 연세가 있어 돌아가셨겠지 생각은 했지만 안부조차 알지 못한채 보내온 세월의 한스러움에 눈물까지 글썽거려 삼·사남이 분단된 한반도의 운명을 어찌할 수 있겠느냐며 다독거리기도 함.

91년 11월 7일 큰 시누이 아들 김인국의 서한에서 시부 윤극영은 1971년 1월 2일 81세로 타계, 시부모 김상화는 1983년 12월 23일 92세로 타계하고 장남 윤국진은 전쟁에서 잘못되었다하여 김춘화는 시부모에 대해 돌아가신 날짜까지 알게 되었으니 이제까지는 생신차례로 모신 것을 명절 때 차례를 올려드려야겠다며, 삼남이 북의 장남 윤국진은 생존하고 있을 가능성을 파악했다더니 무슨 전쟁에서 잘못되었다는 서한이 온 것이냐며 삼남에게 상세한 사항을 다시 파악하라 함.

91년 11월 25일 김인국의 서한에서 자신의 어머니가 외삼촌인 윤기선이 89년 1월 타계하셨다는 서한을 받고 발버둥치며 울었으며 시부모(윤극영, 김상화)의 묘는 합장하고 비석을 세워 자신이 관리하고 있다 함. 작은 시누이 윤기란은 단천시 동암광산에서 아들과 거주하며 살고 있으며 장남 윤국진은 사망했고, 가족은 없다하여 김춘화는 북에서 시부모의 묘소는 합장해 관리한다면서 장남 윤국진이 사망했다면 묘소는 있어야 하지 않느냐며 믿기지 않는다 함.

서한과 함께 보내온 큰 시누이 윤기숙과 친정 여동생 김춘림이 젊은 시절 찍었다는 사진을 보며 김춘화는 윤기숙, 김춘림이 맞다며 한참 사진을 보면서 눈물을 글썽이고 시부모 및 장남 윤국진의 사진도 보내달라는 서한을 보내라고 삼남에게 독려함.

김춘화는 윤기선의 육촌동생인 윤기윤의 아들 윤국서의 91년 8월 23일 서한에서 자신의 아버지 윤기윤은 생존해 있으며 자신의 조부인 윤성영은 타계하시고 김춘화의 시누이(윤기숙, 윤기란)는 광천면에 살고 있지 않고, 91년 10월 9일 서한에서 장남 윤국진은 사망하였고 큰 시누이 윤기숙이 시부모를 모시고 살았다 함. 1947년 2월 북에서 남하시킨 후 북에서 큰 시누이 윤기숙이 어른들을 모시고 살았다는 것에 아들인 윤기선을 남한에 자부와 차남 윤국철을 데려다 주고 북에서 얼마나 아들,

자부, 차남 등을 그리워하며 살다가 돌아가셨나하며 안타까운 심경을 이루 말하지 못하며 서한에서 장남 윤국진의 사망을 반복해 언급함에 식상함을 금치 못함.

91년 11월 14일 김춘화의 친정 동생 김진춘의 서한에서 광천면 운천리에서 윤국진의 팔촌 동생인 윤국서(윤기윤의 아들)를 만나 청취한 사항이라며 윤기선은 일제 강점기에 일본에서 대학을 다녔고, 일본군에 강제징집되어 2차 대전에 참여한 후 해방된 해에 고향에 왔다가 바로 서울로 내려갔고, 시부(윤극영)가 자부(김춘화)와 차남(윤국철)을 데리고 남한에 있는 윤기선께 데려다 주고 월북했는데 장남(윤국진)을 데리고 살던 중 전투에 장남 윤국진이 청진 어느 공장에서 일하다 중국으로 건너갔는데 그 후 소식이 없다는 서한에 김춘화는 분명한 생사여부가 확인되지 않은 상태를 다소 희망적으로 생각하면서 친정아버지 김한록은 1973년 84세로 타계하고 친정 어머니 김순녀는 1989년 2월 91세로 타계하고 큰 형이자 김춘화의 오빠인 김진만은 전쟁 중 사망, 형이자 김춘화의 동생인 김진민은 인민군 입대 전시 중에 사망, 김진삼 누나인 김춘림은 생존해 있으며 자신은 평양시 노동당 직맹위원장이라며 중국에서 누님을 만날 수 있다며 서한을 달라함. 김춘화는 친정 부모님의 타계 소식에 연세가 있는 만큼 돌아가셨으리라 생각했으나 너무도 마음 아파함.

11월 22일 사남이 아들(호준)의 1주기를 조계종 소림사에서 새벽기도로 조용히 지냈다는 전갈을 받고 자식을 먼저 보낸 아비의 마음이 평생을 가슴에 담는 것이라며 쓸쓸함을 표출.

11월 23일 심우준 교수의 막내아들인 삼남(철기)의 결혼식(영등포 문화예식장)에 이남의 사형제 모두를 보내 축하인사시킴.

12월 9일 SBS 개국 방송
12월 13일 남·북 고위급 남북합의서 타결

12월 29일 삼남은 가족들을 데리고 동남아 여정에 임함.

1992년

1월 1일 삼진파크 2차 다동 206호 본가에서 가족간 신년하례 윤기선의 3주기제인 1월 4일 심우준 교수 부부와 맏딸(영희), 고향 김순남 등의 방문아래 기제를 모시고, 김춘화는 삼남을 중국등지로 보내 북한 혈육들에 대한 서한을 받아보고 있다며 서한과 동봉된 사진들을 보여주자, 장남 윤국진에 대한 생사여부가 제일 궁금한 사항이라며 자신들 또한 북한땅의 혈육에 대한 안부를 어떻게든 파악할 수 있어야 하는데 그러지 못하는 분단의 실정을 안타까워하며 고향 그리운 마음에 잠김.

1월 5일 미국 부시 대통령 내한

김춘화는 작은 시누이 윤기란의 아들 심문혁의 서한을 보며 조국을 방문하려면 방문의뢰 동의를 받아야 한다며 한 달 이상 소식이 없음에 편지한다며 답신을 요청한다해 삼남에게 중국을 통해 어떻게 서한을 보냈는데 첫 서한이 오지 않았냐며 중국조선족 교포와의 원만한 교류를 위해 자신명의의 전 재산을 처분해서라도 비용을 충당시키겠다며 중국을 자주 왕래하라 함.

윤기선의 혼외자인 미국시민자의 영미 전화를 받은 사남이 삼남에게 만남을 갖게해 삼남이 영미를 1월 6일 처음 만나 윤기선의 타계 사실을 알려줌(1989년 1월). 주립의과대학을 졸업하고 주립대 병원의사로 근무하며 휴가를 내어 아버지에게 자랑하려고 왔는데 청천벽력같은 사실에

울음을 멈추지 않고, 산소를 참배하고 싶다해 삼남은 손수 운전한 차량에 영미를 탑승시키고 천안공원묘지의 산소에 들러 통곡, 또 통곡하며 말할 수 없이 슬퍼하며 헤어진 사실을 김춘화에게 알리자, 윤기선의 혼외자 사실을 알았을 때는 배신감에 젖어 그렇게 윤기선이 미울 수밖에 없었는데, 옛 풍습대로 하면 양반가에서 첩도 두고 이중, 삼중 생활을 해온 것에 비하면 윤기선은 가정을 파탄내지는 않았다며 나름대로 용인했던 것이고, 한 번은 혼외자 영미를 보고 싶어했던 심정도 있었지만 내놓고 그렇게 할 입장은 아니었다고 함.

1월 8일 삼남은 중국으로 출국, 십 여일을 머물며 중국 조선족 교포를 통해 북한 혈육들에게 생활에 필요한 미싱 및 옷가지 등을 보내도록 조치했다며 김춘화께 전함.

1월 10일 오남은 만 39세 생일을 삼진파크 1차 가동 201호에서 삼남을 제외한 식구들이 함께 참석해 식사자리를 가짐.

1월 15일	일본 수상 방한
1월 21일	서울신학대에 시험지 유출사건, 후기대 입시일 2월 10일로 연기

김춘화는 친정 막내동생 김진춘이 여동생 김춘림과 평양에서 찍은 사진을 보내와 세월따라 많이들 늙었다하고 동생 김진삼과 친정 오빠였던 김진만의 맏딸 김애순의 서한, 여동생 김춘림의 맏딸 등의 서한 및 사진들을 살펴보며 사남에게 북에서의 서한과 사진들을 잘 보관해 후일 남·북 교류가 되면 그 주소지를 찾아 상봉하여 조부모의 묘소도 정중히 참배하라하여 사남은 김춘화에게 직접 할 수 있도록 오래 건강하시라고 말씀드리자 예전 같이 건강한 편이 아니라 함.

중국 조선족 동포(김광해) 주소지를 매체로 북에서 우송된 우편

김인국(큰 시누이 윤기숙의 아들)

'91년 10월 17일 서한

○ 조부(윤극영) 78세, 조모(김상화) 93세에 타계
○ 어머니(윤기숙)는 66세로 불편한 몸
○ 자신의 나이는 40세로 두 아이가 있음.
○ 자신의 아버지는 1952년에 돌아가심.
○ 윤국철이 조국을 방문하겠다는 소식이 왔다 함.
'91년 9월 2일 교포부에서 불러서 갔더니 미국에 살고 있는 조카(윤기숙의 조카인 차남 윤국철을 칭함)가 9~10월에 방문을 의뢰했다 함.
※ 삼남 윤국한이 캐나다로 출국해 차남 윤국철을 미국 거주자로 하여 신청했던 것을 파악한 듯함.
○ 자신의 외숙모(김춘화)가 자신의 어머니를 시집보내주심.
○ 둘째 고모(윤기란) 잘 있음.

'91년 11월 7일 서한

○ 중국 윤국열에게 편지했으나 회답이 없어 편지한다고 함.
○ 할아버지(조부 : 윤극영) 1971년 1월 2일, 81세로 타계
할머니(조모 : 김상화) 1983년 12월 23일, 92세로 타계
○ 윤국진은 전쟁에서 잘못 되었다고 함.
○ 윤기란(둘째 고모)은 64세 아들과 신포 동암동 거주
사진 : 윤기숙이 김춘림과 젊은 날 찍은 사진 보냄.
※ 중국 윤국열로 한 것은 삼남 윤국한이 사남 윤국열을 중국 거주로하

여 서신 발송처로 하였기 때문임.

'91년 11월 25일 서한

○윤기란(단천시 동암광산에서 아들과 거주, 64세 재차 말함)
○자신이 2살 때 아버지 사망, 오누이를 키우며 어머니가 사셨다 함.
○누이는 42세, 김명희(강원도 내원산동 79반 거주)
○단천, 운천에는 5촌 윤승준과 외가가 살고 있음.
○국진 형님 사망, 가족은 없음.
○삼촌(윤기선)이 돌아가셨다는 소식을 듣고 어머니가 발버둥치며 울었음.
○조부모의 묘는 합장하고, 비석을 세워 놓고 자신이 관리하고 있음.

'91년 12월 22일 서한

○태순자 아주머니로부터 소포를 받음(검은외투, 회색천, 겨울내의 3개).
○추석 때 심문혁(작은 시누이 윤기란 아들)과 함께 조부모를 이장, 합묘하고 비석도 세웠다 함. 어머님이 운천에 있을 때 짜셨다는 명주를 함께 씀. 묘주는 윤국철로 함.
○국한, 국성의 편지가 왜 없냐고 함.
○18~27세 군복무 후 신포에 배치되어 식관원(미술인)으로 일함 부인과 함께 있음.
○누나 김명희의 맏딸이 올해 공군 복무. 누나 김명희 남편은 교원으로 딸 셋, 아들 하나이고, 강원도 원산시 내원산동 79반 거주함.

'92년 末 서한

○양복지 3벌, 이불등감 3, 머리수건 2, 만년필 1, 어머니 약 18통 받아 이모, 작은 고모들께도 보내주었음.
○자신의 어머니는 매일 『로동신문』을 보며 교포소식을 들여다본다 함. 혈압이 높아 보지말라 하면 추석이 가까워지니까 국철이가 오나 해서…
○아들 13세, 딸 9세(알지도 못하면서 큰아버지 편지라 좋아한다 함)

'92년 2월 23일 서한

○4월 말까지 평양에 있어야 한다는 사항

○이석광이라는 사람(신 단천지구 거주)이 자신의 아버지가 중국에 계시는데 자기 아버지 편지에서 윤국한이가 일가친척을 찾는데 운천리에서 우리집 주소를 알아서 편지함(국한 형님과 소식이 왜 안닿고 국철형님과 헤어진 사연 물음).

자신의 어머니 고혈압, 심장병이 겹쳐 변소 출입이나 하는 정도임.

○최덕신, 최홍희, 윤이상 등은 조국 품에 왔다 함.

'92년 3월 17일 서한

○출장갔다 왔다는 안부

○건축학을 하면 책을 보내겠다 함.

○자신의 어머니는 바깥 출입을 못해 방에서 아이들과 노는 것이 낙이라 함.

'92년 5월 6일 서한

○평양에서 집 도착

○어머니 병환이 중하다 함.

○선봉군으로 갈 수 있는 전보를 쳐달라고 함(승인이 있어야).

'92년 12월 9일 서한

○선봉으로 가려해도 동의서를 받아야 하므로 미리 알려주어야 한다함.

○이광해씨께 다 얘기했다는 사연과 성의를 고맙게 생각한다 함.

심문혁(작은 시누이 윤기란의 아들)

'91년 末 서한

○11월 28일 첫 편지를 하였는데 한 달 이상 소식없어 편지한다 함.

○조국 방문 의뢰동의를 받아야 함.

'92년 2월 10일 서한

○저의 어머니(윤기난)는 48년에 출가하여 50년 3월 10일 자신을 낳음.

○조국해방전쟁 때 아버지는 인민군대 입대 후 소식을 모름.

○외가집 운천리에서 저를 데리고 생활했다 함.

○윤기숙 사망 전에 면회요구 편지를 받았다 함.

○편지, 인편은 필요없고 직접 만났으면 함.
단천시 동암동 류안 23반

'92년 3월 18일 서한

○3월 8일 소식을 받고 회신한다 함.

○운천리 쇠꼴 건너 쪽 덕촌마을에서 살았다는 김두뫼라는 사람이 큰 아버지(윤기선)가 전쟁시기 원산까지 왔다는 것, 국한 형님을 낳은 것, 큰 어머니(김춘화)가 담배장사하더라는 소식을 들음. 이 후엔 소식 없음.

○어머니(윤기란)는 연로 보장을 받고 집에서 부업을 함.

○자신은 동암광산에서 일하다 강직성 척추염이라는 병에 걸려 사회보장을 받고 처는 광산굴착장에서 일함.

○11살 난 딸이 있음.

○김진만(김춘화의 남매)의 딸 복순이와 동창생임.

○국진형님을 생각할 때 눈물이 앞서 어떤 순서로 전하겠는지 갈피를 잡을 수 없음.

○국진형님은 아버지(윤기선), 어머니(김춘화)와 헤어진 후 우울해 가지고 고민으로 나날을 보냄. 청진에 있는 할아버지(심귀옥)의 주선으로 58~59년경 청진에 가서 청진화학 섬유공장에서 일함.

○방학 때는 국진형님을 만나고, 편지 제일 많이 했기에 잘 안다고 함.

○그때 차이없는 저로서는 보고 들은 것을 여기에 다 옮길 수 없으며 그 후 얘기는 만나서 계속하자 함.

○단천에 있는 이덕광과 운천리 윤하영의 아들 윤승준이 직접 거래하고 있다 함.

윤국서(윤기선의 육촌 윤기윤의 아들)

'91년 8월 23일 서한

○가까운 혈육들은 고모(윤기숙, 윤기란)들을 따라 떠나고
○조부모(윤극영, 김상화), 증조모(심우혁) 사망
○고모들은 생존해 있는데 추석 때 이장하러 오겠다고 소식 왔음.
○자신의 아버지 윤기윤(71세)은 생존, 1969년 어머니가 돌아가시고 계모 생존
○김진삼(운천리), 김진춘, 김춘림, 김진민 생존
○외할머니(김춘화 어머니)는 김진삼 집에서 1989년 2월 사망, 3년상이 지나갔음(91세 타계).
○자신의 5촌 아자비 윤승준 농장에서 일함.
○자신의 조부(윤성영) 타계 하심.
○자신은 조선 노동당원으로 협동농장의 작업반장 재직 중.

'91년 10월 19일 서한

○형제는 남 3, 녀 3, 6남매로 다 시집, 장가 감.
○아버지(윤기윤)는 72세라 함. 계모도 환갑이 지났음.
○맏이로서 따로 세간을 나갔으나 한 동네에 살고 있음.
○운천리에 있는 김진삼의 아들은 모두 민추간부를 하고 있음.
○중국에 있는 윤국한의 편지가 왔음. 미국에 있는 국철이가 교포부에 방문단으로 오겠다 하였음.
○신포에 있는 윤기숙의 아들이 왔다 갔음.
○윤기숙은 단천시 하장리에 살다 부모(윤극영, 김상화)를 모시고 있다가 돌아가셔서 화장리에 묘소를 쓰고 아들이 군대에 갔다가 신포시 10호 사업소에 배치되어 살고 있음.
○윤국진은 사망하여 없음.
○자신은 1940년생으로 52세로 아들 셋, 딸 하나 있음.
맏아들(21세) 군복무 중

○동생 윤국실이 한 동네에 살아서 편지를 겨우 봤다 함.

김진춘(김춘화의 남동생)

'91년 11월 14일 서한

○자신이 운천리에서 윤국서를 만나 청취한 사항으로

1. 윤국서는 운천리 2 작업반 반장으로 재직
1. 국철의 아버지(윤기선)는 일제시기에 일본 명치대를 졸업하고 2차대전시 일본군 장교로 있다가 해방된 해에 집에 왔다가 바로 서울로 내려갔고 할아버지(윤극영)가 며느리(김춘화)에게 둘째(윤국철)를 업혀서 보내고 들어와 맏손자(윤국진)를 데리고 있었는데 전투에 국진이는 청진 어느 공장에서 일하다가 중국으로 건너갔는데 그 후 소식이 없다고 함.
1. 윤국선(개명 : 윤윤석) 단천시 괴풍리 농산 분조장 재직
1. 윤국서 자신은 국열 등과는 9~10촌이라 하고 본인은 개명하여 윤윤정이라고 함.
1. 윤국진은 청진에서 사망, 윤국철은 미국, 윤국한·윤국열은 중국에 거주한다 함.

○김진만은 운천리에서 이 내용을 알고 맏딸 김애순은 평양시 종로동 3호동 4동 5호 거주, 둘째딸 김영순은 사위 김수택이 체육관 운영을 하고 있다 함.

○자신의 형인 김진만은 사망, 동생 김진민은 전사

○자신은 평남 대안시 생필공장 직맹 위원장으로 재직

○김춘림은 검덕에서 부양받고 있음.

○중국에서 김광해라는 사람으로부터 두 번 편지가 와서 10월 20일 가족사진을 보냈다 함.

'92년 2월 24일 서한

○자신의 주소 "남포시 천리마구역 원정동 100반 7천 8일공장 직맹 위원장

○작년('91년) 12월 24일 둘째 아들 잔치 때 처음 동생집을 찾은 셋째형(김진삼)으로 부터 소식을 받고 누님 사진도 봤다 함.
○매부(윤기선)의 소식은 왜 없냐고 함.
○국철 조카도 젖먹을 때 데리고 놀던 생각뿐임.
○김진삼→함남 단천시 운천리(아들 김성덕 부양)
김춘림 → 함남 단천시 문화동 11반
리기미(둘째 형수)→함남 함흥시 사포구역 총신동 25반
(함흥농업대학 간부과장하는 아들 김성갑 부양)
심원절(셋째형수 김진삼 부인)→형님과 거주
조카 김애순(김진만 맏딸) 평양시 중구역 승리거리 58-3호동 5층 4호
김명순→함북 청진시 송평구역 수성반 43반
아들 김성용→함남 단천시 광천구 63반
그 외 여러 조카가 있으나 알지 못하기에 그만 둠.
사촌형 김진욱→단천시 달전리에서 아들 부양
○윤기숙, 윤기난은 단천시에 생활하고 있다는데 전쟁 전에 만나보고는 보지 못하였음. 잘 지낸다 함.
○윤국진은 1954년 청진에 가서 노동과정 중에 사망했다 함.

김진삼(김춘화의 남동생)

'91년 8월 27일 서한

○누님 편지 받고 답장한다 함.
○춘림, 진춘이도 자식들 부양을 받으며 생존해 있음.
○아버지는 84세인 1973년 사망
어머니는 91세인 1989년 사망, 올해 3년상을 치룸.

김춘림 맏딸(성명 미상)

'92년 5월 5일 서한

○자신의 아버지(김재록)는 검덕광산 동력에서 일하시다 1979년(53세) 병

으로 사망.

ㅇ어머니(김춘림)는 상점 재봉부에서 일하시다가 식당 부문에서 요리사로 일하시다 연로하여 집에서 놀고 계심.

ㅇ맏오빠(김수범) 당의 배려로 인민군대에 복무하다 제대하여 일하면서 배우는 통신대학을 졸업하고, 어엿한 기사로 연구기관에서 일하고 있음.

ㅇ둘째 아들(동생 김수일)은 인민군대에서 제대되어 지금은 함흥수리대학 학생으로 공부.

ㅇ자신은 룡양광산 기술과에서, 남편은 동력부 직장장으로 사업하고, 막내딸은 전문학교 학생이어서 아직 어머니와 함께 검덕(집)에 있으며 동력직장에서 일함.

ㅇ넷째 삼촌딸(경순)은 화장리에 살며 아들, 딸들은 농장에서 일하고 남편은 사망.

ㅇ국진, 국철이 사진을 보냄.

'92년 12월 2일 서한

ㅇ양복지 1벌 등을 윤기숙한테서 잘 받았다 함(국철, 국진 사진은 잘 받았는지 궁금하다 함).

※ 중국 조선족 동포를 통해 북측의 서한 원본을 삼남이 투병 중인 2005년 1월 서울 중구 오장동 국진빌딩 옥탑층 서고에 보관 중인 것을 한 번 보고싶다 하여 사남이 서고에서 인출한 후 2005년 2월 삼남이 타계한 후 동 서한 원본(봉투포함)을 삼남 자부에게 되돌려 달라 하였으나 돌려주지 않고 일방적으로 폐기처분해 원문을 싣지 못함.
(사남이 인출전 북측서한 내용을 요약했던 것이며 원 서한은 한국의 1960년대 초의 지질이 좋지 않은 지면임)

〈북한에서 우송된 사진〉

〈윤기선 부친 윤극영〉

〈윤기선 모친 김상화〉

〈윤기선, 김춘화의 장남 윤국진의 20대〉

〈북한 단천군에서 어린시절 윤국진, 국철〉

〈어린시절 윤국진 10대〉

〈윤기선 큰 여동생 기숙(오른쪽)〉

〈김춘화 친정 부모〉

〈김춘화 친정 동생(김춘림, 김진삼, 김진춘) 평양거리〉

〈김춘화 친정 오빠 자녀 및 동생〉

〈부친 윤기선의 북한 혈육 동향〉
'92년 상황

증조모(심우혁) : 사망하시고 연도는 알지 못함.

조 부(윤극영) : 1971년 1월 2일(81세로 타계)

조 모(김상화) : 1983년 12월 23일(92세로 타계)

※ 윤기숙의 아들 김인국이 증조모, 조부모 묘소를 합장하고 묘주를 차남 윤국철로 비석을 세웠다 함.

고 모(윤기숙) : 남편 52년 전시에 사망
딸 : 김명희
아들 : 김인국

고 모(윤기난) : 남편 전쟁 중 인민군대입대 후 소식 없음.
아들 : 심문혁

장 남(윤국진) : '54년 전쟁에서 사망설.
청진화학 공장에서 일하다 중국에 갔다는 설.
정진전투에서 사망설. 가족은 없다 함.

윤성영(조부의 4촌) : 사망(연대는 모름)

윤기윤(부친의 6촌) : 72세로 계모와 생존

윤국서(8촌, 윤기윤 아들) : 40년생으로 생존, 윤국실(윤기운의 딸)

윤하영(조부의 4촌) : 손자 윤승준 생존

〈모친 김춘화의 북한 혈육 동향〉
'92년 상황

외조부(김한록) : 1973년 84세 타계

외조모(김순녀) : 1989년 2월 91세 타계

외삼촌(김진만) : 전쟁 중 사망

맏딸 : 김애순, 작은딸 : 김명순, 아들 : 김성용

모　친(김춘화)

외삼촌(김진민) : 인민군 입대 전시 중 사망

외삼촌(김진삼) : 아들 둘 생존

이　모(김춘림) : 남편 김재록 1979년 사망

맏아들 : 김수범, 둘째 : 김수일, 막내딸 : 성명 미상

외삼촌(김진춘) : 평양시 노동당 직맹위원장

중국에서 1월 21일 귀국한 삼남은 김춘화에게 북의 혈육상봉을 위해 여권신청할 필요를 언급하여 1월 22일 김춘화는 자유총연맹에서 소양교육을 받고 여권을 신청함.

삼남이 중국 조선족 교포로부터 우편으로 받은 김춘화의 시부모인 윤극영, 김상화의 사진을 사남이 확대 인화해 전달받은 김춘화는 사진을 보면서 북한의 생활이 얼마나 빈곤하고, 억압받고, 탄압받았으면 이처럼 초췌한 복장을 하고 사진을 찍으셨는가 싶어 눈가에 눈물이 맺힘. 북에서 남하할 때 행여 발각될 것을 우려한 시부 윤극영의 당부로 사진, 각종 증명, 독립채권증서 등 아무 것도 소지하지 못한채 내려와 자녀들이 조부모의 얼굴조차 알지 못한채 살아온 것을 그나마 후대들에게 확인시켜줄 수 있게 되어 다행스럽다 함.

북에서 서신을 통해 시부모의 사망을 알게된 후 김춘화는 2월 4일 설날 아침 시부모의 사진을 영정사진으로 하여 처음으로 설날 차례상에 올리고 김춘화는 큰 절을 올림.

심우준 교수의 막내아들(심철기) 부부가 인사차 방문해 격려함.

2월 7일　　유럽 12개국 EC 국가연합 서명

2월 13일 차남 여식(지영)의 상명부속여고 졸업식에 가족 대표들이 참석하여 축하하고, 2월 14일 동덕여대 경영학과 합격 소식을 전해 들음.

2월 18일　　남북 총리회담(평양)

오남 여식(가영)의 세검정초등학교 졸업식 축하 후 하림각에서 식사함.

2월 21일　동계올림픽(프랑스, 알베르빌) 최초 금메달(쇼트트랙, 김기훈) 소트트랙종합단체 금메달 등 한국종합 10위

3월 19일　프렌체스카 여사(이승만 부인) 타계(92세)

3월 24일　第14대 총선

삼남은 구기동 10의 1 단독 2층 주택 1층에 거주했던 지인 홍순기가 퇴거했다고 김춘화께 전언.

4월 5일 전 가족이 이성우, 전×호 차량, 삼남 운전 차량으로 분산해 천안공원 성묘.

5월 5일　第7차 남북 총리 회담(서울)

중국 조선족 교포를 통해 서신으로 전달받은 북한의 장남 사진을 본 김춘화는 20대 초반으로 보이는 사진을 보고 열 살도 안된 나이에 남하할 때 함께 오지 못하고 떼어놓고 온 그 시절을 한탄함. 자신을 두고 떠났을 엄마인 나를 얼마나 원망하며 애타게 그리워하며 시부모인 할아버지, 할머니, 시누이 윤기숙 고모와 함께 외롭게 살았을 것을 생각하면 너무도 마음이 저려온다며 삼·사남이 앉아 있는 앞에서 눈물을 글썽이며 어릴 때 모습이 그대로 있다며 서신에서 청진전투에서 사망했다니, 눈물이 앞을 가려 그 순간을 말로 다 할 수 없다던 기난고모의 아들 서신을 알 수 없다며 삼남으로 하여금 정확한 동향을 파악하라 독려함.

사남은 대학원 동기 동창인 통일원 대변인(최×보)을 만나 8월 15일 이산가족상봉 관련을 협의했다며 김춘화께 보고를 올려 수 많은 이산가족 상봉신청에 기회나 주어질지 모른다며 이 나라의 정치지도자들은 어떤 방법을 동원해서든 이산가족의 남·북교류 상봉을 시키지 못하고

있다며 혀를 내두르심.

사남 아들(호민)이 세검정초등학교 4학년의 소년단 입단선서를 했다며 큰 아이(호준) 입단식에 김춘화가 참석하여 좋아해 주었다던 지난날을 얘기하자 김춘화는 제일 든든한 아이를 잃은 것을 어찌 통탄하지 않을 수 있느냐며 저 세상에서 할아버지 윤기선께서 잘 보살펴 주시겠지 하며 탄식함.

5월 15일　국민당 전당대회(대선후보 : 정주영)
5월 19일　민자당 전당대회(대선후보 : 김영삼)
5월 25일　민자당 전당대회(대선후보 : 김대중)

5월 16일 국진빌딩의 관리인 윤용재의 장남, 필동 한민교회 결혼식에 사·오남을 참석케 해 축하함.

6월 1일 사남 아들 호민이 할머니의 소망은 북에 두고 온 큰아버지 윤국진을 만나고 고향을 가보고 싶다는 것이 소망이라는 통일안보 원고를 보고 뜻을 잘 설명했다고 격려함.

7월 2일　정보사 부지 사기매각 사건

삼남 아들(호진)은 서울시장배 수영 200m 평영에서 2위 입상함.

7월 20일　정부 월남 무역대표부 개설

사남 아들(호민)이 신촌세브란스병원에 7월 21일 입원, 23일 퇴원

7월 26일　바르셀로나 하계올림픽(한일여자공기총, 여갑순 첫 금메달)

7월 31일　신행주대교, 공사진행 중 붕괴
8월　9일　하계올림픽 폐막(마라톤, 황영조 금메달)

8월 13일 백중일에 김춘화 가족들 인솔, 소림사에서 천도제를 함.

삼남이 중동학원(중동고) 이사장 최×악이 부도처리 후 잠적했다며 김춘화께 언급하자 윤기선과는 막연한 지인관계에 있었는데 돈을 너무 밝히더니 끝내 형인 최×장의 뜻을 잇지 못하고 부도낸 모양이라며 조소함.

사남이 김춘화에게 국책연구소를 의원면직 후 강의를 했던 청주 운호학원(청주사대 : 현 서원대) 강×호 이사장이 부도내고 잠적했다며 교육자들의 행태에 고개를 내저음.

8월 24일　한국·중국 수교

김춘화는 TV를 통해 한·중 수교를 맺어 자유롭게 중국을 방문할 수 있게된 점을 삼남에게 다시금 되뇌이게 하면서 중국을 방문해 북한 동향을 세심하게 파악하라하여 8월 29일 삼남이 중국을 방문, 9월 8일 귀국시까지 면밀하게 움직임.

삼·사·오남의 아이들은 구기동 10의 1 토지상에 텐트를 치고 야영을 1박 2일로 사촌 간의 우애를 가져 김춘화는 사촌형제라 하지만 혈손이 적은 문중에서 항상 친형제 못지않게 우애깊게 하라며 촌지까지 내림.

삼남은 김춘화가 북한 동향을 철저히 파악하라는 독려가 있었는데 중국 조선족 교포의 알선 등으로 북한군 보위부에 수만불을 제공하면 북한의 단천까지 통행증을 주어 잠입시킬 수 있다해 이를 결심하여 압록강 단둥까지 갔지만 한국의 보안법상 북한의 잠입죄는 큰 형벌이 가해지는 점과 후대들의 신변도 생각해 끝내 결심을 굳히지 못하고 북한으로의 잠입을 접어버림.

귀국 후 김춘화께 이 같은 사실을 전하며 북한 동향 파악을 소홀히 했음을 고하자, 어쩔 수 없는 남·북 이산의 비극이라며 여러 마음을 상케 했다며 위로, 격려하심. 중국을 통해 전달된 서신 등에 장남 윤국진이 청진전투에서 사망했다면 북에서는 화장을 하지 않고 묘를 쓰고 있는 상황에서 왜 묘소가 없는 것인지 알 수 없는 일이고, 시부모인 윤극영, 김상화 등은 돌아가시고 난 후 시누이 기숙고모가 묘소까지 합장했다 하지 않았냐며 정확한 사항을 알 수 없어 마음 아프다며 시부모의 묘소 묘주를 장남 윤국진 이름으로 하지 않고 남하했던 차남 윤국철 앞으로 했다는 것을 보면 장남 윤국진의 유고는 분명해보여 너무도 통탄스러운 일이라 함.

삼남은 김춘화의 친정동생인 김진춘이 평양시 노동당 직맹위원장의 고위직에 있는 듯 보여 누님인 김춘화를 중국에서 만나고 싶다며 서한을 달라는 것에 김춘화께 중국 방문의 여권 비자신청을 할 것이냐고 물은 바 김춘화는 친정 동생들 만나는 것은 두 번째이고, 장남 윤국진의 생사 불투명으로 만날 수 없다 한다면, 시누이 기숙 등을 만나러 가볼 수 있겠지만 시누이들이 북한에서 중국으로 나올 수도 없을테니 그렇게도 못하는 것이 한스러울 뿐이라 함.

9월 18일	노태우 대통령 민자당 탈당
9월 20일	노태우 UN총회 참석 후 9월 27일 중국 출국 순방
10월 8일	국무총리 현승종 국회인준

10월 10일 민자당, 박태준 최고위원 탈당 정계파문

10월 25일 중구청 철거시설반이 오장동 국진빌딩의 1층 주차장 무단 사용 전용을 이유로 철거반원을 동원하여 철거함.

오남이 사남에게 향후 수습방향을 물어 차량 주차사진 등을 첨부해 올리게 한 후 적정한 시간에 다시 원용케 함.

11월 9일 김춘화는 이북 시부 윤극영의 생신제를 가족 참석하에 올리게 하고 , 11월 11일 사남에게 손자 호준의 2주기를 상차림없이 소림사에서 새벽기도로 올리게 함.

삼남 아들(호진)은 SBS 남산살리기 성화주자로 11월 14일 생방송으로 행하고, 11월 30일 서울대표선발의 수영 50m 평영에서 1위로 입상함.

9장 문민정부의 세월

1992년

12월 1일　대선후보들 첫 TV연설

12월 2일 사남이 김춘화를 방문, 사남 자부의 임신 사실을 알리며 불임복원수술 후 두 차례의 유산 끝에 산부인과에서 확인된 임신 사실을 알려와 무사히 출산할 수 있도록 정신적 타격의 그 어떤 것도 배제하고 안심을 갖도록 정성을 다하라며 늦은 나이에 마음고생 많이 하며 가진 아이임을 생각해 배려 또 배려를 당부함.

12월 9일 삼남 여식(은영)이 덕성여고에서 연합고사 치렀다며 김춘화를 방문해 그간 학업공부하느라 수고했다며 촌지를 전달함.

12월 18일　제14대 대통령 선거(김영삼 당선, 김대중은 정계 은퇴 선언)

김춘화는 사남과 함께 주민등록된 서울 중구 오장동 90-3 주소지의 덕수중에서 투표한 후 오랜만에 묵정공원을 방문, 촬영함.

12월 23일 윤기선의 4주기에 가족 전원이 참석하여 기제를 올리고 24일, 4형제가 천안 묘소를 방문·참배하고, 삼남 가족들은 26일 미국여정을 떠난 후 1993년 1월 1일 귀국함.

1993년

1월 3일 을지로5가 목재상 대형화재
김재광 전 국회부의장 사망
1월 4일 청계천4가 대림상가 화재
1월 7일 청주, 우암상가아파트 화재(가스폭발 27명 사망)
1월 14일 다국적군 이라크 공격
1월 15일 국민당 정주영 대표 검찰출두

1월 23일 설날 차례에 가족들 전원이 참석하여 하례함.

2월 12일 삼남 여식(은영) 상명여중 졸업 후 가족들과 식사. 사남은 2월 17일 세검정국민학교 졸업식에서 큰 아들(호준)을 연상하며 졸업식장 언저리를 둘러본 후 김춘화께 마음아픔을 전함.

김춘화는 삼진파크 2차단지 다동 205호에 거주하는 변호사 부부가 자신들이 딴 곳으로 일시 이동해 살게 된다며 혹시 자녀 중에 이곳에 전세들어 살 수 있는가를 물어, 삼·사남에게 의견을 들은 바 차남 가족이 바로 옆에서 입주해 사는 것이 바람직하다 하여 2월 21일 전세 계약을 하고, 십시일반 자금들을 거출해 3월 21일 차남 가족이 입주해 생활하고 차남이 거주 생활했던 삼진파크 1차 단지 가동 101호는 삼남 가족이 구기동 10의 1 주택에서 퇴거하고 입주생활토록 계획함.

김춘화는 본가와 차남 가족이 삼진파크2차 단지에 모여살고 삼남과 오남 가족이 삼진파크 1차 단지에 모여살고, 지척인 구기동 현대빌라에 사남 가족이 생활하고 있어 십분거리내에 항상 혈육들을 만날 수 있게 된 모든 것이 윤기선 생전에도 언급했던대로 사남이 나름대로 건설업에 종사하며 한 곳으로 모여살게 해준 공이 크다며 격려를 아끼지 않음.

2월 25일　14대 대통령 김영삼 취임

2월 27일 사남 자부의 친정오빠(전×호)가 젊은 나이에 사망했다는 소식을 접한 김춘화는 사남에게 위로의 말을 전하게 하면서 부의금을 전달함.

삼남은 김춘화가 항시 말해오 듯 사촌지간이긴 하지만 항상 친형제 이상의 우애를 가져야 한다며 삼·사·오남의 아이들을 데리고 동해안을 1박 2일로 다녀옴.

3월 5일 삼남 아들(호민)이 사대부국 부회장에 선출되었다며 김춘화께 자랑차 방문하여 축하 촌지를 내림.

3월 6일 김춘화 생신 기념일에 자녀들에 축하반지를 선물함.

3월 11일 사남 아들(호민)이 학급반장에 선출되었다며 김춘화께 인사를 올리자 어떻게 반장이 되었냐고 물었더니 학급문집을 만들어내겠다 했더니 다들 좋아하며 반장에 당선시켰다하여 사남에게 손자녀석이 했던 얘기를 명심해서 향후 학급문집을 만들어 배포하라 언명함.

4월 19일　탈영범 총기난동(논산 정신질환, 34명 사망)

5월 4일 사남 아들(호민)과 오남 아들(호찬)이 소년조선일보의 명예기자(사남이 주선)로 학교에서 기자수첩과 기자뺏지를 받았다며 김춘화의 본가로 방문·인사해 격려해 줌.

5월 9일 삼남 아들(호진)이 해군참모총장배 전국수영대회에서 100m/200m 평영에서 1위에 입상했다고 메달을 받아와 김춘화가 격려해 줌.

6월 13일 차남이 대한통운(주) 과장으로 승진함.

7월 7일 윤기선 생신 차례상에 사남이 윤기선의 생전기록, 수상 등 전반을 취합한 "약천집"을 편성, 생신제에 올리고 각 가정에 배포. 7월 23일 사남은 큰 아들(호준)의 추모록 "고은"을 취합하여 배포함.

김춘화는 북에 계신 시부 윤극영이 윤문가의 중심축을 형성한 주축이라며 사남에게 시간있을 때마다 들르면 북에서의 모든 생활전반을 얘기해 줄테니 진솔한 뜻을 담아 향후 책으로 출간해 보라고 격려함.

5월 27일 슬럿머신 수뢰혐의, 이건개 대전고검장 수감
6월 9일 한양주택 배종렬 회장 구속
6월 14일 헬기 한강추락(영화촬영 중 6명 사망)
7월 10일 미 대통령 클린턴 방한

7월 25일 사남이 밤늦게 전화상으로 세브란스병원에서 여식이 출생했다는 전화를 받은 김춘화는 장손자인 호준을 보내고난 후 손자를 보겠다는 욕심은 가졌지만 삼신할미가 그렇게 정해준 것을 감사히 생각해야 한다며 서운한 어투로 말해 다음에 방문해 말씀올린다 하자, 늦은 나이에 출산한 사남 자부의 안정적 수발을 당부함.

7월 27일 사남 자부가 퇴원 후 방문한 사남에게 신생아의 건강 등 세심한 주의가 필요하니 8월 2주일 주간 경과 전에는 외부인사와의 접촉을 줄이라하며 산후 수발은 사남 자부의 친정언니(전선×)가 도와준다 함. 할머니인 김춘화와 상면한 출생아는 웃는 얼굴로 첫 상면을 가져 김춘화는 윤씨간나(여식의 함경도 별칭)들은 당차다고 하심. 예명으로 데비새라고 예칭을 붙이고 사남에게 작명하라 함.

7월 27일 아시아나 항공기 추락
8월 6일 대전엑스포 개막

8월 8일　조선총독부 건물 철거결정
8월 10일　정부 임정요인인수, 국립묘지안장

8월 29일 김춘화는 구기동 10의1 앞뜰 정원에 풀이 너무 무성하다며 식구들을 대동하여 풀뽑기와 정원석을 설치함.

9월 9일 사남은 출생한 신생아의 성명 작명을 위해 작명가로 유명한 종로3가에 위치한 복인당에 의뢰, 획수 등을 고려해 사남이 최종 선정한 희수(熙琇)를 명운으로 결정했다며 사남의 요청으로 작명서를 내어주고 인장까지 각인 내서 받음. 여식들의 돌림 끝자가 暎이었으나 이는 차남이 첫 여식의 작명에서 배우자인 서영×의 중간자를 택한 사항을 배제하고 돌림형식을 탈피시키기로 결론내려 획수를 고려하여 작명함. 사남이 이같은 사실을 김춘화께 전해 부르기 쉬워 좋다함.

9월 16일 김춘화는 사남을 동행시켜 한계옥 여사의 묘소를 함께 참배하며 지난날을 회상하고, 길가 옆의 고사리를 보고는 북에 있을 때 고사리를 많이 꺾어봤다 함.

9월 20일 삼남 아들(호진)이 대통령배 수영 평영 200m에서 1위 입상을 KBS 생방송으로 방영함.

9월 22일 1천만 이산가족 추진위가 실향민을 위한 위로공연을 장충체육관에서 개최한다하여 김춘화를 모시고 사남과 오남 자부가 동행하여 관람함.

9월 26일 추석전 천안공원을 성묘하고 9월 29일 추석차례상을 김춘화가 기거하는 본가에서 행함.

10월 10일　전북 부안 앞바다 서해페리호 침몰(100여명 사망)

10월 17일 효창공원에서 광천면민회 개최, 김춘화는 식구들을 인솔하여 고향분들과 함께 북에 대한 그리움을 대화함.

10월 23일 국진빌딩 관리인(윤용재) 차남이 목동 CBS 20층에서 결혼, 사남·오남이 참석하여 축하하게 함.

10월 28일 삼남 아들(호진)을 체육중에서 청운중학으로 전학 결정.

10월 29일 차남이 전세로 입주해 거주하고 있는 삼진파크2차 다동 205호를 형제 간 협의 끝에 종전 소유주의 은행대출금을 인수받아 매입키로 결정했다고 전하자, 김춘화는 삼진파크1차 가동 101호에 삼남 가족들이 구기동 단독주택에서 이동해 사는 것이 좋겠다고 했으나 차남이 매각처리하지 않으면 소유주택이 두 채가 되어 안된다며 절대 그렇게 할 수 없다 해서 김춘화는 삼남에게 이동하라 요구해 차남과 삼남의 갈등이 제기됨.

11월 1일 사남 여식(희수) 백일기념 가족식사 등을 본가에서 갖고 차남·삼남·오남의 여식들이 사남이 전세로 생활하는 주택을 방문, 백일기념 촬영까지 함.

11월 6일 일본수상 방한(경주) 정상회담
11월 17일 김영삼 대통령 방미

11월 20일 삼남 가족이 삼진파크1차 가동 101호에 11월 12일 입주 후 집들이로 가족식사를 김춘화가 주관함.

11월 27일 김춘화의 입주도우미 영주아주머니 장남의 결혼식에 김춘화가 축하지원금을 제공했는데 과다한 축하금이라 사례함.

11월 28일 김춘화는 북의 시부 윤극영의 생신제를 모시고 사남은 아들(호민)과 동행, 소림사에서 아침에 호준의 3주기 향을 사르며 기원했다고 전언함.

12월 4일　　정부, 쌀 수입개방 확정

12월 사남이 실질적 운영을 해오던 국진건설(주)의 운영권을 자신의 처남 등에게 인계한다며 부친 생전에 사남에게 아무 것도 주지 못했는데 지목이 전으로 되어있어 사업성 있는 건축물을 신축하는 사업을 진행해 보려면 사남이 그런대로 능력을 갖고 있다며 증여의사 표시의 가등기를 국진건설(주)에 했던 것을 해제처리하고, 개인 소유로 등기를 변경해야 한다하여 삼남이 부친 윤기선의 생전 유지가 있었던만큼 상속인들의 협의분할로 사남 단독 명의로 해주자고 김춘화께 건의했으나 차남이 이를 반대해 김춘화는 자신은 빠질테니 잘 협의하라하자 사남은 공연한 물욕을 앞세워 갈등을 일으킬 것을 우려, 사남이 김춘화를 상속명의에서 제외하고 형제 간 법정지분의 상속등기를 의뢰하여 12월 28일 등기를 경료함.

1994년

삼남이 운영하던 소기업 여행사에서 대만여정을 계획해 삼남의 자녀, 오남의 아들 등과 삼남의 처남쪽 아동 등 16명을 모집, 1월 6일 삼박사일 일정의 여정으로 다녀옴.

1월 17일　　정일권 전 총리 하와이에서 사망

1월 18일　　문익환 목사 사망

차남의 여식(소영)이 동덕여대 졸업 전에 프랑스 유학을 결정하여 사남 제공의 차량을 탑승, 차남 가족들이 1월 27일 천안공원에서 참배하고, 1월 29일 김춘화가 베푸는 송별식사를 전가족이 함께 함.

2월 2일 프랑스로 유학 출국하기 앞서 김춘화는 이남에서 처음본 손녀이기에 애틋한 마음이 더욱커 또 언제 보게될 지를 눈물 글썽거리며 송별하고, 사남은 윤기선의 유품 중 보존하고 있던 몽블랑 만년필과 학업충실의 서한을 제공함.

2월 9일　　폭설로 서울교통 마비

2월 19일 김춘화댁에서 입주도우미로 5년간 생활해 오시며 온갖 수발을 다했던 영주아주머니가 집을 떠나 퇴거, 귀향해 김춘화는 그간의 노고를 감사히 생각하며 전별금을 제공함.

사남은 김춘화가 일상을 외롭게 혼자 생활할 것이 걱정되어 차남, 삼남, 오남에게 자녀들이 학교에서 돌아올 때 할머니댁에 들러 여러 얘기를 나누게 하길 요청해 그렇게 수락, 시간 닿는대로 아이들이 평일에 자주 방문인사했고 공휴일엔 틈나는 대로 본가를 방문, 형제 간 친선 유대의 화투놀이 고스톱을 12개월을 편성, 장시간 함께해 본가에 사람들이 있음을 안도하게 생활하고, 점심 때는 차남이 윤기선 생존시 칭찬받은 국수 등을 끓여 함께 식사하고 논담을 이어가기도 함.

사남은 오장동에 설치되어 있는 윤기선 명의의 전화에 미국에서 영미가 수차 전화를 해도 받지 않고 있다가 2월 15일에 통화가 되었다. 국제전화로 미국에 오실 때 오빠들이 함께 방문해 주면 좋겠다고 함. 이복간이지만 혈연관계를 표현하고 있다며 사남이 김춘화께 전언하자 미국에서 주립대병원의 의사까지 하고 있으니 나름대로 백혈병을 앓아 고생했다는 얘기를 들었던 상황에서 아픈 사람을 위해 의사가 되겠다는 결심을 갖고 외롭게 자랐지만 그렇게 잘 성장해줘 다행이라 함.

삼남 아들(호진)의 사대부국 졸업식인 2월 18일 김춘화와 가족들이 축하 방문하고 갈현동의 막국수집에서 식사를 나눔.

사남의 아들(호민)이 5학년 1학기 반장선거에서 약속했던 학급 글 모음집 이행을 위해 학급 담임선생께 급우들이 자필로 작성한 원고들을 취합받아 오장동 4층 세입자인 도서출판 "수서원"에 의뢰하여 글 모음집 "씨앗"을 발간, 회사 승용차량편을 이용해서 학급에 100부를 전달하여 급우들 및 각 학년 주임선생 등께 배포케해 "호민"이 약속지킨 급우로 칭찬받았다며 사남이 김춘화께 글 모음집 한 부를 건네주어 약속한 것 지켜 잘되었다 함.

차남 여식(소영)이 동덕여대 졸업식에 프랑스유학으로 참여할 수 없는 점을 고려, 차남 둘째 여식(지영)에게 같은 대학이니 졸업증서와 앨범 등을 받아오라 지시하자 시큰둥하며 받아와 김춘화가 살펴봄.

김춘화댁의 입주도우미로 대구에서 상경한 아주머니와 2월 27일 가족들이 상견하고 생활도움을 부탁드림.

사남은 김춘화를 방문, 자신이 대표로 있던 국진건설(주)의 모든 운영권을 처남(전×호) 등에게 인계하고 비상근 회사고문으로 있으며 다른 업무방향을 찾아보겠다 함.

3월 23일 이후 김춘화의 77세 생신(희수연)을 제일뷔페에서 삼진파크 다동 105호 거주의 올림피아호텔 감사로 재직했던 부부를 초대하고, 오남 여식(가영)의 클라리넷 연주 및 생신케이크를 가름.

4월 5일 자녀들이 천안공원을 참배하고 귀가함.

차남이 삼진파크2차 다동 205호를 소유이전등기 만료 후인 4월 8일 삼남에게 삼진파크1차 가동 101호에서 퇴거할 것을 요청하며, 매각처리해야 한다하여 아동들 학업을 위한 교통편을 고려해 좀더 머물게 해달라 했으나 이를 거절해 갈등이 번진 속에 사남이 중재를 자처해 차남에게 1년간을 유예토록 간청하고, 김춘화가 다시금 차남을 압박하여 갈등이 고조됨.

오남 가족이 하와이 여정을 계획해 김춘화는 사남 아들(호민)을 함께 데려가 넓은 세상을 보고 듣게하는 체험이 필요하다며 오남에게 요청했으나 회사가 베푸는 부부간 여정으로 아이들은 동행치 않는다해 가족들 해외여행이 아니면 알겠다하면서 더 이상 언급하지 않음.

4월 18일 오남 부부는 하와이 여정을 출발하고 닷새 후 귀국함.

4월 26일 사남이 3월 국진건설(주) 대표권을 이양한 후 오남 자부 이모가 김춘화 거주의 삼진파크2차 다동 206호를 불시에 방문, 사남이 삼진건설산업(주) 운영시절 자신으로부터 대여받은 차용금을 완제하지 않고 일부금이 남았는데 사남이 정산해 주지 않으니 대신 정산해 달라해 김춘화가 역정을 내자, 오남 자부의 이모는 자신의 친성언니와 오남 자부를 성토하여 흠집내어 오남 자부를 불러들여 사남의 거처를 알려달라는데도 답하지 않자 뺨을 때리는 중에 방문했던 삼남이 이를 진정시키며 사남이 모든 것이 정산완료된 사항임을 자신이 인지하고 있음을 설명하고 돌아가라며 질타하자, 사남이 오남 자부의 친정어머니 차입금은 정산해 주고 자신에게는 원금은 정산했지만 일정 기간의 이자금은 주지 않았음을 섭섭해한 것이라 하여 직접 사남을 만나 얘기할 것이지 사돈관계의 어른 앞에 와서 망발을 하지 말라며 끌어내버리는 사태가 생겨 김춘화는 사남을 호출해 정황을 듣고 더는 불란을 일으키지 말라 함.

김춘화의 생활 수발 입주미 대구아주머니가 떠나고 서울할머니가 입주(4월 27일)하고, 5월 18일 석존절 봉축행사는 소림사에서 가짐. 사남이 여식(희수)을 유모차에 태워 김춘화댁을 방문, 온갖 재롱부리며 놀아주어 보관 중인 사슴인형을 선물함(5월 28일).

6월 5일 윤기선 생전 시 베란다에서 똘똘이와 함께 길렀던 애견 "복똘이"가 죽어 김춘화는 윤기선이 행했던대로 종이상자에 감싸안아 단지내 산세 양지바른 곳에 묻어주며 쓸쓸함을 달래고 이후엔 애견동물을 다시는 키우지 않음.

삼남 아들(호진)이 주니어국제수영대회 출전차 캐나다로 출국한다해 여정비용을 김춘화가 제공, 출국 후 대회에 임했으나 입상하지 못해 6월 12일 출국 후 6월 21일 귀국함.

6월 13일　미국 전 대통령 지미카터 방한(6월 15일 북한방문)
북한 IEA 탈퇴 선언

6월 26일 윤기선의 생신차례를 본가에서 행함.

6월 30일 사남 가족이 구기동 단독주택 2층 전세에서 현대 구기빌라 단독형으로 자부가 계약·이동한다고 사남이 전언해 본가와 조금더 가까워졌다 하심.

7월 6일 사남이 오장동 국진빌딩 5층에 윤기선의 종전전화에 김춘화 명의의 전화(269-2969)를 가설했다 전언하며 통신상에서라도 함께 있길 바라는 심정이라 전함.

7월 8일　북한 김일성 사망(7월 9일 호외)

김춘화는 김일성의 사망 소식을 TV시청 중 확인하고 방문 중인 삼남과 사남에게 통일에 대한 염원을 다시금 가지면서도 김일성 자식인 김정일의 승계를 보면서 통일 내지는 남·북 교류가 쉽지 않을 것에 실망감을 가지며 허탈해 함.

7월 15일 사남 여식(희수)의 첫돌맞이로 7월 23일 본가인 삼진파크2차 다동 206호에서 김춘화가 상을 차리게 했고, 사남 주거를 옮긴 후인 7월 17일 친지, 지인들이 모여 행하고, 7월 24일 처가쪽 식구들을 초대해 현대구기빌라에서 행했다고 전언함.

무더운 여름의 말복인 8월 14일 김춘화는 식솔들을 불러모아 춘천 막국수로 더위를 식게 하고, 8월 17일 사남은 자신의 소유명의로 있던 불광동 미성아파트를 계속 전세주다가 매각 양도했다고 전언함.

8월 20일 심우준 교수가 지병치료로 입원했다가 성심병원에서 퇴원해 요양 중임을 청취한 김춘화는 요양만전을 청함.

8월 21일 조계종 소림사에서 백중천도제를 김춘화가 식솔과 동행함.

9월 3일　올림픽종목에 "태권도" 확정

김춘화 수발을 5년여 행한 영주아주머니 차남(최유진)의 결혼식에(교통회관, 강영훈 전 총리 주례) 사남을 참석케해 축하함.

9월 19일 자녀들을 천안공원에 성묘케한 김춘화는 9월 20일 추석 차례를 본가 삼진파크2차 다동 206호에서 모신 후인 9월 21일 밤 망우동의 김시형 처인 황광열로부터 김시형의 사망소식을 전해들어 22일 삼남과 사남을 동행케하고 망우동 자택에서 문상함.

(김시형의 유고)

함남 단천군 광천면의 향리에서 출생. 토기공장에서 독짓기로 생활하다, 가족들을 동반하지 못한채 서울 등 객지를 돌아다니다 삼팔선이 막혀 북으로 가보지 못하고 6·25전쟁 중 피난다니다 해운대에서 윤기선과 상면하고 정전협정 후 서울의 충무로5가 주택에서 생활하다 경기도 포천군 이동면 노곡리 한탄강변에 김춘화 사업주명의로 일동토기공장을 개소하여 공장장으로 부임, 여러 중신처 중 충청도 여자(황광열)와 약식으로 혼인식을 갖고 북에 두고온 처자 생각에 많은 난경을 딛고 이남에서 자식이 없어 황광열의 청에 의해 입양을 결정하여 기른 아이가 성장해 감. 김춘화로부터 토기공장 운영권을 인수받은 후 토기 사용량이 플라스틱제품 등으로 감소되는 상황에서 동 공장을 처분하고, 서울 망우동 지역에서 서너 차례 집장사를 하며 생활함. 단천군민회, 광천면민회 등에 참석하며 고향얘기에 눈물 글썽이다. 1989년 1월 윤기선의 타계 소식에 주저앉듯 통곡하며 단천의 귀한 분을 여의였다며 읍소한 사항, 입양아가 성인이 된 상황에서 문상온 김춘화와 삼·사남을 맞은 황광열은 더욱 처연하게 맞이하면서 북의 고향 처자를 만나러 가셨으니 더는 슬퍼하지 않겠다고 어깨를 다독거리며 지난 세월 함께 했던 모든 것을 회한하며 술잔을 올리고, 향을 사르며 점차 고향분들이 고향을 가보지 못하고 혈육을 만나보지 못하는 분단의 아픔, 이런 나라를 어찌 용인하겠냐하며 삼·사남에게는 고향에 대한 생각을 가지라고 언급함.

사남은 법적분쟁 분할 및 민·형사 사건의 논란이 많았던 서울 중구 충무로5가 2의 10 주택, 토지 및 인근 공유택지 등에 대해 30여 명 되는 공유지분 권리자로부터 건축허가 동의를 받고 중구청에 무리하게 공유허가신청을 받은 후 건축주 명의에서 빠지고 댓가로 명도받은 금원 1억원을 김춘화에게 전달하자, 10월 8일 차남의 여식(소영)이 프랑스 4대학

(소르본대) 편입에 성공, 학업을 계속한다는 소식을 접해 차남을 불러 손녀의 유학자금에 사용하라며 5,000만원을 건네고 남은 것은 김순남 등 어려운 환경에 있던 고향사람과 사찰에 시주함.

10월 10일 김춘화댁의 입주도우미 당진아주머니가 퇴거해 생활에 불편한 점이 많이 있던 중 반상회를 순번에 따라 김춘화의 본가 주택에서 행하기로해 사남, 오남 자부 등이 동원되어 다과 및 과일 등을 준비해 진행함.

11월 30일 겨울 김장을 자부들과 함께 하고 단지내 정자 옆에 김장독을 삼남이 방문해 묻어줌.

12월 3일 정부, 조직법 직제개편 발표

사남은 서울고법 등에서의 상속세법 최종결심공판 등에 참석하며 부당한 상속세납부 결정의 이의를 제기함을 김춘화에게 전언, 막대한 상속세 납부금 처리에 각별히 신경쓰라 함.

12월 23일 삼남 자부가 건강상 문제로 세브란스병원에 입원, 자궁수술까지 하고 12월 26일 퇴원했다고 삼남이 전언함.

1995년

1월 8일 윤문 4형제가 천안공원 참배 후 본가에서 회동함. 사남은 상속세 관련의 서울고법 판결문을 수령 후 대법원에 상고하겠다며 김춘화께 전언하며 소송사건이 쉽지않다고 함.

사남이 충무로5가 공유지분권자 관련에 형사고소당한 사건에 서울중앙지검으로부터 최종 무혐의 결정받았다며 그 간의 심정을 토로함.

1월 31일 설날 차례 후 삼진파크2차 다동 계단 입구에서 한복차림으로 기념사진을 촬영함.

2월 14일 오남 여식(가영) 상명여중 졸업에 가족들 축하 참석하고, 세검정국교 졸업하는 사·오남 아들(호민, 호찬) 졸업식에 김춘화가 참석, 전 가족 인오가든에서 축하 식사를 함께 함.

김춘화는 오남이 회사(KAL)에서 장기근속 직원의 포상일환으로 가족이 미국여행을 다녀오게 되었다해 이번에 사남 아들(호민)을 동행하라며 여비 등을 제공하겠다하자 오남은 직계 가족의 패키지 여행으로 단호하게 거절해 서운해하던 차에 사남 자부가 방문하자 교통사고로 인해 오남 아들(호찬)의 장기간 병원치료로 해외지점 발령을 취소했던 감정도 다소 있을테니 섭섭해 하지말고 여식(희수)이 좀더 크면 가족 해외여행을 하라고 함.

2월 21일 김상협 전 총리 사망
자유민주당(자민련) 김종필 창당
2월 25일 북한실세 오진우 인민무력부장 사망

3월 2일 사남·오남 아들(호민, 호찬)이 청운중학에 입학함.

3월 13일 김춘화 생신기념의 식사(인오가든)에 이금술, 김순남 등이 참석. 삼남이 구기동 10의 1 주택 및 토지를 기존에 분할등기하여 차남에게 노후에 올라와 살 수 있도록 명의를 이전한 사항에서 토지과다 보유세 등도 함께 생각했던 것이지만 차남이 자신에게 명의된 것을 빼달라하여 삼남은 윤기선이 자신의 명의로 당초 해 주었던 것이지만 아무런 댓가를 치룬 것이 없어 자신의 권리소유가 아닌 것인데 다시 명의를 빼라하면 누구에게 명도를 해주어야 하는가를 고심 끝에 삼남 자부에게 명의 취득을 시켜야 할 것 같다고 사남에게 부탁, 사남이 명의이전의 비용, 취득세·등록세 비용 등을 부담해가며 법무사 사무실에 의뢰, 소유권 명의를 삼남 자부명의로 4월 4일 행함.

삼남은 차남이 윤문 명의에서 변경된 것을 분노할지 모른다며 실상 구기동 7번지 토지는 윤기선이 사남에게 증여하다시피 국진건설(주)로 가등기해 주었던 것인데 사남이 형제 간 공유등기로 전환한 것의 미안함도 있지만 구기동 7번지 삼남 명의 공유지분은 차남 앞으로 인계한다는 확인서를 작성해 사남이 참석 동의의 인감을 첨부, 차남에게 건네토록 함.

4월 8일 구기동 10의 9 능금산장을 재차 개업하여 4월 16일 김춘화 등 전가족이 방문, 식사하며 환담함.

5월 5일 어린이 날 사남의 여식(희수)이 오빠(호민)와 함께 큰 집, 작은 집을 방문, 어린이날 선물 등을 받고 할머니댁인 김춘화를 방문하여 많은 선물을 받았다며 자랑해 김춘화는 큰 돈으로 축하 선물함.

5월 8일 어버이 날 전가족이 본가에 방문하여 가족식사를 함.

오남은 회사에서 태국출장을 5월 23~27일 갔다온다며 김춘화께 인사드림.

삼남 가족이 아이들 등·하교 등의 편의를 위해 거주했던 차남 소유명의의 삼진파크1차 가동 101호에서 강력히 퇴거해줄 것을 논제해 더 이상 생활거처로 머물 수 없다고 판단한 삼남이 이삿짐화물용차에 짐을 싣고 6월 9일 산집인 구기동 10의 1 주택으로 이동해 김춘화는 차남, 삼남의 갈등이 도를 넘는 차원으로 분개까지 함.

6월 5일 윤기선 생신제에 영주아주머니가 항상 잊지않고 떡을 해가지고 참석함.

6월 11일 효창공원에서의 광천면민회는 그동안 줄곧 참석해온 삼남 가족 전원이 불참한 속에 120여명의 면민들 참석하에 북에서 탈북 귀순한 인사가 북한 땅의 실정을 토로해 북한 땅의 처참한 실상을 가슴 아파함.

6월 21일 삼남 아들(호진)을 청운중에서 체육중학으로 전학시키고 학교 기숙사 생활을 하게 함.

오남은 김춘화가 풍기가 있고 오른쪽 팔, 다리에 부분적 마비증세가 있다며 오남 자부의 부축을 받으며 동네 한방의원에서 치료받았음을 형제들에게 논제하기도 함.

6월 29일 형제들이 김춘화를 방문, 상황을 지켜봤으나 문제없다 함.

7월 1일 지방정부 단체장 출범
삼풍백화점 붕괴, 24명 미화원 구출

차남은 근무해 왔던 대한통운(주)에서 통운택배를 신설, 직영점 소장을 발령내려는 것에 불만이 생겨 7월 18일 퇴직했다고 김춘화에게 언급해 계열사의 소장으로 발령나면 그곳에서 적응하며 근무할 생각은 안하고 무슨 퇴직을 하느냐고 묻자, 세무사 개업 준비 한다해 수긍함.

김춘화 댁의 입주도우미인 서울할머니를 그 가족들이 다시 모셨갔다해 생활전반이 불편할 것을 걱정한 차남과 삼남이 각각 본가인 김춘화 댁에 합류할 뜻을 비추자 차남은 세무사 개업준비를 위한 자금도 필요해 삼진파크 다동 205호를 전세처리하여 자금을 조성해야 한다며 7월 30일 김춘화의 묵시적 동의로 합류해 이동했고, 입주도우미가 사용한 방을 차남 여식(지영)이 사용하고 윤기선 생존에 연구실 등 서재로 사용했던 넓은 방을 차남 부부가 사용키로해 책상 및 서재 등은 지하층으로 옮김.

8월 17일 김춘화 주관으로 말복 가족식사를 행하고 김춘화는 차남이 회사를 퇴직해 피부양자 자격이 상실되어 오장동 국진빌딩이 개인 임대사업자로 되어 있어 의료보험을 개인으로 보험신고 함.

9월 3일 천안공원참배에 사남 여식(희수)이 첫인사 참배함.

10월 16일　　김영삼 대통령 캐나다, UN 출국

피난생활을 했던 부산 송정의 김영권 모친이 철도공무원으로 생활했던 남편의 타계 후에 서울을 방문, 여러 날 쉬다 가라하여 지난 세월 피란지에서의 생활 등을 얘기하면서 서로 눈시울을 붉혀가며 회한함(10월 19~23일).

김춘화의 본가에 합류해 생활하던 차남 자부가 시어머니인 김춘화와의 불화를 이유로 가출해 김춘화는 차남에게 더욱 냉정한 자세의 기류로 생활함.

11월 22일 삼남 여식(은영)이 대입수능고사를 봄.

12월 3일　　전두환 전 대통령 구속수감

12월 9일 차남 자부가 김춘화 댁을 방문, 사죄말씀을 올려 더 논제하지 않고 입주해 생활토록 했으나 차남 여식(지영)이 함께 가출했으면서도 돌아오지 않아 분개가 멈추지 않음.

사남은 삼·사·오남의 아들(호진, 호민, 호찬)과 동행, 인천바다에서 12월 10일 호준에 대한 회한의 진혼을 하고 왔음.

1996년

사남 아들(호민)이 할머니인 김춘화를 방문, 조선일보의 중학생 명예기자에 자신의 명단이 있다고 신문을 보여주며 자랑하여 제대로 된 기사를 써올려 보라 하며 축하촌지를 내줌.

삼남 여식(은영)이 삼남이 신청코자한 숙명여대전형을 반대하고 인천교대, 청주교대, 공주교대 등에 순차적으로 응시해 1월 13일 청주교대에 전형합격한 사실을 김춘화께 알리자, 자기 엄마가 살아온 학교 교사생활을 위한 것은 좋은데 청주까지 가서 학교를 다니려면 힘들지 않냐고 함. 삼남은 대학기숙사에 들어가면 될 듯 싶다해 안심을 시킴.

1월 19일 윤기선 7주기제에 영주아주머니·김순남 등이 참석함.

1월 21일 윤문 4형제가 천안공원을 참배함.

2월 13일 삼남 여식(은영)은 상명부속여고를 졸업하고, 사·오남 아들(호민, 호찬)은 청운중학을 2월 14일 졸업 후 3월에 경복고등학교에 입학함.

본가인 삼진파크2차 다동 206호의 김춘화 댁에서 가출한 차남의 여식(지영)이 2월 21일 동덕여대 졸업식에 참석하는가 하여 차·삼·사남이 학교를 방문했으나 졸업식에 얼굴을 내밀지 않아 사남이 학교에서 졸업증서, 앨범 등을 인수받은 후 차남이 허탈스런 마음을 가질까봐 삼남 주선으로 불광동 시장내 순대국집을 찾아가 위로주를 함께 함.

2월 24일 차남 여식(지영)이 본가에 귀가, 합류해 김춘화는 심한 역정을 내긴했지만 그간 외가 쪽에 있었다하여 마음 풀고 맞이함.

3월 2일 삼남은 여식(은영)이 청주교대 기숙사에 입소하지 못하게 되어 학교 인접한 자취방을 알아보고 서울에서 필요한 물품을 이동, 생활토록 조치했다고 김춘화께 전함.

3월 4일 대보름차례를 새벽에 올리고, 차남은 3월 8일 자신소유명의였던 삼진파크1차 가동 101호를 제3자에게 매매체결했다 하여 김춘화는 아쉬움을 가졌고, 3월 24일 제일부페에서 김춘화의 80세 생신 가족식사를 함.

4월 8일 오남이 오장동 국진빌딩 지하층 아람다방의 사업자(차남 자부의 친정동생 : 서×선)가 제3자에게 명도하는 과정에서 차남 자부가 권리금(시설 및 물품 등)을 받은 사항을 확인, 이를 소유명의자인 김춘화께 알려 강하게 항의해 김춘화는 사남을 불러들여 사남은 건물임대인은 임차인들끼리 권리명목의 권리금을 받는 여부를 관계할 사항이 아니므로 관계할 필요가 없다고 답하자, 김춘화와 오남은 차남 자부가 사남 자부의 친정언니(전선×)의 시설 및 물품대금을 지불하고 들어간 것이 아니라 사남이 권리명목 대금을 지불해 준 것 아니냐며 역정을 내, 사남은 지나간 과거 사업을 논할 필요없다며 차남 자부가 받았다는 권리금을 사남이 받아갈 사항은 아니라하자 오남은 차남 자부에게 권리금으로 받은 것을 제3자 다방계약 인수사에게 돌려주라며 그렇게 하지 않으면 임대차계약 명의를 변경시키지 않겠다하여 차남 자부는 제3세입자에게 반환처리하고 건물관리운영의 오남은 제3세입자에게 향후 퇴거시 권리금 행사를 없게 함. 이 상황으로 오남과 차남 자부는 물론 차남과의 관계도 극한 갈등으로 이어짐.

4월 20일 세입자 사업자 명의변경으로 종료.

4월 27일 사남 자부가 경복궁에서 꽃꽂이 전시회가 있다며 김춘화께 알려 김춘화는 차남·삼남·사남과 동행해 사남 자부의 꽃꽂이 전시를 구경함.

5월 24일 소림사에서 석존절 봉축에 가족들이 참석함.

5월 26일 용산가족공원에서 광천면민회에 참석함.

7월 22일 사남 여식(희수)의 만3세 생일상을 김춘화가 차리게해 식구들이 축하함.

삼남은 은평구 녹번동 사무실에서 퇴거를 결정해 사남이 처남(전×호)에게 인계받도록 조치하여 7월 31일에 삼남의 은평구 녹번동 사무실에서의 생활을 마감함.

9월 7일 차남이 서울 중구 퇴계로5가에 세무사사무실을 임차받아 개소식을 가졌으며 심우준 교수 등 지인들이 참석하여 축하하고, 삼·사·오남이 자금을 거출해 값비싼 휴대폰을 선물로 제공함. 김춘화는 개소식에 참석하지 않고 집에서 축하 인사함.

9월 15일 추석성묘에서 차남은 세무사개업 사실을 고함.

9월 18일　북한 무장간첩 강릉해안 상어급잠수함 침투(20명)

10월 12일 오남의 여식(가영)이 상명축제에 김춘화를 초대, 가족들이 동행하여 클라리넷 연주를 보며 축하·격려함.

사남이 김춘화를 방문, 자신이 처남(전×호)에게 인계한 국진건설(주)이 금융부도를 맞아 11월 25일 동 회사 고문직 수행을 그만두었다며 자신 스스로 여러 면면이 능력이 있으므로 향후 생활걱정 등은 하지 말라고 했으나 늦둥이(희수) 키우려면 많은 비용이 들어갈 것을 걱정함.

1997년

사남이 연례적으로 윤기선이 타계한 1월 7일, 8일을 회한하며 서울대병원을 다녀왔는데, 1989년처럼 병원파업을 행하며 농성하고 있음에 분개한다며 김춘화께 전언하자, 의료진이 파업농성하는 것을 차단하지 못하는 것은 정부탓이라고 함.

1989년 1월에도 파업을 행하여 환자들 치료에 등한시했음을 회상하며 그 시절을 떠올려 봄.

2월 21일 정월대보름 차례상을 올리고, 차남 여식(지영)이 3월 11일 덴마크로 출국하고 3월 22일 귀국함.

3월 하순 차남 여식(지영)을 혼처로 마음에 둔 집안 어른들이 김춘화의 삼진파크2차 다동 206호에 여러 고급선물 등를 가져와 인사하러오자, 아직 그 어떤 결정할 단계도 아니고 위에 언니가 있어 당장 그 어떤 혼사에 응할 사항이 아니라며 가져온 선물 등을 되돌려 보내고, 방문한 삼남에게 고급승용차를 몰고 와서 우쭐거리는 듯 행사한 것이 마음에 들지 않을 뿐 아니라 격식조차 갖추지 못했다고 언급함.

김춘화가 차남 여식(지영)에게 교재하던 남친 집을 방문했느냐고 물으니, 남친이 교재하는 여친을 집에 꼭 데려오라 했다고 하여 집을 방문한 적이 있으며 단독주택의 넓은 정원으로 주택 내부는 대리석 바닥 등 고급자재들로 되어 있다면서 상당한 재력을 가진 것 같이 보이긴 했지만, 묻는 말에 아버지는 세무사이고 집안관계 얘기를 했으나 절대적인 결혼관계까지 생각하진 않았다며 집안이 반대한다면 그렇게 하겠다고 했음.

4월 9일 김춘화는 집에 방문한 사남에게 며칠간 방문하지 않아 무슨 일이 있는가 생각했다며 자신 스스로 잘못한 것은 사남의 큰 아들(호준)을 차남의 양자로 입적시키게해 불의의 교통사고로 잃게한 것이 아닌가를 마음아파 했으며 늦은 나이임에도 아이를 가지라하여 늦둥이 여식(희수)을 갖게한 것이 노후의 삶에 성장시키려면 많은 정신적·경제적

어려움이 발생할 수 있을 것을 생각지 못했다며 미안스런 마음이 든다고 함. 사남은 이남에서 장자격인 차남이 대를 이어갈 아들이 없음을 생전의 윤기선과 더불어 걱정했던 것에 윤문혈손에서 방향을 따라감이 어쩔수 없는 일로 사남은 자부의 동의 등을 무시한채 행한 것이 미안하긴 했지만, 모친인 김춘화가 마음아파하시지 말라며 어쩔 수 없게 된 지난날이라 되뇌이지 말라고 하자, 차남의 명운에 아들복은 없다했던 철학관의 말을 망각했던 것 같다며 다시 눈물을 글썽거림.

생활사정이 힘들게 되면 늦둥이 여식(희수)을 가지라 했던 점도 있어 오장동 국진빌딩 1층에서 월세받는 것을 매월 줄테니 앞으로 늦둥이의 학비 등 전반에 대해 사용하라고 하자, 지금은 움직일 수 있는 여력이 있다며 그런 걱정하지 말고 여유있는 생활하시라며 손사래를 쳐 김춘화는 행여 내가 잘못될 때에는 분명한 의사를 확인시켜주어야 한다며 문서를 작성케 하고 인감을 날인하겠다고 하심. 사남은 이마저도 거역해버리면 마음이 편치않아 하실 것 같아 그렇게 형식적으로 확인서를 받아놓고, 김춘화 거주의 삼진파크2차 다동 206호에 대해서도 언급하려하자 사남은 지금 세상을 떠나실 것처럼 자꾸 그렇게 말씀하시냐며 멈추게해 김춘화는 이의 사항을 오남을 불러 분명히 언급하겠다고 하심.

4월 25일 삼남 자부가 향후 교감 승진 등을 위한 미국연수차 출국한다며 인사 와 잘 다녀오라 하였고, 삼남 자부는 5월 17일 귀국함.

5월 4일 차남 생일에 새로 생긴 설악냉면집이 잘한다하여 그곳에서 가족들 함께 모여 식사함.

김춘화는 차남이 국진빌딩의 관리위탁을 자신에게 달라하자 장남인 윤국진 내지는 그 혈육이 있으면 합당하게 "국진빌딩" 명명처럼 관리운영, 위탁받은 오남이 사남 중재하에 오남이 인계해 줄 것임을 확신하는 바 더 이상 논제하지 말라고 언명하며, 이남에서 나름대로 맏이 역할로 동생들 잘 추슬러 우애깊고 화목하게 움직일 생각없이 술을 마시고 늦게 귀가하면서 같은 말을 반복케 하느냐며 언사를 높이자, 같이 생활하는 것을 마감하고 떠나겠다 함.

김춘화는 차남 가족들이 떠나고 난 이후 수발해 줄 도우미없이 끼니를 손수 해결하며 생활하던 중 삼남 자부가 방문함. 학부형 중 약국하는 분이 있어 김춘화께서 머리 아플 때마다 즐겨 드시는 판피린을 구해달라해, 삼남 자부가 이를 구입해 전달해 주는 과정에서 현관문 앞에 판피린 상자병 2개를 밀쳐놓고, 신발도 벗지 않은채 가버려 판피린 몇 병이 깨진 것을 보고 김춘화는 화가 치밀어 삼남 방문 시 정신자세가 잘못된 것이라며 언성을 높이자 삼남은 알겠다하고 귀가하여 한바탕 훈육했다며 마음을 달램.

김춘화는 삼남에게 북한과의 서신 왕래를 중국 조선족 교포를 통해 받아보고 있는데 왜 이후 소식이 없냐고 묻자, 북한 쪽의 보안사항이 심해진 것인지 연락이 끊겼다 함.

차남 가족이 떠난 이후 끼니를 손수 챙기는 상황에서 오남 자부가 수시로 음식을 만들어 친근감을 표시함.

김춘화는 자주 방문하는 삼남에게 아이들끼리 사촌 간이지만 혈육이 없는 점을 감안, 시간이 닿으면 우애를 갖게 하라고 함. 7월 31일 삼남은 사·오남의 아이들을 함께 낚시에 참여시킴.

8월 6일　　대한항공기 괌 추락 대형사고

8월 17일 백중일에 김춘화가 종전에 다녔던 사찰 소림사가 아닌 구기동의 불심원으로 가족들을 모아 천도기도를 올리게해 사남이 오남에게 이유를 물었으나 모른다고 함.

5월 10일 단천군 광천면민회에서 차남을 명예면장으로 선출하여 함남지사 및 단천군 명예군수로부터 위촉장을 받아 김춘화는 윤기선의 단천군 명예군수 역임이후 윤문혈손의 북에 대한 고향일을 나름대로 할 수 있게 된 점을 축하·격려·감사함.

5월 25일 삼남은 자신이 발견했다는 북한산자락의 구기동 10의1 뒤편 산에 함께 가보자하여 김춘화는 집 마당에서 쉬고, 형제들이 방문하여 그곳을 "한스굴"로 칭함.

6월 2일 차남 자녀(지영)가 모피회사인 진도에 출근을 시작함.

6월 8일 부암동 부익아트홀의 향상음악회에서 오남 여식(가영)의 클라리넷연주 감상을 위해 전 가족이 김춘화 인솔로 방문하고, 사남의 여식(희수)이 꽃다발을 단상까지 올라가 전함.

6월 22일　김영삼 대통령 멕시코 출국
6월 24일　자민련 전당대회(김종필 대선후보 선출)
7월　1일　홍콩, 중국에 반환
7월　3일　성수대교 재개통(2년 8개월)

7월 17일 삼진파크2차 단지에 김춘화가 건립했던 정자에서 가족들이 모여 초복식사로 논담함.

7월 21일　신한국당 전당대회(이회창 대선후보 선출)

차남은 평화통일자문위원(평통위)으로 위촉 활동함.

김춘화는 함께 거주생활하는 삼진파크2차 다동 206호에서 차남 자부와 잦은 불협화음으로 심기가 편치않아 하던 중, 차남이 오장동 국진빌딩의 관리운영권을 오남으로 부터 자신에게로 옮겨달라며 계속 압박성 성화를 일으켜 김춘화는 그 빌딩을 건축하며 증여세까지도 자납했던 사남이 막내인 오남이 향후 관리운영하는 것이 좋겠다는 의사를 표시해 형제들을 불러 앉혀 오장동 국진빌딩의 관리운영을 사남에게서 오남으로 하겠다고 언명하자, 사남이 곧바로 그 어떤 이의도 달지 않고 인계해 주었던 것인데 이왕 정해놓은 것을 번복할 이유도 없고 후일 삶이 마감되면 나이가 제일 적으니 북에서 생존여부도 불투명하지만 윤문을 위해 잘 관리할 수 있으리라 본다며 더는 언급하지 말라 함.

9월 11일 추석 성묘를 위해 윤문4형제가 천안공원에서 참배하고 차남은 김춘화의 심기불편으로 본댁에 들르지 않음.

10월 7일 신한국당 강삼재, 김대중 비자금 670억 비리 공표 파문

10월 18일 월드컵 아시아 최종예선(프랑스 월드컵 진출 확정)

11월 3일 D. JP 단일후보 성명 발표

김춘화는 혼자 생활해 가는 전반 사항에서 자주 손주들이 방문하고 자녀들이 방문해 논담을 가졌지만, 밤에 외롭기도 하고 손수 끼니를 해결하기가 여러 면에서 불편하다며 삼진파크2차 다동 105호에서 입주도우미로 면면을 알고 있었던 아주머니를 생활 수발을 들게 한다며 입주시켜 생활함.

11월 14일 이북의 시부 윤극영의 생신제를 삼남이 거주하는 구기동 10의 1(산집주택)에서 전가족이 참석하여 독려했으나 차남 가족들은 불참함.

사남은 큰아들(호준)의 7주기에 삼남·오남 아들과 함께 새벽에 소림사에서 참배하고, 11월 16일 인천유람선을 이용하여 함께 진혼했다고 김춘화께 전함. 삼남·오남의 아이들이 그래도 사촌형인 호준에 대한 마음의 예의는 다하는 것이 우애가 깊어 좋다고 하심.

11월 18일 김춘화는 다음날 오남의 여식(가영)이 대입 수능일이라 수능시험을 보고난 후 방문하게 되면 사골탕이라도 뜨끈하게 먹이겠다며 입주도우미를 시켜 끓여놓게 하고, 시식 겸 고기를 과다하게 식사하고 취침에 들었는데, 11월 19일 새벽에 잠이 깨어 TV를 보시던 김춘화의 모습이 보이지 않아 입주아주머니가 07시 30분경 안방문을 열어보니 이곳저곳에 토해놓고 쓰러져 있어 급한 사항에 바로 옆집인 삼진파크 다동 205호에 가서 차남에게 김춘화가 쓰러져 있음을 설명, 급히 확인사항에서 의식이 없음을 알고 삼·사남에게 연락을 취해 방문한 삼·사남은 차남에게 "119에 먼저 연락 취하지 않고 뭐하고 있었느냐"며 언성을 높여 바로 119에 신고, 응급차가 도착되어 강북삼성병원으로 응급 이송함.

오남은 여식(가영)을 대입수능장에 데려다주고 난 후 합류, 강북삼성병원 응급실에서 응급의는 계속 의식을 회복하지 못하는 김춘화의 뇌단파수술을 제안, 보호자 확인 서명을 받고 수술을 시행함. 경과를 지켜봐야 한다며 중환자실로 이송해 치료, 지정된 면회시간에 하루 두 번의 면회시에도 김춘화는 의식을 회복하지 못하고 여러 날을 의식불명으로 의료기기에 의존함.

10장 국가 재정긴축(IMF) 세월

11월 21일　정부, 긴급지원을 IMF에 신청했음을 긴급회견으로 발표

11월 22일 차남 여식(지영)이 일본에서 해외출장 귀국 후 병원 면회함.

11월 24일 김춘화의 목부분 단면수술 후 의식을 회복했으나 말을 하지 못하고, 오른쪽 팔과 다리에 마비증세로 눈으로 의사표시만 함.

일반병실로 옮긴 이후 담당주치의는 입원기간이 길어질 수 있다고 표명. 윤문 형제 및 자부들이 주·야간 교대로 입원실에서 간병 치료에 임함.

삼남은 구기동 10의 9 단독주택부지상에 종전 공동운영한 지인 김×웅과의 불협화음(구기동 하천부지의 사용명의 거론 등) 끝에 퇴거시킨 후 수선작업 중 12월 17일 타일업자 사고발생에 응급처치하는 등 고난을 겪음.

12월 18일　대통령 선거(김대중 당선)

12월 22일 김춘화의 상태가 좋지 않아 혼수상태 속에 재차 중환자실로 이송해 면회시간에 맞춰 형제, 자부들이 면회.

윤기선의 9주기제를 김춘화의 병원입원 관계로 생략함.

1998년

1월 3일 윤문형제들이 함께한 자리에서 각자의 생활리듬이 깨지고 있는 점을 깊이 생각해야할 장기입원 사항을 대처키 위해 IMF 사태로 경제난에 힘든 상황이지만 오장동 국진빌딩의 임대수익금을 김춘화께 고정적으로 전달할 수 없는 상황에서 월세수익금을 고정 간병인 급여비용으로 처리하자며 삼남이 제의하자, 오남은 그 사항은 김춘화가 퇴원하시면 드려야하는 월세이므로 불가하다하여 사남이 형제들이 각각 십시일반으로 취합해 간병인 급여에 사용하고, 병원 입원비 또한 그렇게 하자고 제의해 차남과 삼남이 못마땅한 표정을 지었으나 자녀들 분담사용을 역설, 불가분 이를 동의함.

사남 자부가 병원 원무과, 간호병동 등에 수소문하여 간병인을 지정, 일요일 18시부터 계속 주·야 근무하고 토요일 정오까지 근무하는 주급형태로 간병비를 지급하고, 토요일 정오부터 일요일 18시까지는 형제간 순번에 의해 간병당직하기로 결정함.

1월 19일 차남은 프랑스에 유학 중인 여식(소영)의 결혼을 발표해 형제간 난해한 상황에서 1월 18일 결혼청첩장과 프랑스인 신랑 사진을 공개해 삼·사남이 상당히 분개함.

1월 28일 설날 모든 것의 행사 또한 생략하고, 1월 29일 김춘화는 위증한 상태로 다시 중환자실로 이동하고, 오남 여식(가영)이 중앙대 음대 관현학과에 합격 소식을 1월 30일 전언받아 축하함.

2월 6일　　동계올림픽 개최

2월 13일 오남 여식(가영)의 상명여고 졸업식이 오전에 있었고, 사남

아들(호민)과 오남 아들(호찬)의 청운중학교 졸업식이 오후에 있어 아이들과 병원 방문 후 응암동 돼지갈비집에서 식사 축하함.

2월 25일 차남과 차남 자부가 3월 7일 거행된다는 여식(소영) 결혼식을 위해 프랑스를 일방적으로 출국해 삼·사남이 김춘화의 병원 입원 상황속에 결혼을 미루지 않고 강행하는 것을 매우 언짢아 성토하며 김춘화의 위증상황은 없어야 한다며 마음을 숙려함. 차남과 차남 자부는 3월 11일 귀국함.

3월 11일 김춘화 생신일에 가족들 축하인사차 방문하며 다소 의식을 차리고 일반병실에서 가료상태에 있음.

3월 13일 사남의 처남(전×호, 이×우)이 국진건설 및 관계 석명건설(주) 등의 여러 문제 사건으로 서울중앙지검에서 긴급체포 수감됨.

3월 18일 오남이 회사의 미국출장에서 3월 25일 귀국함.

김춘화는 코 호수줄을 이용, 미음 등의 음식을 섭취하며 다소 호전상태가 됨.

4월 4일 삼남은 계속 방치시킬 수 없는 계절 장사를 이유로 능금산장 수선을 마치고 오픈한 후 4월 6일 형제들이 천안공원 성묘함.

차남은 김춘화가 거주생활한 삼진파크 2차 다동 206호의 현관 앞에 테이프를 붙여 출입을 통제케해 4월 10일 이같은 사실을 확인한 삼남은 차남에게 항의하며 테이프 등을 제거해 차남과 삼남의 갈등이 연출되고 오남은 오장동 국진빌딩의 대수선공사를 한다며 4층의 세입자인 ×××을 4월 15일 퇴거시켜 전층을 공실화함.

사남은 구속 수감 중인 처남 전×호와 이×우의 보석을 위해 변호인을 통해 4월 17일 신청 탄원하여 4월 20일 보석 석방시킴.

윤홍률 부부가 여식의 결혼소식 청첩장을 갖고 문병 겸 김춘화를 방문해 말을 하지 못한채 눈빛으로 반겨함(4월 19일).

사남은 석존절인 5월 3일 조계종 소림사를 방문 김춘화의 쾌유 퇴원을 기도함.

5월 5일 사남은 여식(희수)을 데리고 병원을 방문, 김춘화는 눈빛으로 반기며 왼손으로 가까이 오라며 눈물 흘리며 오래 머물다 가라고 손짓했으나 어린나이에 병원에 오래 머무는 것은 문제가 있다고 생각되어 돌아가야 한다는 언사를 하자 서운한 표정으로 오래 오래 늦둥이 손녀(희수)의 손을 놓아주지 않음.

5월 8일 사남은 간병인이 많은 수고를 한다며 과실을 전해주고 돌아간 후 오남이 카네이션을 갖고 김춘화께 달아주며 쾌유하길 기원드림.

5월 20일 김춘화의 상태가 갑자기 심각해져 중환자실로 이동, 저녁시간 회사에서 퇴근한 오남 혼자 의식이 없는 김춘화를 중환자실 면회시간에 방문하고 귀가함.

5월 21일(음 4월 26일) 새벽 강북삼성병원에서 긴급연락, 새벽 4시경 김춘화의 타계하심을 알려와 윤문형제들 급히 병원으로가 타계를 확인함.

사형제 모두는 중환자실, 일반병실을 오가며 치료받고 있는 김춘화의 위증상황을 인식하지 못한채 안일한 생각을 갖고 중환자실에서 다시 일반병실로 이동하리라는 생각만 갖고 중환자실 주변 보호자 대기실에서 밤샘하며 머물지 않은채 개별적 생활을 하며 임종조차 그 누구 하나 지켜드리지 못한 불효함을 마음속 가득한 통곡 속에 사죄하기에 이름. 윤문 형제들 각기 고향 사람들, 지인들에게 부음 소식을 알려 부친 윤기선과 의형제처럼 지냈던 심우준 교수 부부와 딸(영희)은 갑작스런 비보에 오열을, 그리고 해방 후 충무로5가 집에서 피난생활 이후 함께 생활했던 고향분들의 문상이 이어지는 가운데 조계종 소림사 주지 스님의 불경낭송 등으로 5월 23일 강북삼성병원에서 발인 후 오랜 세월 거주하고 생활했던 충무로, 오장동을 거쳐 운구는 천안공원 부친 윤기선의 묘소에 함께 합장함.

삼남은 삼오제를 전후해 비석을 재정비하고 5월 27일 7·1제를 시작으로 매주 기제를 행하며 7월 8일 49제를 조계종 소림사에서 행할 때는 장례에 참석치 못한 차남의 여식(소영, 지영)이 프랑스에서 귀국해 함께 천도제를 가짐. 사남과 오남은 김춘화의 거처였던 세검정 삼진파크2차 다동 206호에서 생전에 착용하셨던 의류품을 구기동 10의 1 뒷산 소각터에서 하늘에 올려드리고, 남·북 통일 내지는 고향 방문 교류를 위해 북에 계신 시부모 등께 선물하려던 선물 등과 평시 보존 관리해 오던 주요 물품을 사남이 윤기선의 유품 보존장소인 서울 중구 오장동 국진빌딩 옥탑층에 함께 보존하며 부친의 아호를 딴 약천기념관 설립시 유품 등을 정리 진열코자 진중으로 임하고, 형제들 모두가 그리도 가보려 했던 고향산천 함경남도 단천을, 그리도 보고싶어 하셨던 북의 혈육을 만나지 못한채 영면에 드신 두 분 어른 윤기선, 김춘화의 한스럽고 통분스러움을 하늘에 고함.

김춘화의 천도제를 마친 후 이남 땅에서 성장한 사형제의 회합에서 일가친척 하나 없는 이남 땅에 정착한 양친께서 혈연 간 단합과 화합을 위해 모든 정성을 다하셨던 깊은 뜻을 기려 윤문후손으로 각자 주어진 사회구성원으로의 인생 행로를 충실히 하는 반면에

차남은 평통자문위원으로, 단천군 광천면 명예면장으로 양친께서 그리도 가보고 싶어하며 평생을 혈족 만남을 기원하셨던 미수복지구 단천을 향한 애향의 일들을 성심을 다해 행하고,

삼남은 조부께서 대한독립의 초석으로 설립 운영한 보현의 숙 복교준비와 부친 윤기선께서 평생 해오신 해운관계의 행로를 보답하는 차원에서 부친 아호를 딴 약천해우장학회를 설립운영키로 하고,

사남은 양친을 비롯한 선친, 혈족에 대한 유품을 관리 보존할 수 있는 기념관적 공간을 조성, 후대로 이어질 수 있게 준비를 갖는 반면 윤기선의 생애흔적을 시대별로 묶음하는 약천집을 만들고 양친께서 살아오신 격동의 세월을 자서전을 대리해 집필 출간키로 하고,

오남은 북에 남겨둔 장남 윤국진이 생존하거나 생존하지 못한 경우 그 슬하의 혈육내지는 인척들을 보듬키 위해 김춘화께서 위탁 관리시킨 장남명의 국진빌딩의 관리 수입재정 일부를 적립시켜 배려토록 하고 양친의 묘소를 천안공원묘원에서 북쪽에 가까운 지역으로 이장하여 혈육 자손들이 수시로 참배할 수 있도록 하고,

한반도가 남·북한이 통일로 이어지지 못한다 해도 남·북 교류의 통행이 이어진다면, 함남 단천에서 모친과 차남을 남하시키고 장남 윤국진과 함께 생활하셨던 증조모, 조부모를 모셔왔다는 인척에게 최대한

의 보은을 다하고, 선친들 묘소를 참배, 양친께서 남한 땅에서 망향의 한을 갖고 생활해 오신 모든 것을 고해 올리고 선친들의 넋을 위로드리는 향을 사르고, 혈연 간 그 어떤 분열없이 함께 화합하기를 다짐하자며 차남이 삼남에게 문서 작성을 요청해 삼남이 형제 간의 다짐이라는 "윤문약서" 제명하에 자필서명과 인감까지 날인, 문서공증까지 강행시키려 했으나 삼남이 형제 간의 약속을 공증까지 할 필요없다고 함. 사남 또한 모친(김춘화)명의 재산에 대한 상속포기를 서울가정법원에서 확정받았음을 확인시키고, 양친께서 망향의 세월을 살아가시면서 일가친척 하나없는 남한 땅에서, 혈육 간 화합을 당부하며 가훈으로 의리를 바탕으로 자연을 사랑하며, 성실하게 살도록을 주창한 것은 향후 남·북 교류시 북한지역 혈육에 대해 함께 온유하라는 깊은 뜻을 포함하고 있는 것이므로, 형제 간 합의사항을 법적문서공증행위로 가름할 수 없다해 이를 약속한 후 형제 간 화합을 최우선으로 향후 모든 것을 답해주길 바랬으나 ……………………………………………………………………………

……………………………………………………………………………………

……………………………………………………………………………………

……………………………………………………………………………………

……………………………………………………………………………………

……………………………………………………………………………………

……………………………………………………………………………………

……………………………………………………………………………………

……………………………………………………………………………………

……………………………………………………………………………………

……………………………………………………………………………………!

〈이후 북한 땅의 동향〉

1. 북한 혈족의 동향은 1992년 12월까지 중국 국적의 조선족 동포를 중개로 우편을 받았으나 이후 어떤 상황이 북한 측에서 경계된 것인지 더는 우편 연결이 없었으며,
2. 장남 윤국진은 청진전투(?)에서 사망 추정언급이 있었으나 북한은 납골 형태가 아닌 매장의 산소를 치루고 있음에 묘소조차 밝히지 않고있어 사망여부 사실을 추정하기 쉽지 않음.

〈이후 남한 땅의 동향〉

1. 차남은 약간의 기억장애증상을 보이며 거동불편 중 2016년 11월 8일 국립의료원에서 체증으로 타계
   차남 자부(서××) 2008년 6월 30일 체증으로 타계
1. 삼남은 암투병치료 중 2005년 2월 2일 세브란스병원서 타계
1. 현재 윤기선, 김춘화 슬하의 생존자녀
   - ㅇ사남(건설회사 고문역임 후 시민사회단체 활동)
   - ㅇ오남(대한항공 퇴직 후 항공운송중개업 및 부동산 임대업)
   - ㅇ영미(미국이민 주립대 의대교수 및 부설병원 외과전문의)
     - ◇차남 큰 여식(소영) 프랑스 소르본느대 불어학 박사, 동덕여대 강의
     - ◇차남 둘째 여식(지영) 프랑스 유학 의상패션(부군, 경향신문 선임기자)

◇삼남 자부(장××) 초등교 교장 퇴직, 삼남과 사별 후 재혼해 윤문가를 떠남.

삼남 여식(은영) 초등교 교사, 아들(호진) 북경체대 대학원, 체육회산하 연구소 근무

◇사남 자부(전××) 사회복지사로 요양시설 근무, 아들(호민) 한국외대 대학원(법학), 해군장교전역, 경희대 경영학박사, 삼성그룹계열 경제연구소 근무

사남 여식(희수) 성균관대 정외과, 서강대 대학원(북한학), 청와대 근무, 성균관대연구소 및 박사과정 재학

◇오남 자부(고××) 서울 종로 등지에서 사업, 여식(가영) 중대 음악대, 독일 유학, 관현악 종사. 아들(호찬) 일본유학, 애니메이션 종사

〈고향 관계인사 동향〉

1. 윤기선과 의형제로 지낸 심우준 교수는 지병으로 2005년 12월 4일 타계
1. 김춘화와 동락한 이금술(심우준 처) 2016년 2월 2일 타계
1. 현재 심우준, 이금술의 자녀

◇장녀(영희) 교통부 퇴직 후 가사

◇장남(철수) 한국전기전자시험연구원 중국지사장 퇴직 후 귀농

◇차남(철호) 상지대학 교수(화학공학 박사) 퇴직 후 명예교수

◇삼남(철기) 한국전력(주) 차장 퇴직 후 감리 종사

1. 현재 김창락의 자녀
   상숙·명숙·은숙·경숙 자매는 가사
1. 충무로5가 18번지에서 함께 동락한 염성규(정관장 대리점 사업주) 모친 2016년 3월 10일 타계
1. 김인환 부자 등 충무로에 함께 거주했던 단천군 고향의 실향민(어르신) 다수가 타계

부 록

1. 약천 추모 회환
   - 최영희 전 국방장관 및 유정회 2기 의장
   - 조진형 도선사협회 전무이사
2. 약천 훈장, 표창장, 감사장
   - 6·25사변 종군기장
   - 녹조소성 훈장
   - 황조근정 훈장
   - 대통령, 교통부장관 표창장
   - 석탄공사 감사장
3. 약천 임명장 및 위촉장
   - 사무관 서기관 임용
   - 문교부실업교육 기초위원
   - 해무청 해운국장
   - 중앙해난심판위원장 임용
   - 해운선원정책 논문심사위원 위촉장
   - 중앙해심참심원 위촉장
   - 함남 단천군 명예군수 위촉장
   - 항만자문위원 위촉장
   - 국회전문위원 임용
   - 박정희 대통령 취임 초청장
   - 신한민주당 국회의원 전국구후보 추천승낙서
   - 신한민주당 헌법개정기획위원 임명장
   - 정당지구당 등록증
4. 약천 졸업장 및 수료증
   - 경성대(서울대전신) 법문학부 졸업
   - 동경전수대 법학부 졸업증서
   - 서울대 대학원 정치학, 서울대 행정대학원 졸업 학위증
   - 일본 갑종간부(공병) 졸업증서
   - 미 아메리카대학 수료증
   - 국방연구원/고급공무원 소정과정 수료증
   - 새마을교육지도자과정 수료증
5. 약천 저서 및 논문
   - 한국해운 25년사
   - 국토배가확장론
   - 해양입법고찰
6. 약천 창작시 및 수필
   - 불효의 갓
   - 두고온 산하
   - 잃어버린 고향
   - 북으로 머리둔 뙬이
   - 노루의 죽음
   - 가훈
7. 남한땅 주거지역 전경 外 사진
8. 약천 기념사진
9. 김춘화 기념 및 가족사진

윤기선(아호 : 약천) 추모 서한

○ 일제강점기 일본대학 및 학병동기 최영희(전 국방장관), 한국도선사협회 조진형 전무이사의 추모서한은 별도로 보존상태에서 발견해 발췌했으며

○ 윤기선과 의형제로 지냈던 심우준(전 중앙대 교수)과 김후겸(전 제주대학장), 이민우(전 신한민주당 총재), 김시형(전 일동토기 공장장), 정해영(대학원 동창, 국회의원), 동태운(전 함남 단천군 명예군수) 등을 비롯한 20여 명의 추모서한과 윤문의 손자들이 회상하며 작성된 서한은 삼남이 투병기간 중 유품보존 장소에서 인출받아 살펴보고 투병으로 타계한 후 유품 보존관리자인 사남이 삼남 자부에게 돌려 달라하였으나 돌려주지 않은채 일방적으로 폐기처분해버려 싣지 못하게 되었음.

본 적	서울 ~~鍾路区 敦義洞 176~~	원 적	서울 鍾路区 敦義洞 176
주 소	서울 江南区 論峴洞	전화NO	自. 547-1131
성 명(한자)	崔榮喜 ( )	생년월일	1921. 3月 1日
직 업	현 직 : 韓國地域社会福祉協会		
	전직주요 경 력 : 陸軍参謀總長 7.8.9.10代 國会議員 國防部長官 國会國防外務分科委員長		
출 신 학 교	徽文中学校. 專修大学 法学部 卒業		

알게된 동기및 친교 사항 :

大学同窓으로서 알게됨
同窓会関係로 每年 보았는 것은.
國会議員 당시 수시로 접촉했었음

친교과정에서 기억에 남는 특징적 사항 :

恒常 大学 시절서부터 그는 손에서 冊을 논적이 없고 学究的이며 博識하고 겸양하여 親旧들로부터 尊敬과 信頼를 받아 왔으며 親近感이 있어서 많은 親旧와 어울여 中心的인 位置에 있어서 話談에 進行을 鈞導하였음

추모책자 발간에 대한 도움말 :

약천 윤기선 선생의 一生은 모든사람들에 対한 生涯에 많은 教訓과 感銘을 주는 言行에 対해 記録해 논 것으로서 後世에 人生指針을 깨쳐주고 國家와 ~~社会~~ 民族에 뜻있는 일을 하게 할 것으로 믿고 있음

유 가족, 자녀에게 들려주고 싶은 말 :

약천(家親)은 겸양하고 正直 剛直하여 선비로서에 氣品을 간직하고 恒常 國家와 民族 將來를 생각해 왔으므로 그에 높은 뜻을 받드러 後孫들은 그에 못지 안는 愛國愛族 하는 마음으로 努力하기를 바랍니다

특정 사연, 추억담 :

東京 유학시절 大東亜戰争 발기에 日本이 美國에게 宣戰布告를 하는 날 學校에서 약천은 우리들 同友들에게 말하기를 日本은 이제는 했다고 기뻐하며 韓國의 獨立이 멀지 안었다고 予言하든 생각이 생생하며 韓國의 將來에 대해 時間가는 줄도 모르게 서로 이야기한 적이 있었다 國会在職中에는 國会運営에 대해 非能率的인 運営方法에 대해 恒常 建議와 討論을 서슴치 않았었다

본적	경기도 포천군 신북면 가채리	원적	좌동
주소	서울 은평구 갈현동 12-488	전화NO	386-7022
성명(한자)	조진형 (趙鎭衡)	생년월일	1937. 6. 13
직업	현직 : 韓國導船士協會 專務理事		
	전직주요경력 : 陸軍中領 예편 (20년) 海運港灣廳 비서실장 및 비상계획관장 (7년)		
출신학교	고려대학교 경제과 4년 졸업		

알게된 동기 및 친교사항 :

1980년초 해운항만청 근무시 약천 선생님의 존함과 그 명성을 자주 들어 알게 되었으며 약7년 도선사협회 전무로 부임, 선생님 고문으로 모시게 되어 그 년여 간을 매일 접촉 좋은 말씀과 옛날 경험하신 많은 말씀을 들을 기회가 많았고 또 많은 일(협회)을 함께하며 자문을 받아 원활했을 때의 고마움과 존경심은 잊을 수 없음.

친교과정에서 기억에 나는 특징적 사항 :

약천 선생님은 우선 남달리 온화하시고, 근엄하시며, 본인 스스로 주장하시는 근면성, 성실성, 끝을 보고야 마는 추진력과 실천력이 함께하신 귀감적인 관료적 스타일로, 말씀 하나하나가 모두 교훈이 있음. 또한 검소한 생활신조는 감탄할 정도로 정도에 어긋남이 없이 못다 배움이 한이 될 정도임. 또한 별 개정시 글자 하나하나를 오려 붙여 만드시는 노익장과 항시 명랑하신 모습은

추모책자 발간에 대한 도움말 : 영원히 잊혀지지 않을 것이며 도선사협회에 남기신 업적은(숨은) 대단하다고 칭송됨,

이렇게 훌륭한 인물을 그 후손들이 이루어 보려는 용의와 실행을 진심으로 경하하며 박수를 들어 격려드립니다.

우리 이루려는 사업이 성공적으로 완성되어 기리 남기를 빕니다.

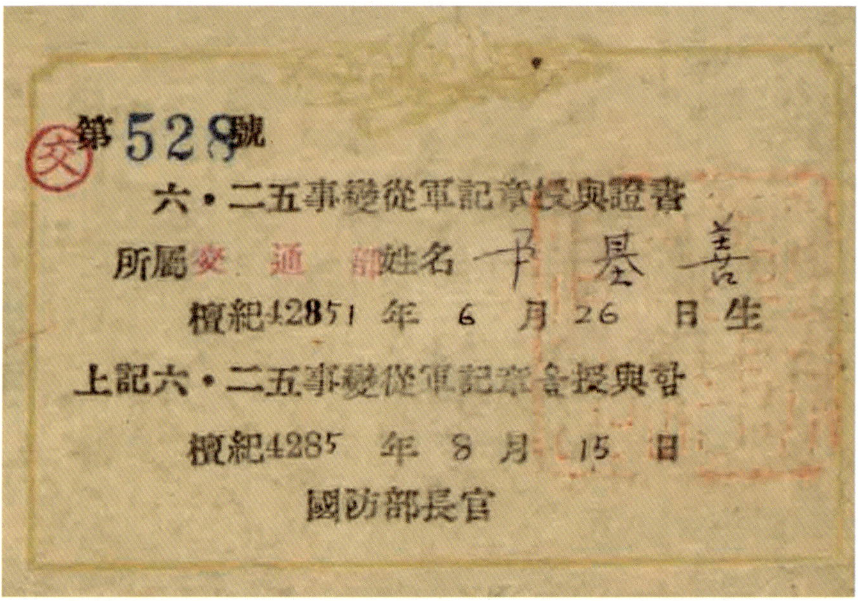
第528號

六・二五事變從軍記章授與證書

所屬 交通部 姓名 卞基善

檀紀42851 年 6 月 26 日生

上記六・二五事變從軍記章을授與함

檀紀4285 年 8 月 15 日

國防部長官

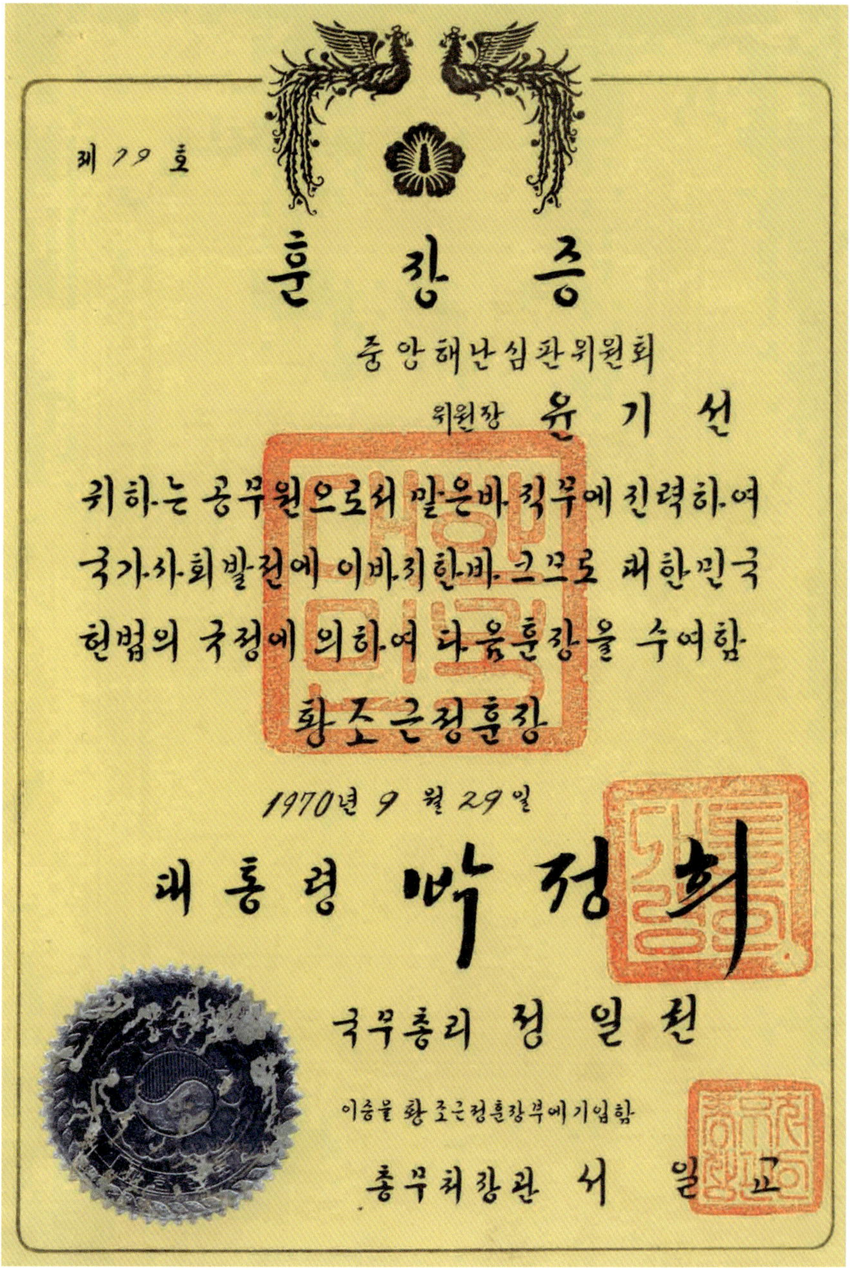

제 79 호

훈 장 증

중앙해난심판위원회

위원장 윤 기 선

귀하는 공무원으로서 맡은바 직무에 진력하여 국가사회발전에 이바지한 바 크므로 대한민국 헌법의 규정에 의하여 다음 훈장을 수여함

황조근정훈장

1970년 9 월 29 일

대 통 령 박 정 희

국무총리 정 일 권

이증을 황조근정훈장부에 기입함

총무처장관 서 일 교

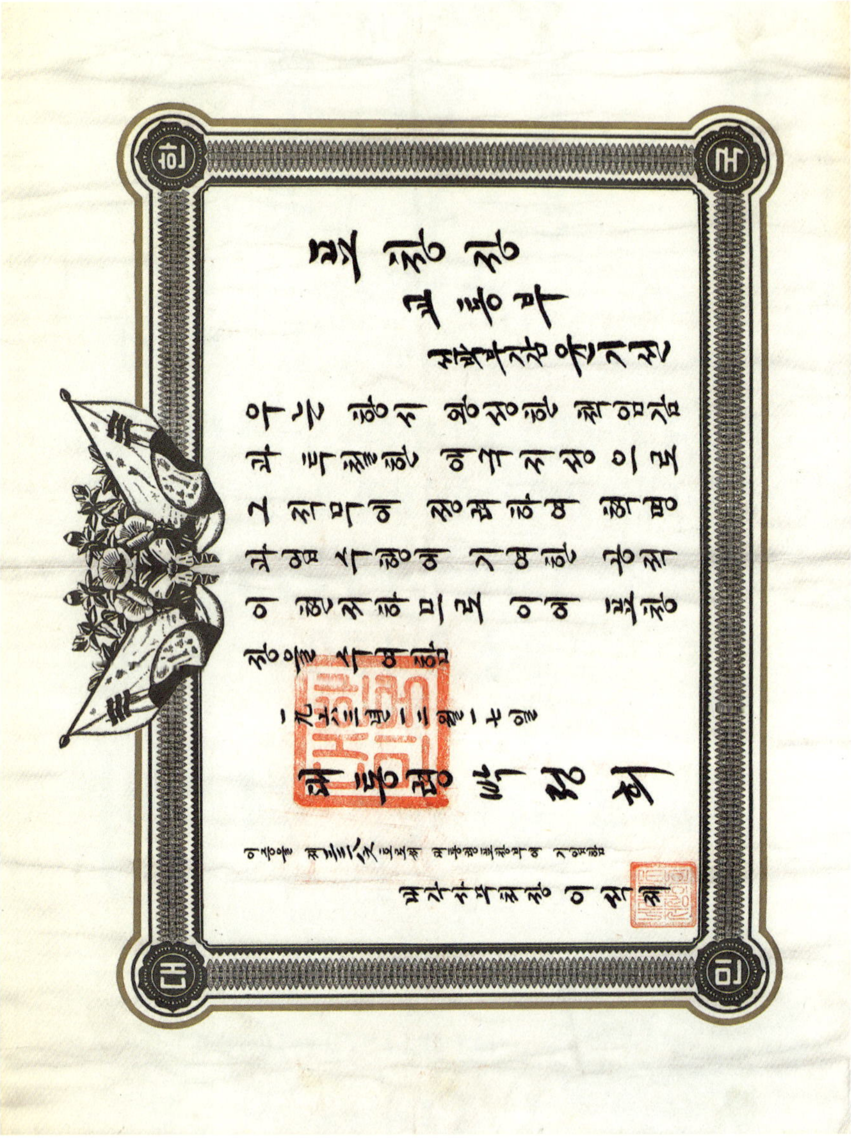

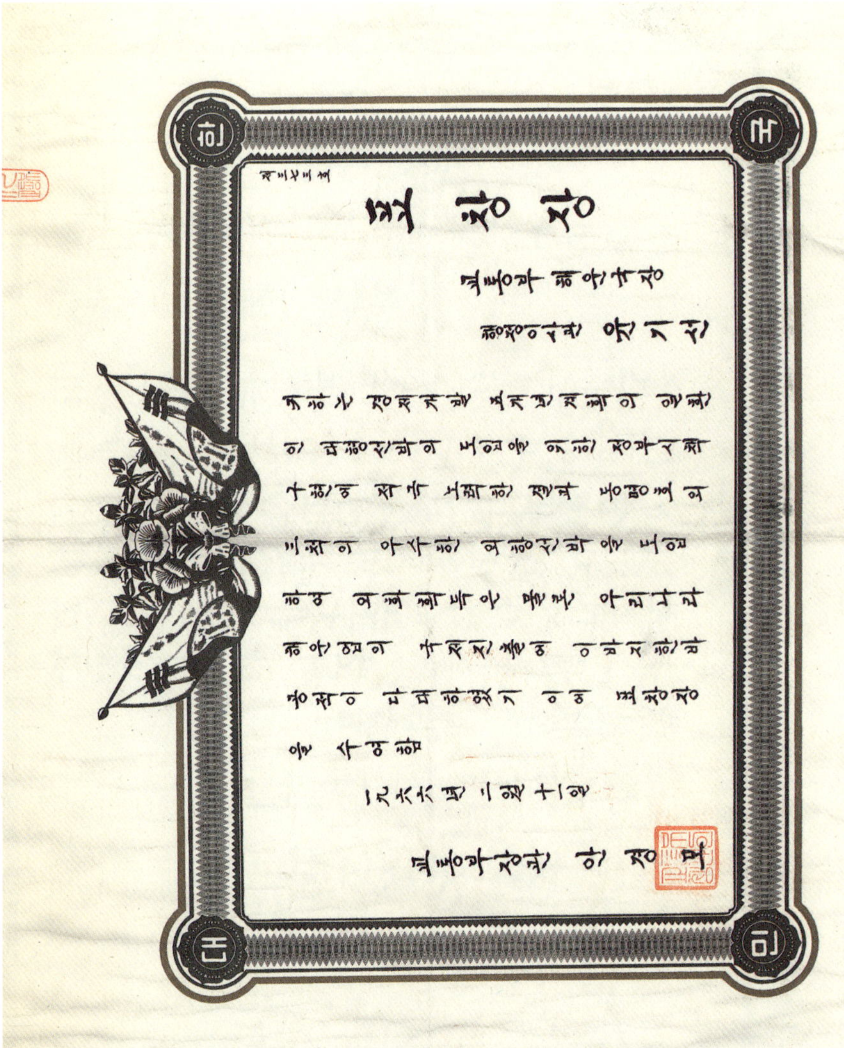

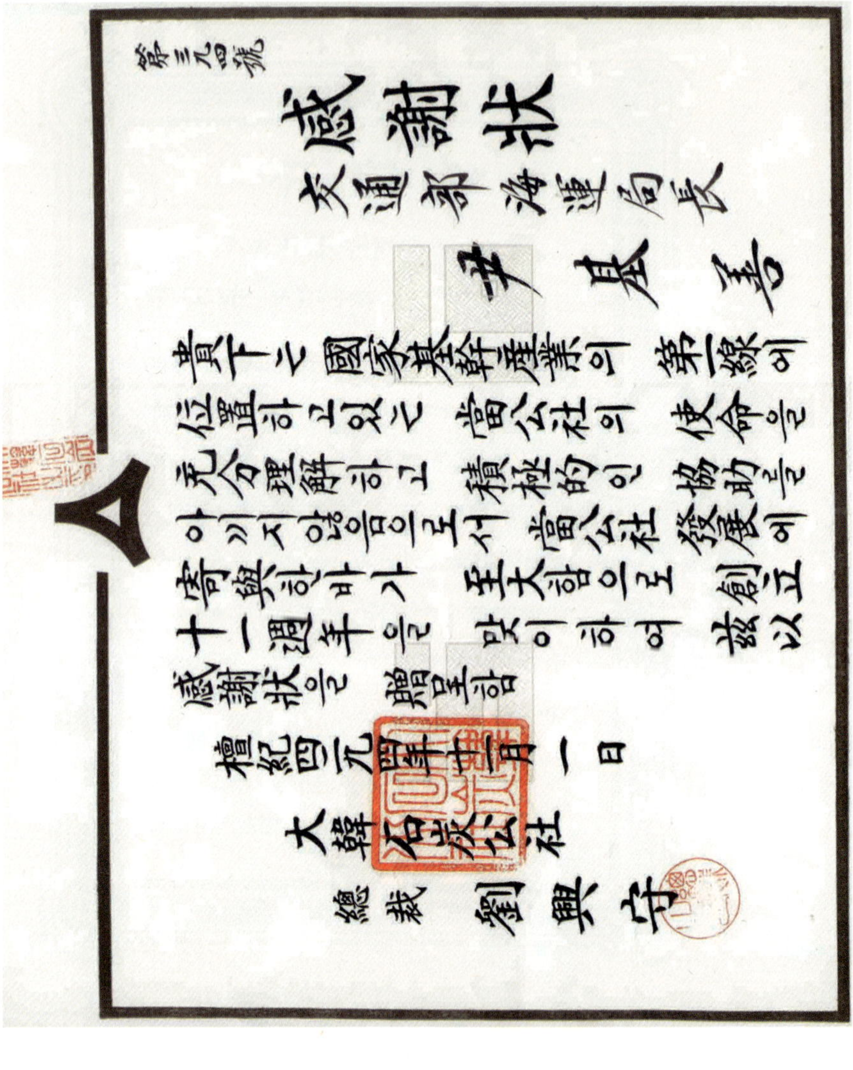
第三九四號

感謝狀

交通部海運局長

尹 基 善

貴下는 國家基幹產業의 第一線에
位置하고있는 當公社의 使命을
充分理解하고 積極的인 協助를
아끼지 않음으로서 當公社 發展에
寄與한바가 至大함으로 創立
十一週年을 맞이하여 玆以
感謝狀을 贈呈함

檀紀四二九四年十二月一日

大韓石炭公社

總裁 劉 興 守

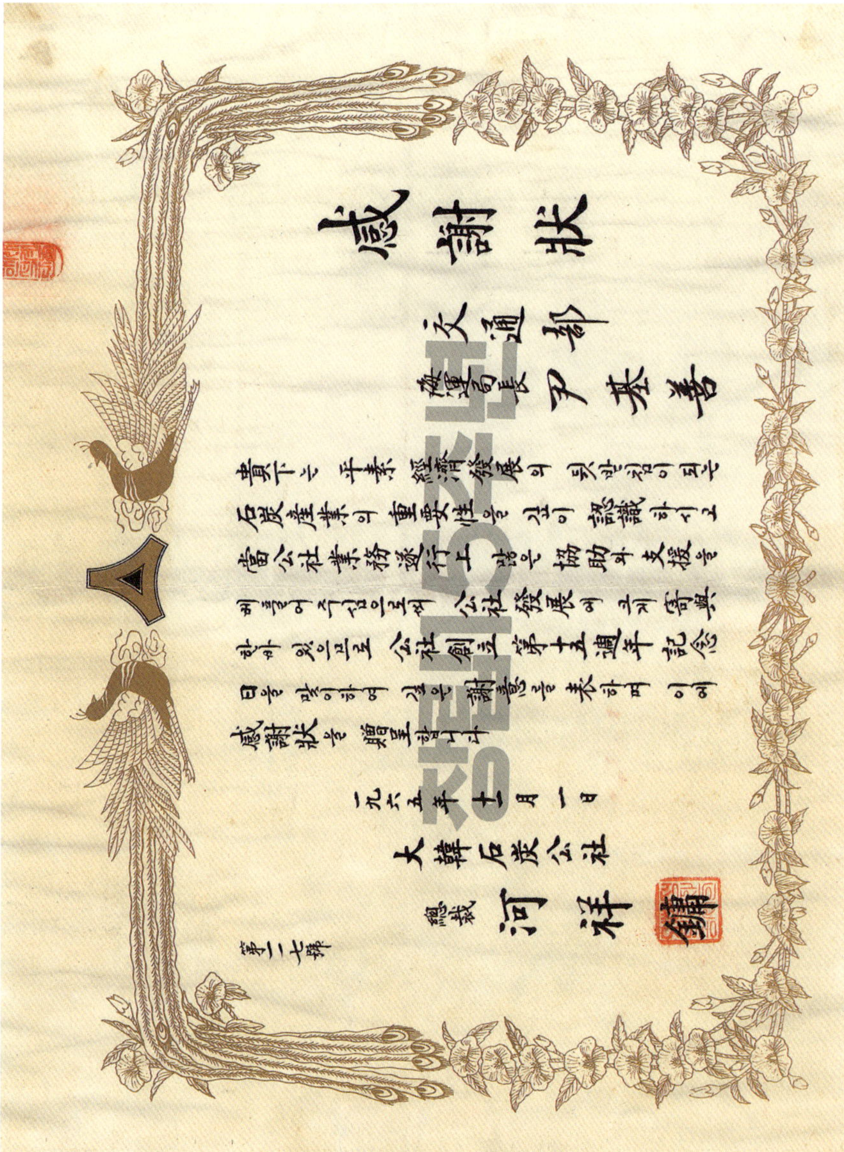

感謝狀

交通部 海運局長 尹基善

貴下는 平素 經濟發展의 뒷받침이 되는
石炭産業의 重要性을 깊이 認識하시고
當公社 業務遂行上 많은 協助와 支援을
베풀어 주심으로써 公社發展에 크게 寄與
하여 왔으므로 公社創立 第十五週年 記念
日을 맞이하여 깊은 謝意를 表하며 이에
感謝狀을 贈呈합니다

一九六五年 十一月 一日

大韓石炭公社

總裁 河祥鏞

第二七號

尹基善

事務官에任함

交通部海運局海事課勤務를命함

檀紀四千二百八十四年六月三十日

大統領

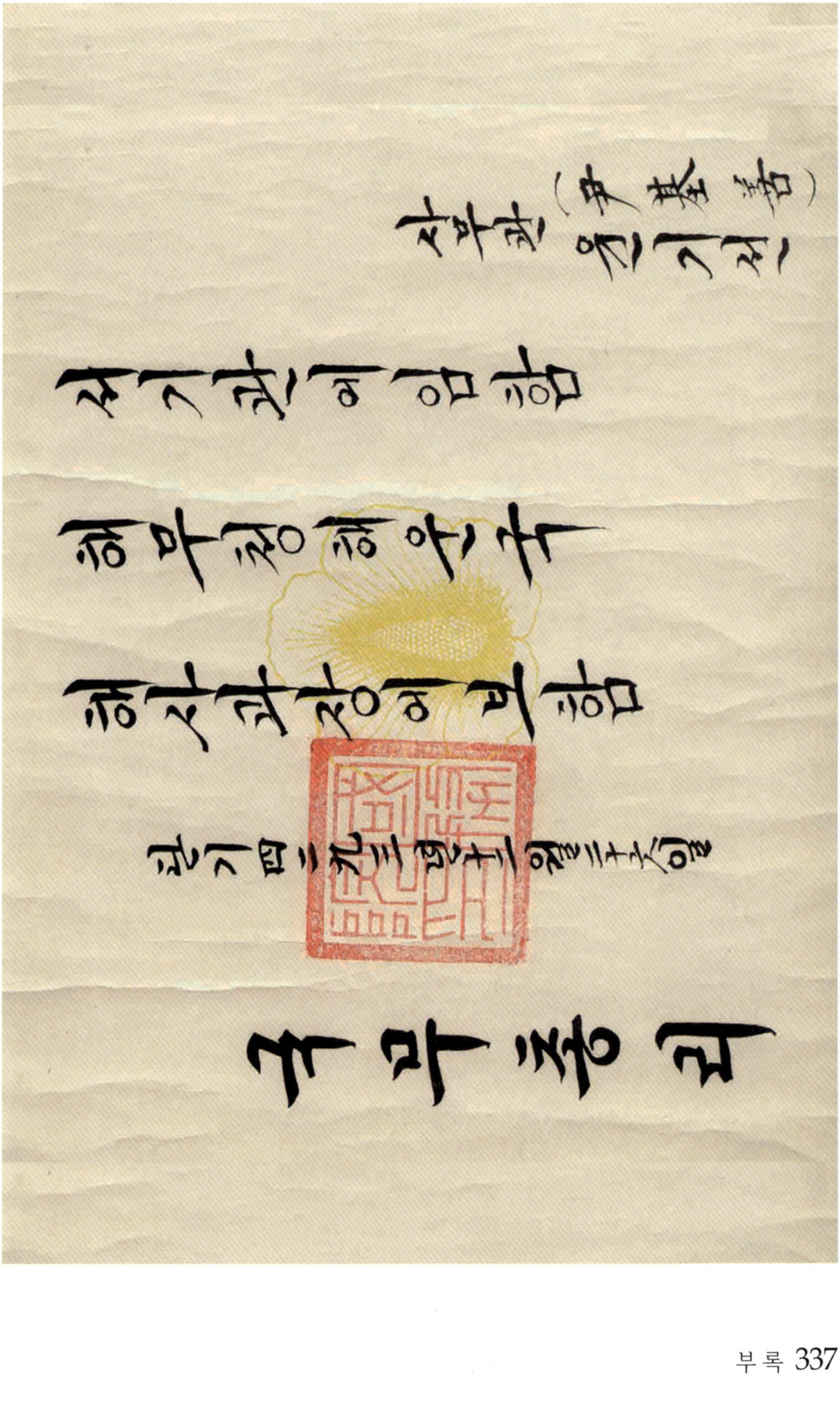

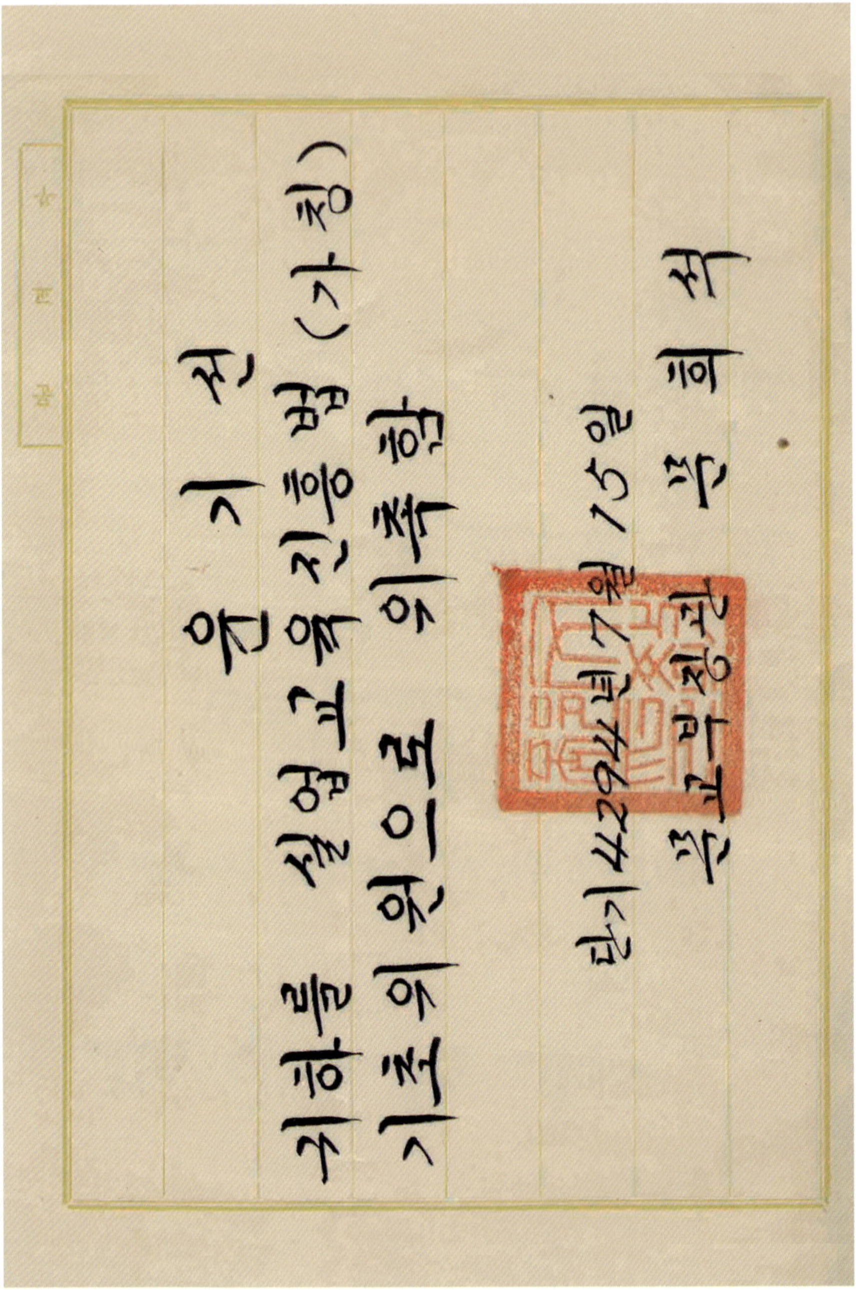

윤 기 선

귀하를 실업교육진흥법(가칭)
기초위원으로 위촉함

단기4294년 7월 15일

문교부장관 문 희 석

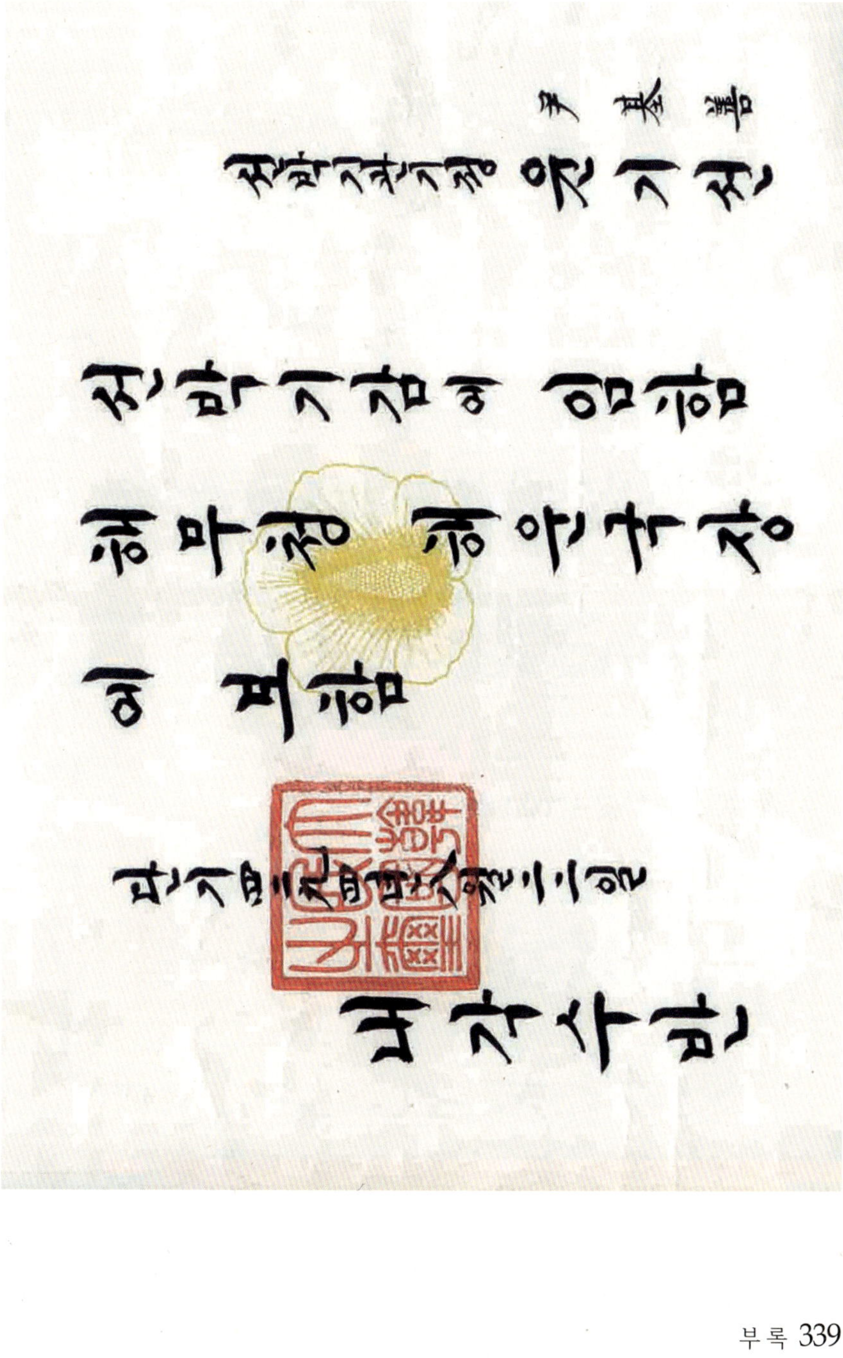

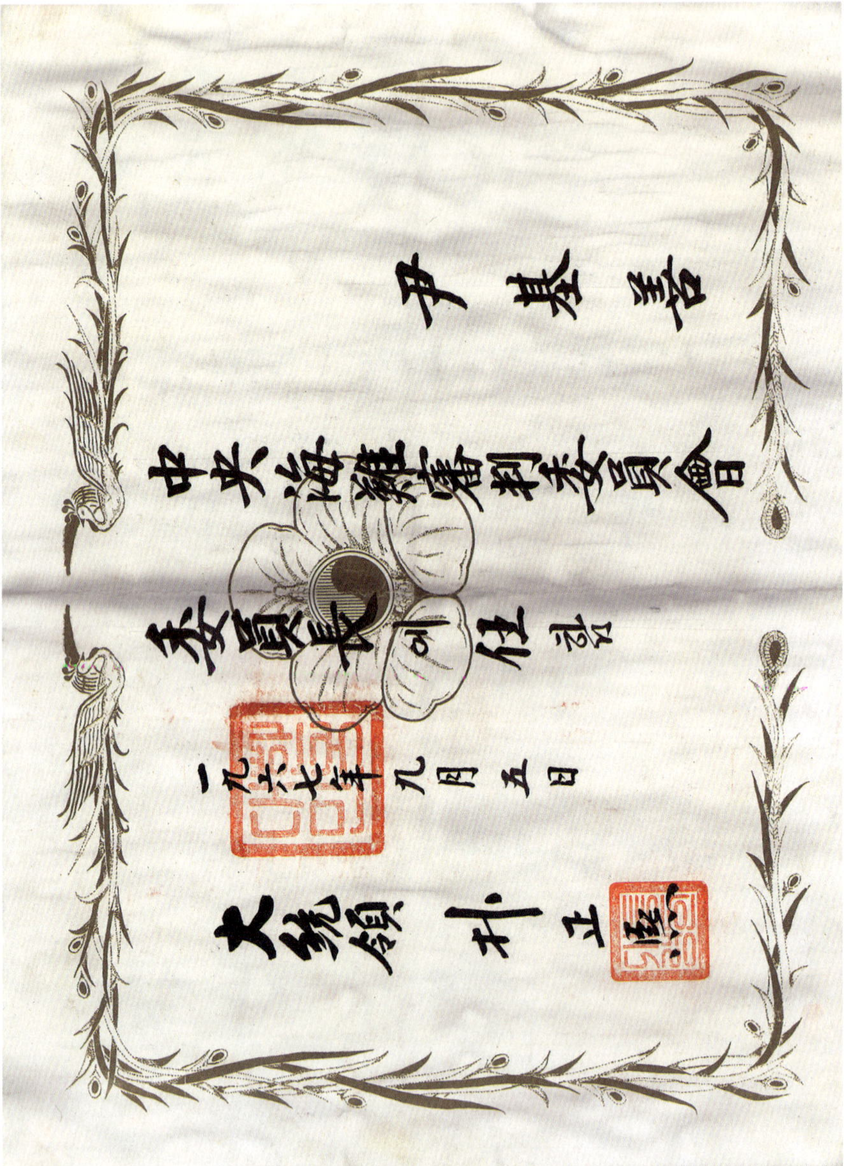
尹基善

中央海難審判委員會 委員長에 任함

一九六七年 九月 五日

大統領 朴正熙

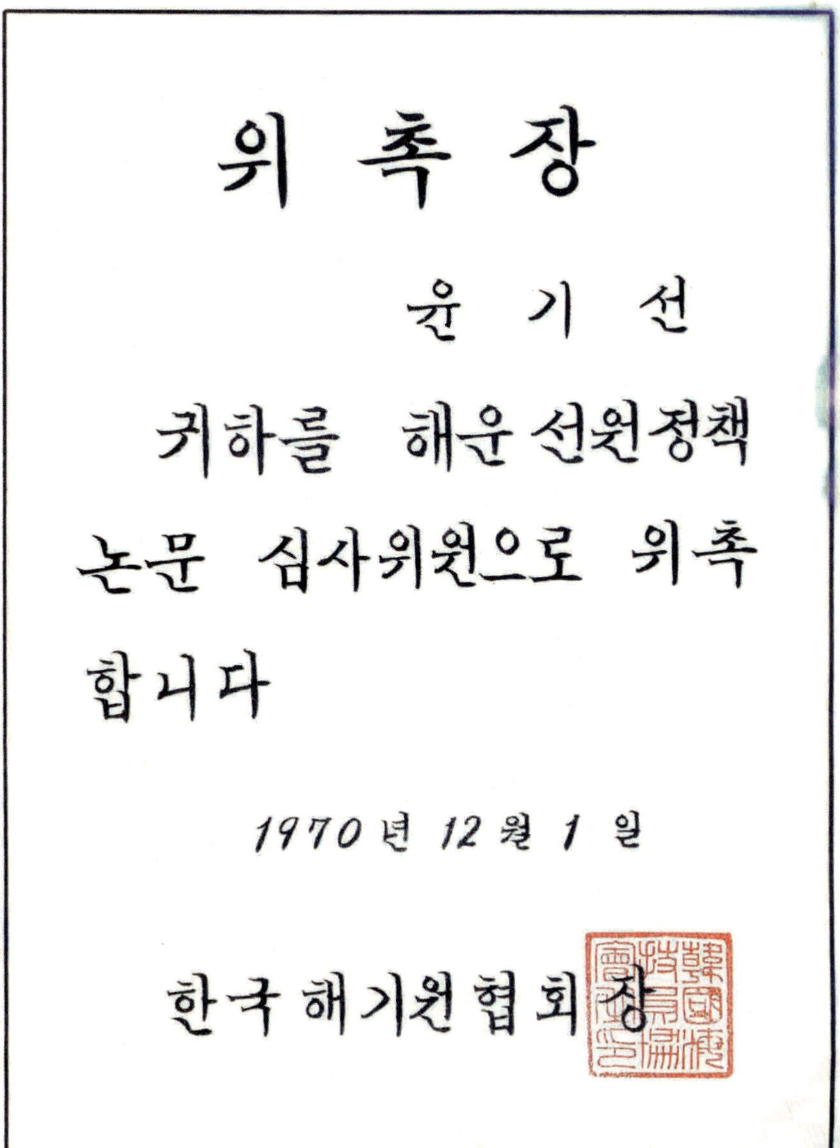

위 촉 장

윤 기 선

귀하를 해운 선원정책 논문 심사위원으로 위촉합니다

1970년 12월 1일

한국해기원협회장

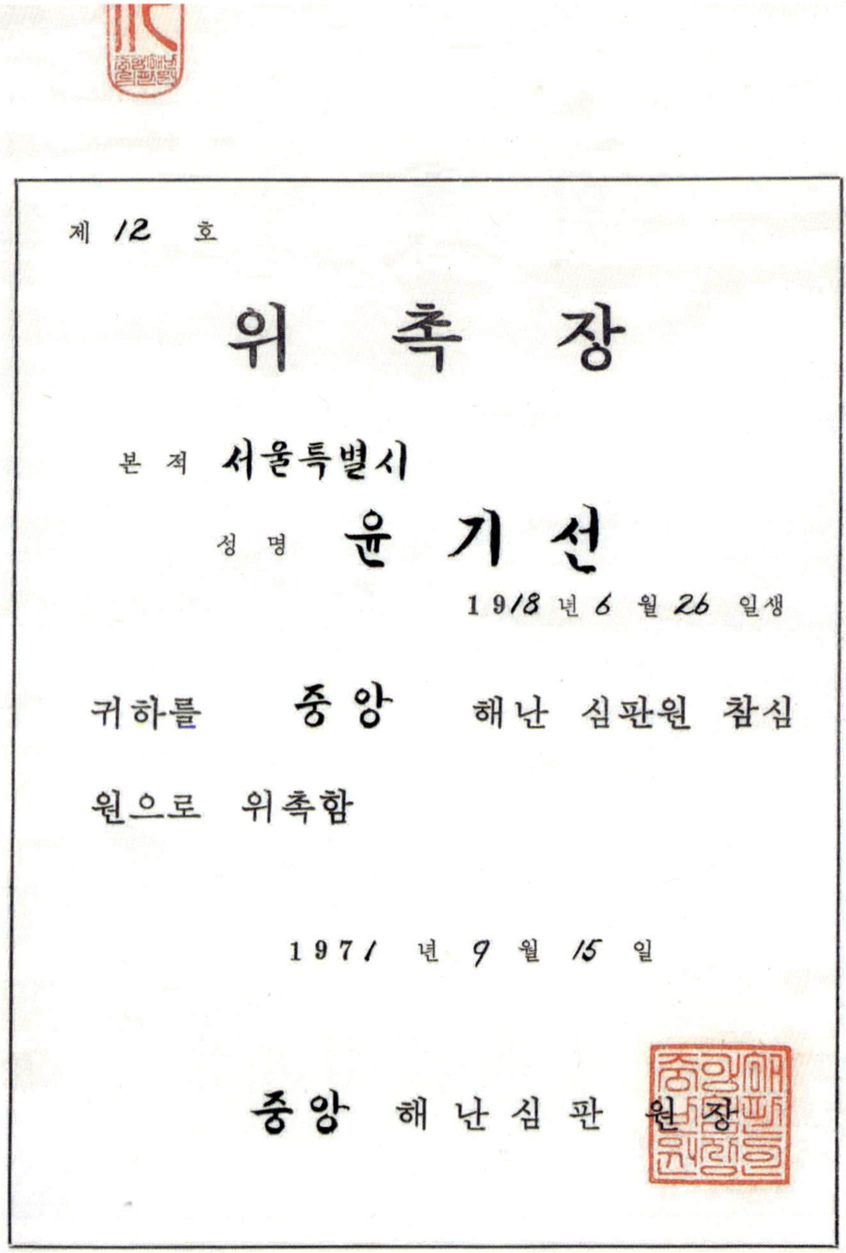

제 12 호

위 촉 장

본 적 서울특별시

성 명 윤 기 선

1918 년 6 월 26 일생

귀하를 중앙 해난 심판원 참심원으로 위촉함

1971 년 9 월 15 일

중앙 해 난 심 판 원 장

위 촉 장

윤 기 선

함경남도 단천군 명예군수
를 위촉함

1972년 6월 25일

국무총리 김 종 필

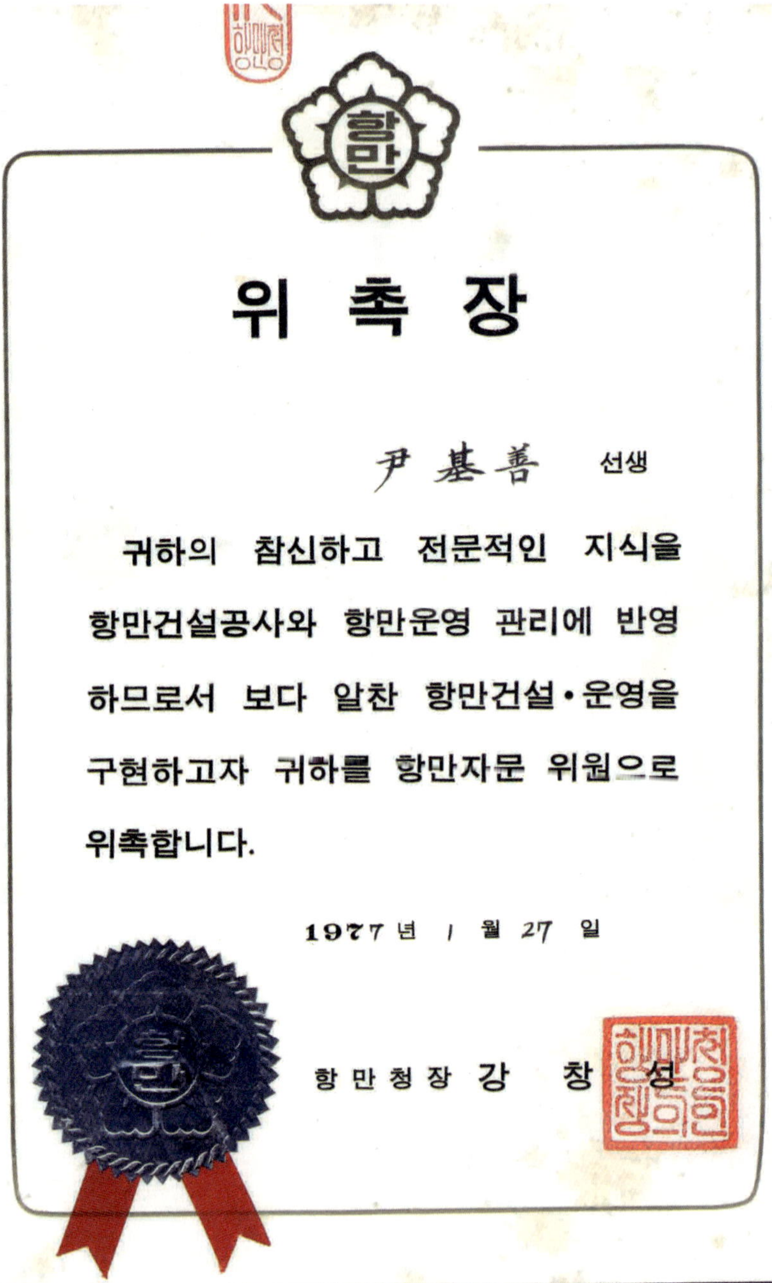

위 촉 장

尹基善 선생

귀하의 참신하고 전문적인 지식을 항만건설공사와 항만운영 관리에 반영하므로서 보다 알찬 항만건설·운영을 구현하고자 귀하를 항만자문 위원으로 위촉합니다.

1977년 1월 27일

항만청장 강 창 성

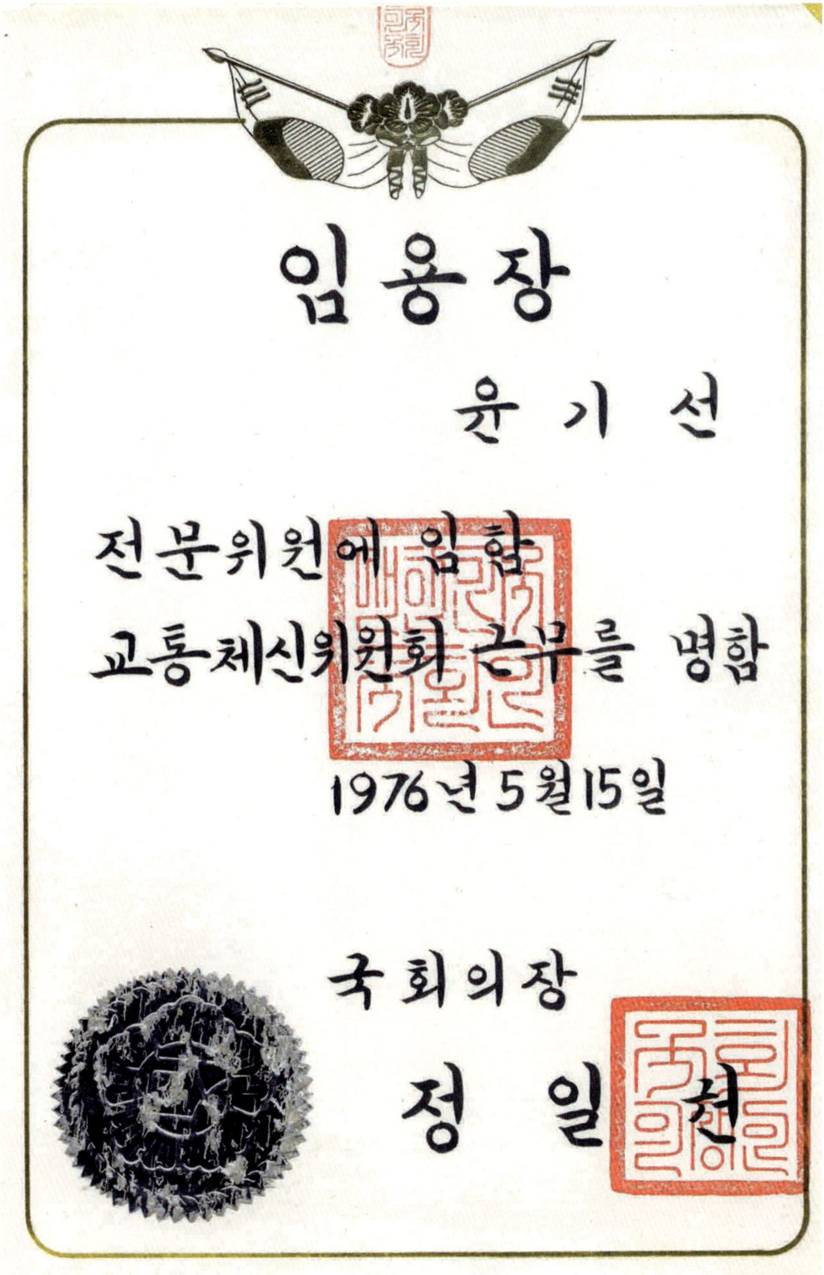

임 용 장

윤 기 선

전문위원에 임함

교통체신위원회 근무를 명함

1976년 5월15일

국회의장

정 일 권

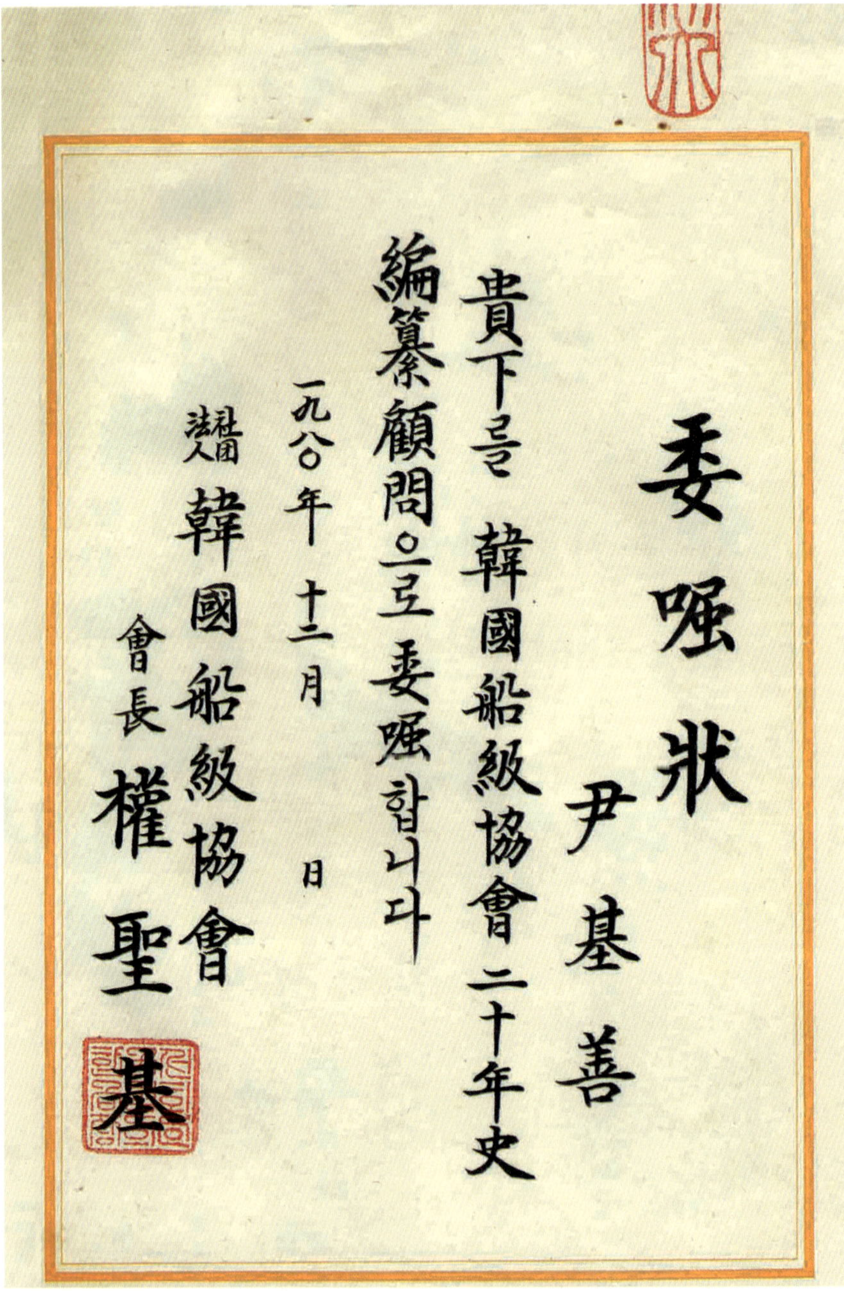
委囑狀

尹基善

貴下를 韓國船級協會 二十年史 編纂顧問으로 委囑합니다

一九八〇年 十二月 日

社團法人 韓國船級協會

會長 權聖基

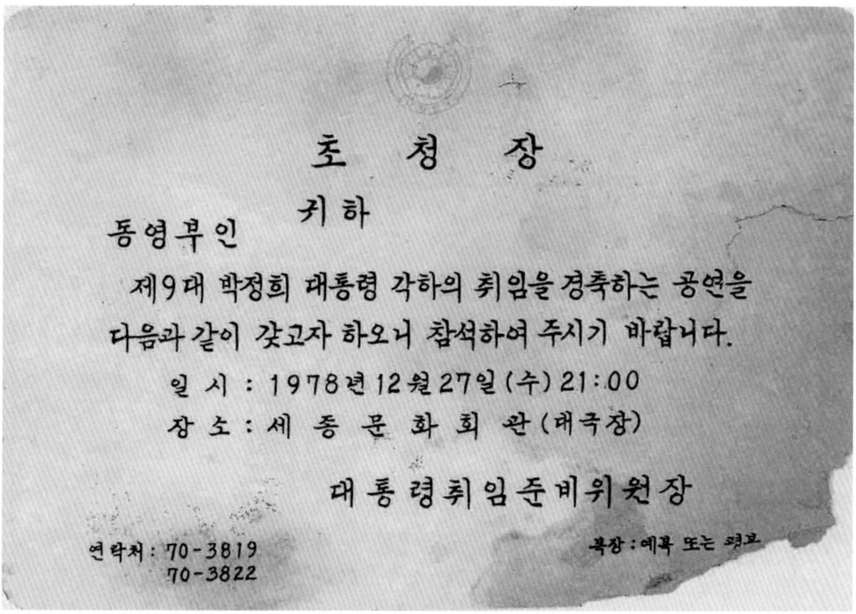

초 청 장

동영부인 귀하

제9대 박정희 대통령 각하의 취임을 경축하는 공연을 다음과 같이 갖고자 하오니 참석하여 주시기 바랍니다.

일 시 : 1978년 12월 27일 (수) 21:00

장 소 : 세 종 문 화 회 관 (대극장)

대통령취임준비위원장

연락처 : 70-3819
70-3822

복장 : 예복 또는 평복

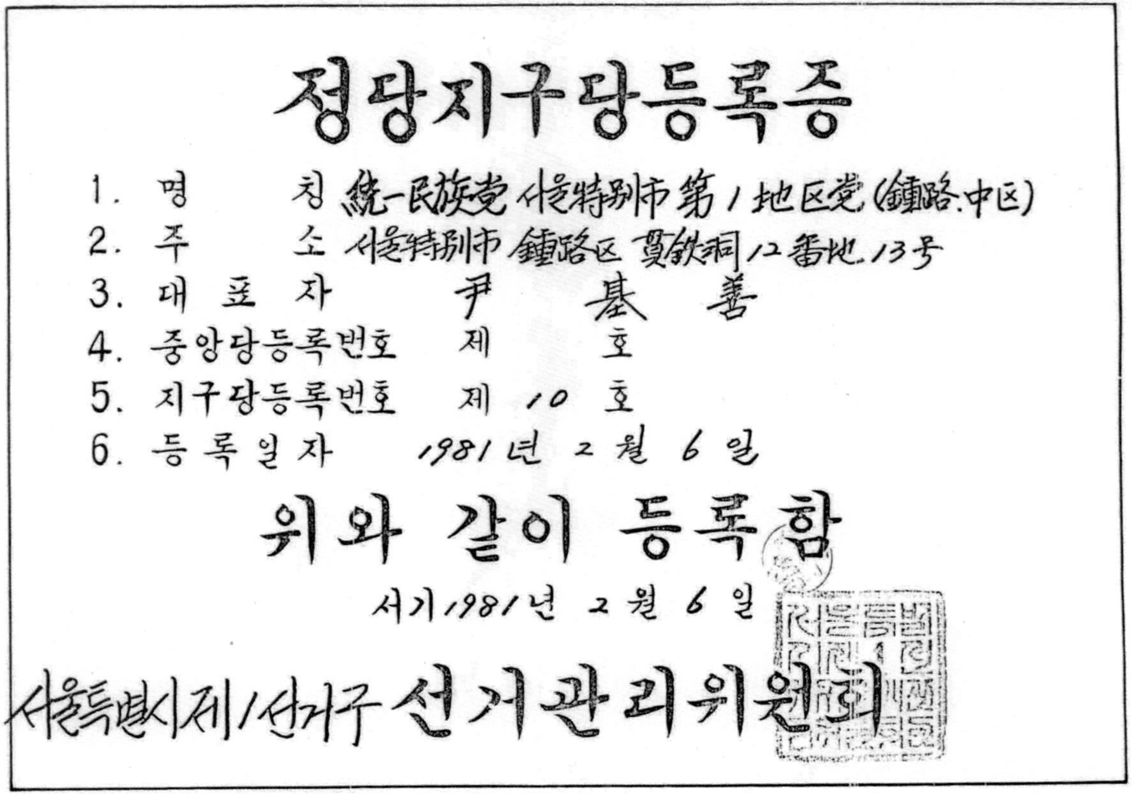

정당지구당등록증

1. 명 칭 統一民族党 서울特別市 第1地区党(鍾路.中区)
2. 주 소 서울特別市 鍾路区 貫鐵洞 12番地.13号
3. 대 표 자 尹 基 善
4. 중앙당등록번호 제 호
5. 지구당등록번호 제 10 호
6. 등 록 일 자 1981년 2월 6일

위와 같이 등록함

서기 1981년 2월 6일

서울특별시제1선거구 선거관리위원회

전국구후보자추천승낙서

성 명: 윤 기 선 (한 자) 성별

주 소: 서울특별시 중구 오장동 90번지 3

생년월일: 1918년 6월 26일생

본인은 1985년 2월 일 실시하는 국회의원 선거에 있어서

신한민주당 전국구 후보자로 추천됨을 승낙함.

1985년 1월 23일

윤 기 선 인

신 한 민 주 당 귀 하

신한민주당

任命狀

姓名 尹 基 善

貴下를 新韓民主黨 憲法改正推進

서울特別市支部 企劃委員

으로 任命함

1986年 3月 11日

新韓民主黨

憲法改正推進 서울特別市支部

總裁 支部長 李 敏 雨

任命狀

姓名 尹昰重

貴下를 新韓民主黨 서울第1地區黨

副委員長에 任命함

1986年 4月 8日

新韓民主黨서울第1(鍾路·中區)地區黨

委員長 李敏雨

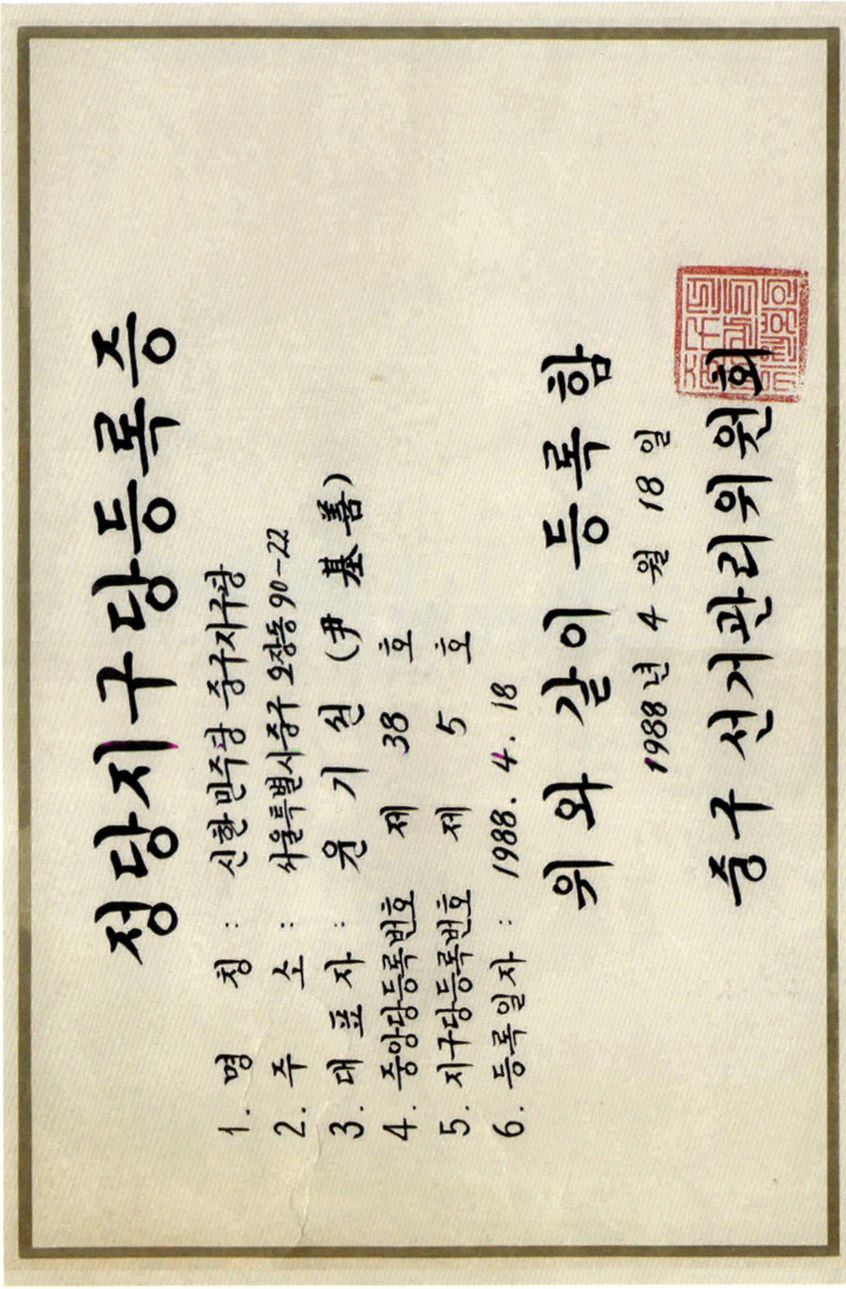

정당지구당등록증

1. 명 칭 : 신한민주당 중구지구당
2. 주 소 : 서울특별시 중구 오장동 90-22
3. 대 표 자 : 윤 기 선 (尹 基 善)
4. 중앙당등록번호 제 38 호
5. 지구당등록번호 제 5 호
6. 등록일자 : 1988. 4. 18

위와 같이 등록함

1988년 4월 18일

중구 선거관리위원회

卒業證書
京城大學法文學部 法 學科에
서 그學業을마치고規定한試驗
에合格하야法學士의資格을얻
었기에이를證明함
檀紀四二七九年七月三日
京城大學法文學部長 趙潤濟
京城大學法文學部長의證明을認
定하고玆에卒業證書를授與함
京城大學總長 法學博士 하리 비 안스티드

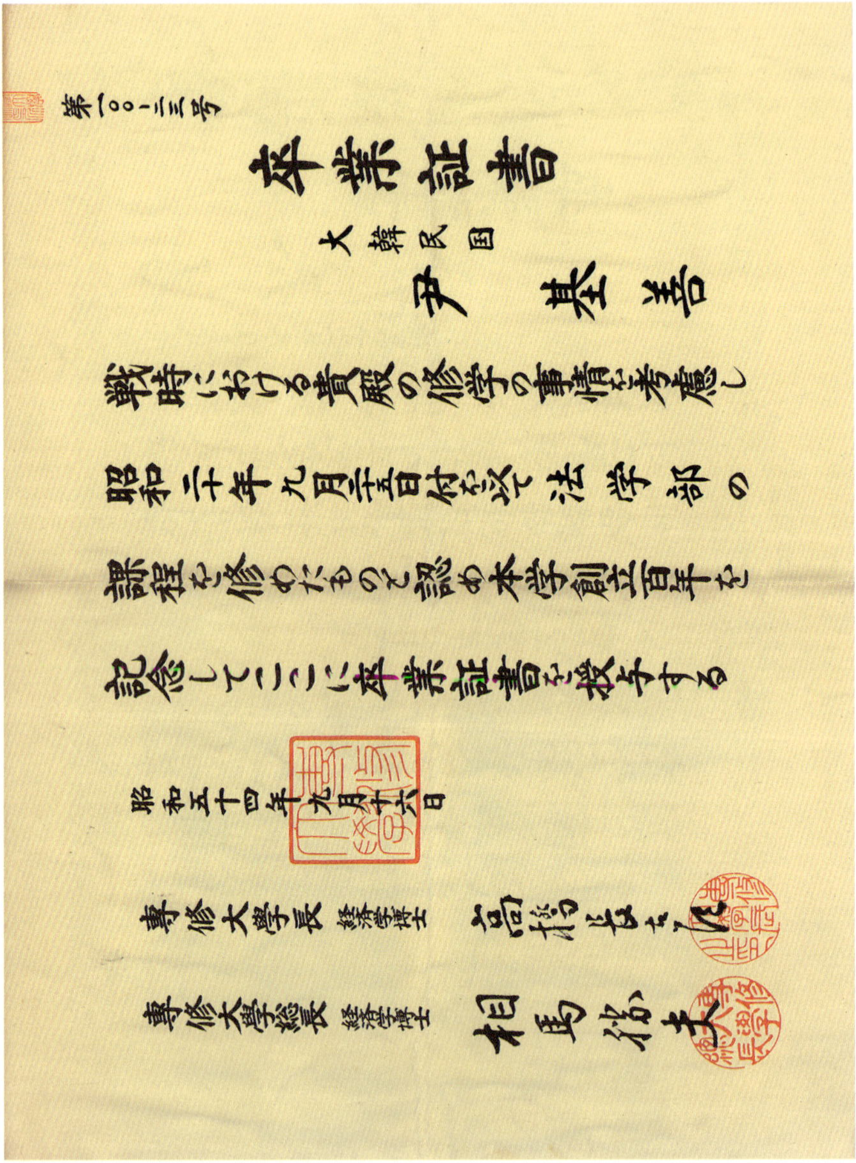

第一〇〇一三号

卒業証書

大韓民国

尹基善

戦時における貴殿の修学の事情を考慮し
昭和二十年九月二十五日付をもって法学部の
課程を修めたものと認め本学創立百年を
記念してここに卒業証書を授与する

昭和五十四年九月十六日

専修大学長 経済学博士 高橋長太郎

専修大学総長 経済学博士 相馬勝夫

證書

成鏡南道

尹基善

檀紀四二五一年六月二十六日生

政治學專攻

國立서울大學校大學院에서二學
業을마치고所定의試驗에合格하
여文學碩士의資格을얻었기에
證書를授與함

檀紀四二八四年九月二十九日

國立서울大學校大學院長 醫學博士 尹日善

國立서울大學校總長 理學博士 崔奎南

第一〇五號

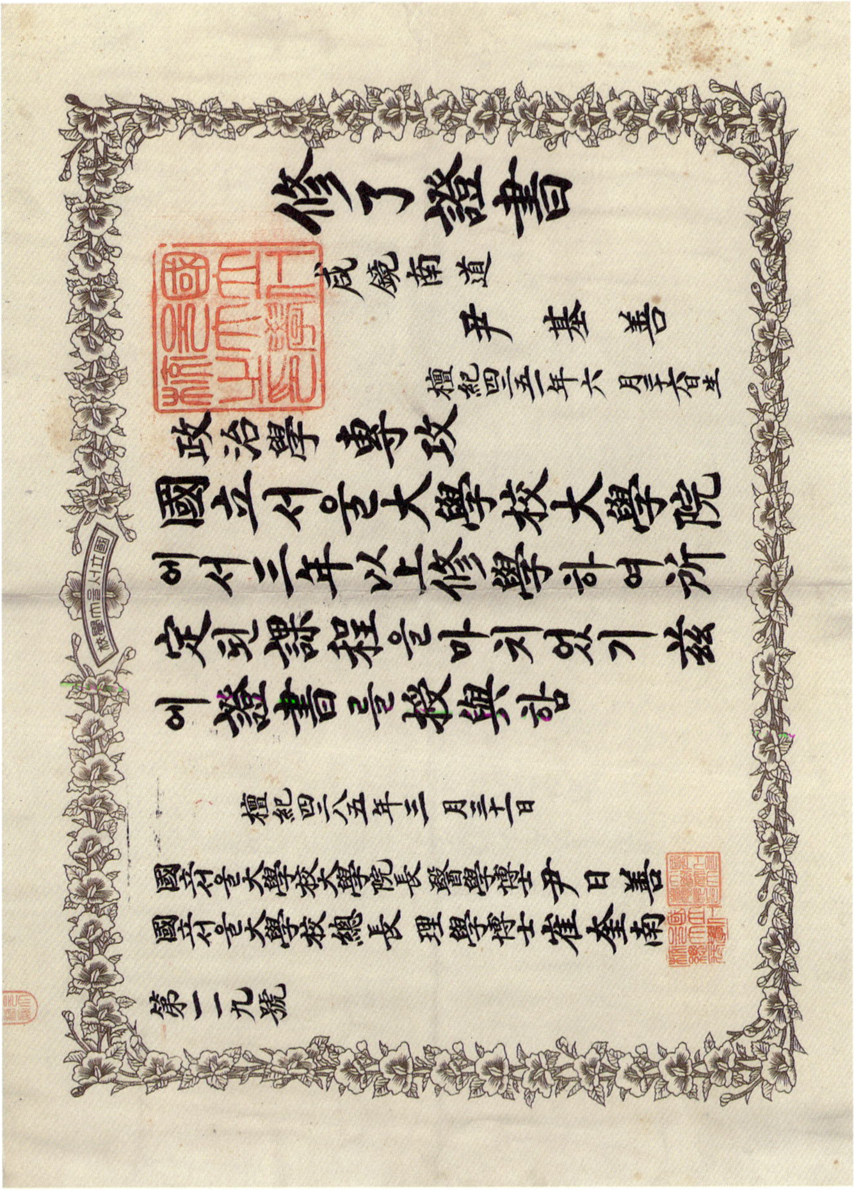

修了證書

咸鏡南道

尹基善

檀紀四二五一年六月二十六日生

政治學專攻

國立서울大學校大學院에서三年以上修學하여所定된課程을마치었기玆에證書를授與함

檀紀四二八五年三月三十一日

國立서울大學校大學院長 醫學博士 尹日善

國立서울大學校總長 理學博士 崔奎南

第一九號

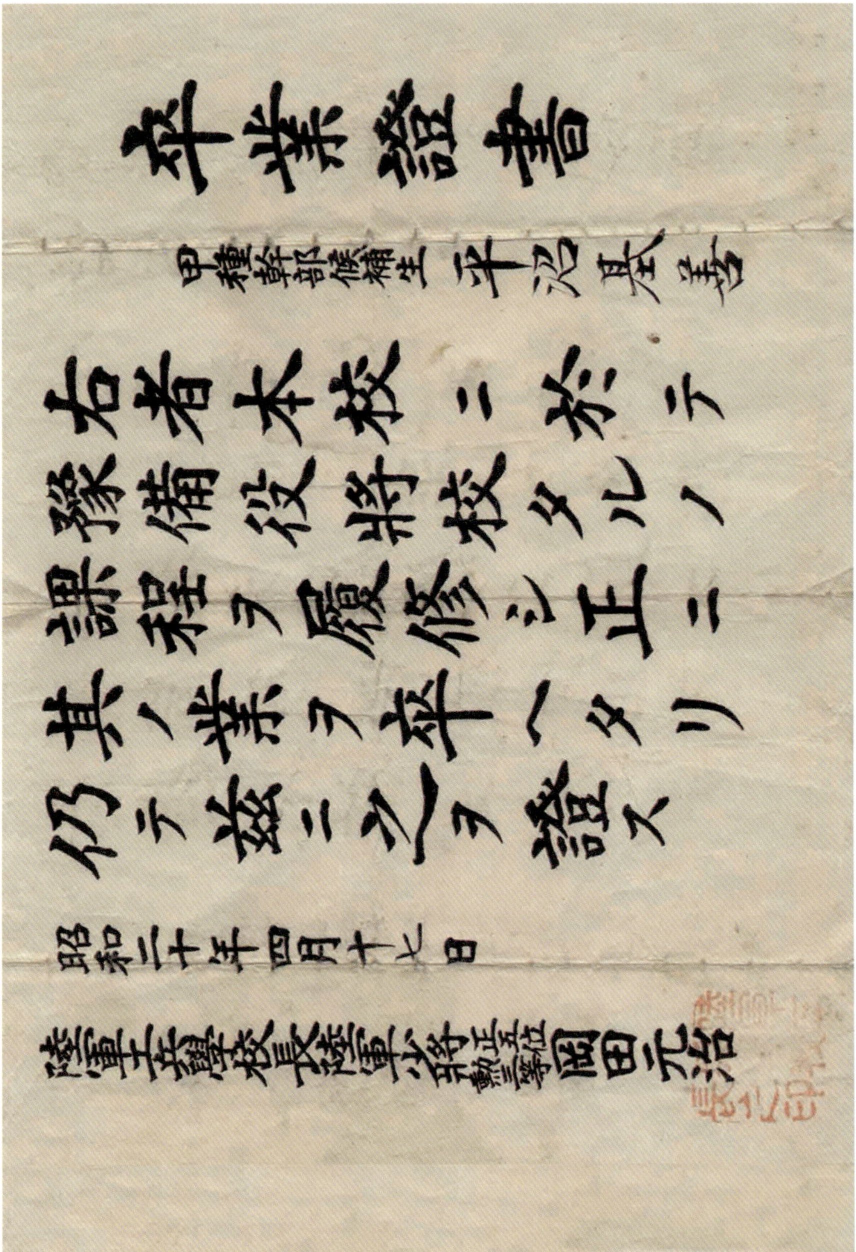

卒業證書

甲種幹部候補生 平沼基圭

右者本校ニ於テ豫備役將校タルノ課程ヲ履修シ正ニ其ノ業ヲ卒ヘタリ

仍テ茲ニ之ヲ證ス

昭和二十年四月十七日

陸軍工兵學校長陸軍少將正五位勲三等 岡田元治

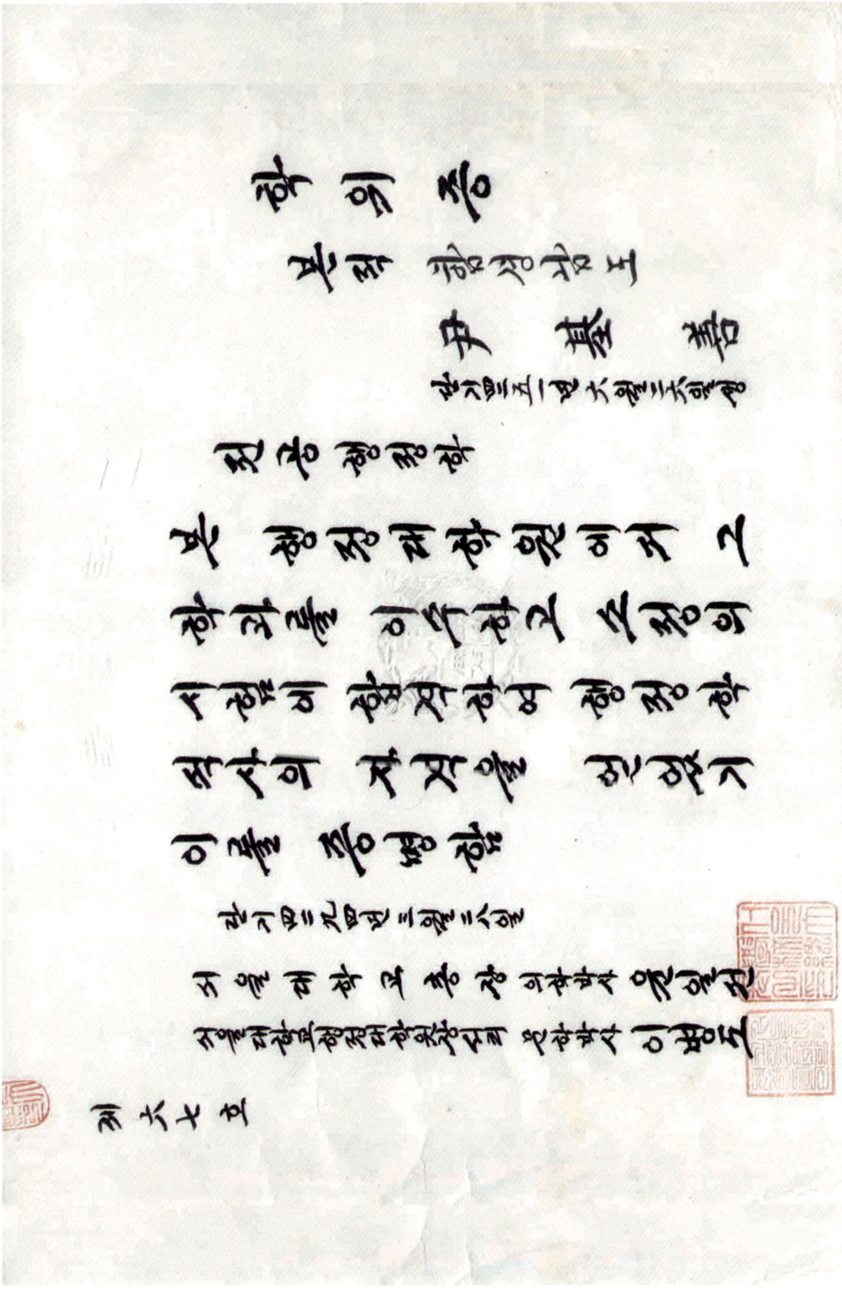

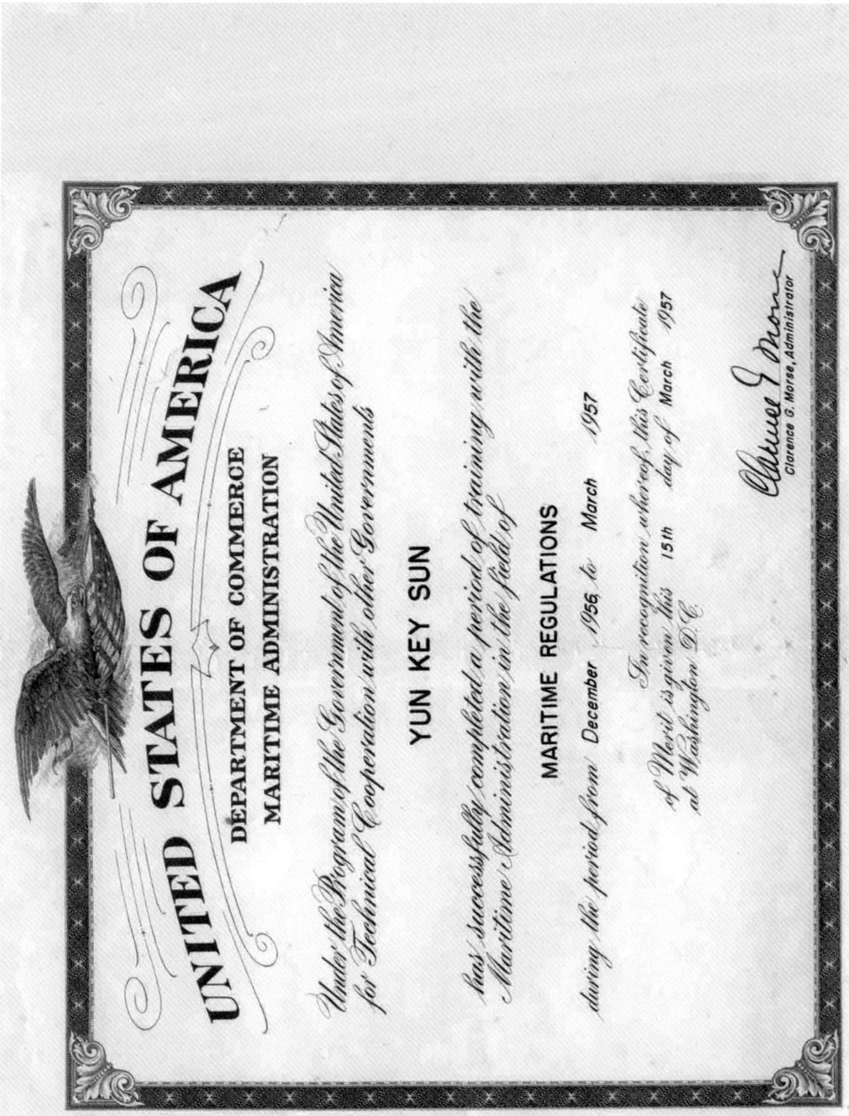
UNITED STATES OF AMERICA

DEPARTMENT OF COMMERCE

MARITIME ADMINISTRATION

Under the Program of the Government of the United States of America for Technical Cooperation with other Governments

YUN KEY SUN

has successfully completed a period of training with the Maritime Administration in the field of

MARITIME REGULATIONS

during the period from December 1956 to March 1957

In recognition whereof, this Certificate of Merit is given this 15th day of March 1957 at Washington D.C.

Clarence G. Morse, Administrator

International Cooperation Administration

CERTIFICATE OF ACHIEVEMENT

This certifies that, under the Program of the International Cooperation Administration of the Government of the United States of America in cooperation with other Governments

KEY SUN YUN

has successfully completed participation in a technical cooperation program

in the field of: Shipping Management

for the period: November 1956 - March 1957

Issued at Seoul, Korea

this 22 day of October 1957

William E. Warne
UNC Economic Coordinator

Director

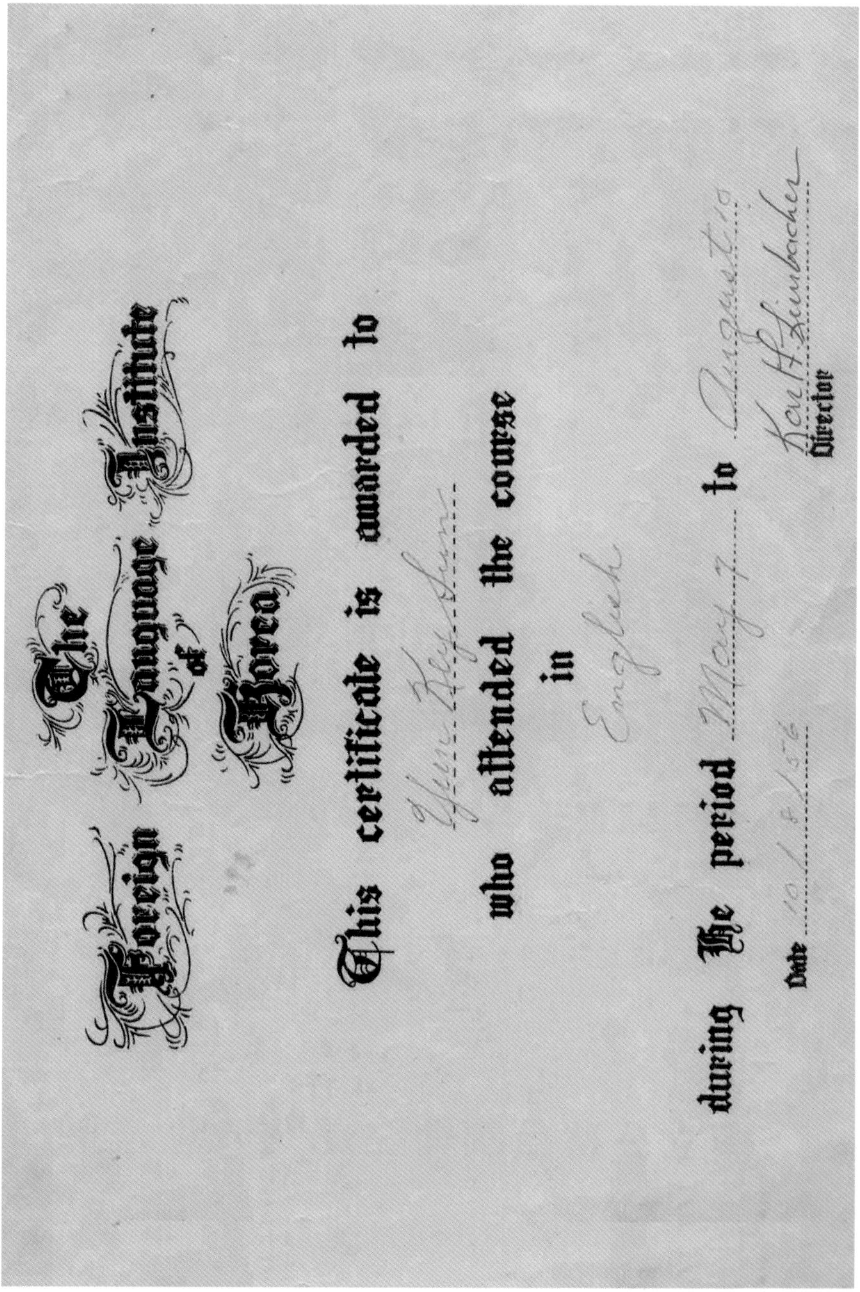

The Foreign Language Institute of Korea

This certificate is awarded to [illegible]

who attended the course

in

English

during the period May 7 to August 10

Date 10 / 8 / 1956

[illegible]
Director

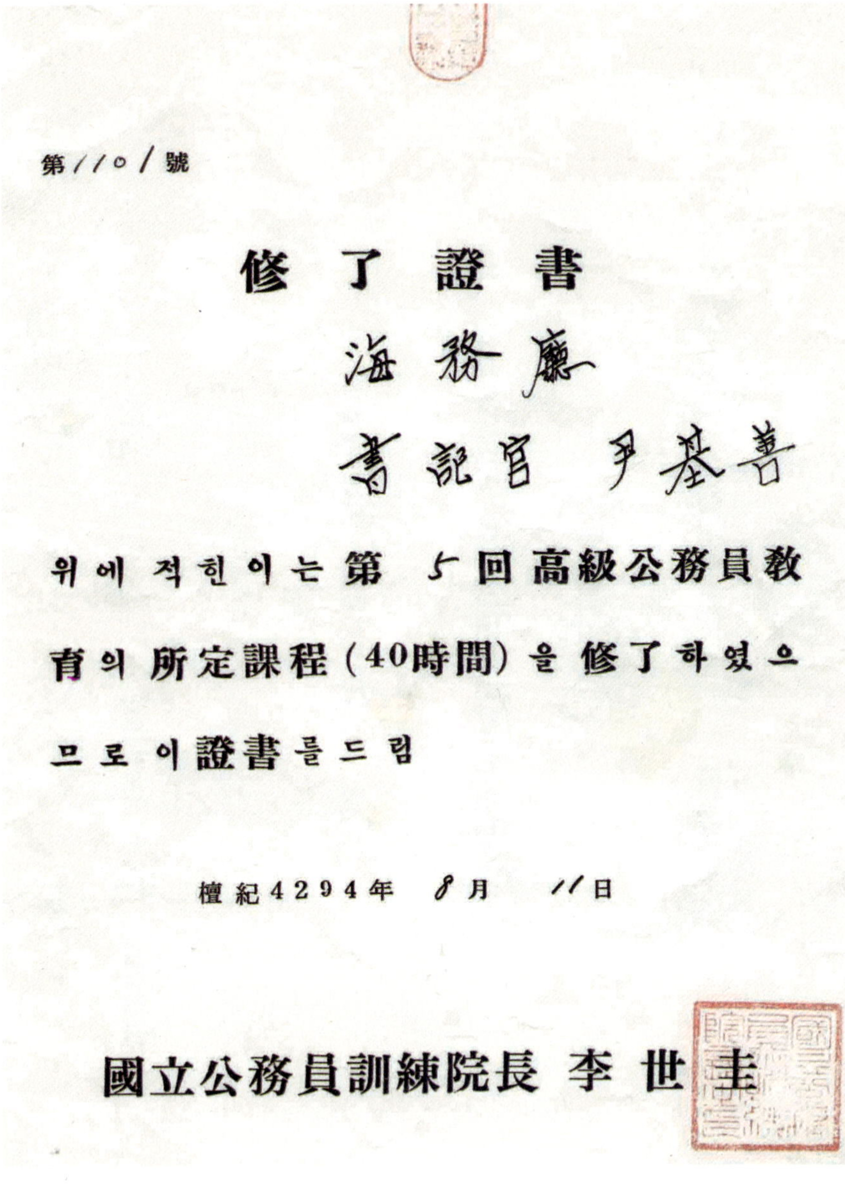

第1101號

修了證書

海務廳

書記官 尹基善

위에 적힌이는 第 5 回 高級公務員教育의 所定課程(40時間)을 修了하였으므로 이證書를드림

檀紀4294年 8月 11日

國立公務員訓練院長 李 世 圭

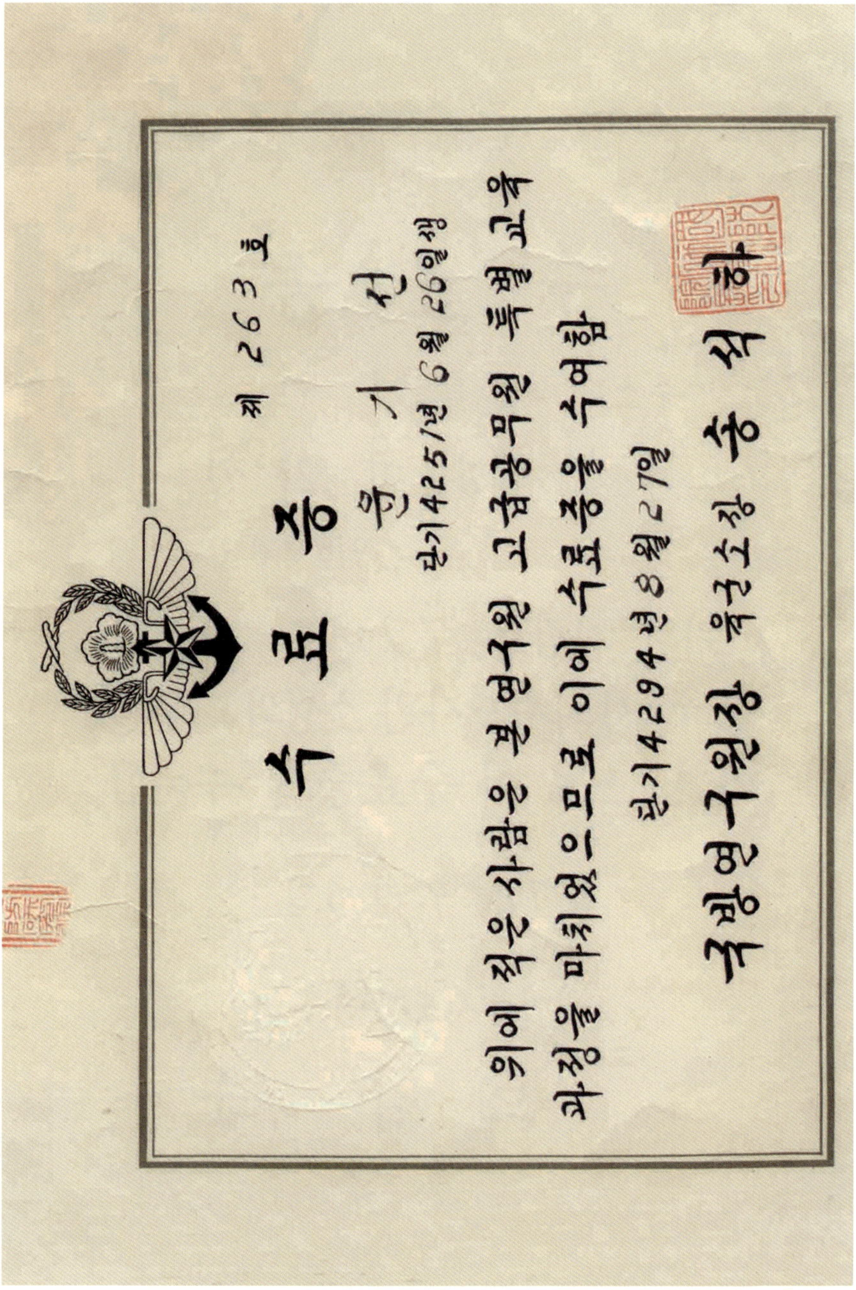
제 263 호
수 료 증
홍 기 선
단기4251년 6월 26일생
위에 적은 사람은 본 연구원 고급공무원 특별교육
과정을 마치었으므로 이에 수료증을 수여함
단기4294년 8월 27일
국방연구원장 육군소장 송 석 하

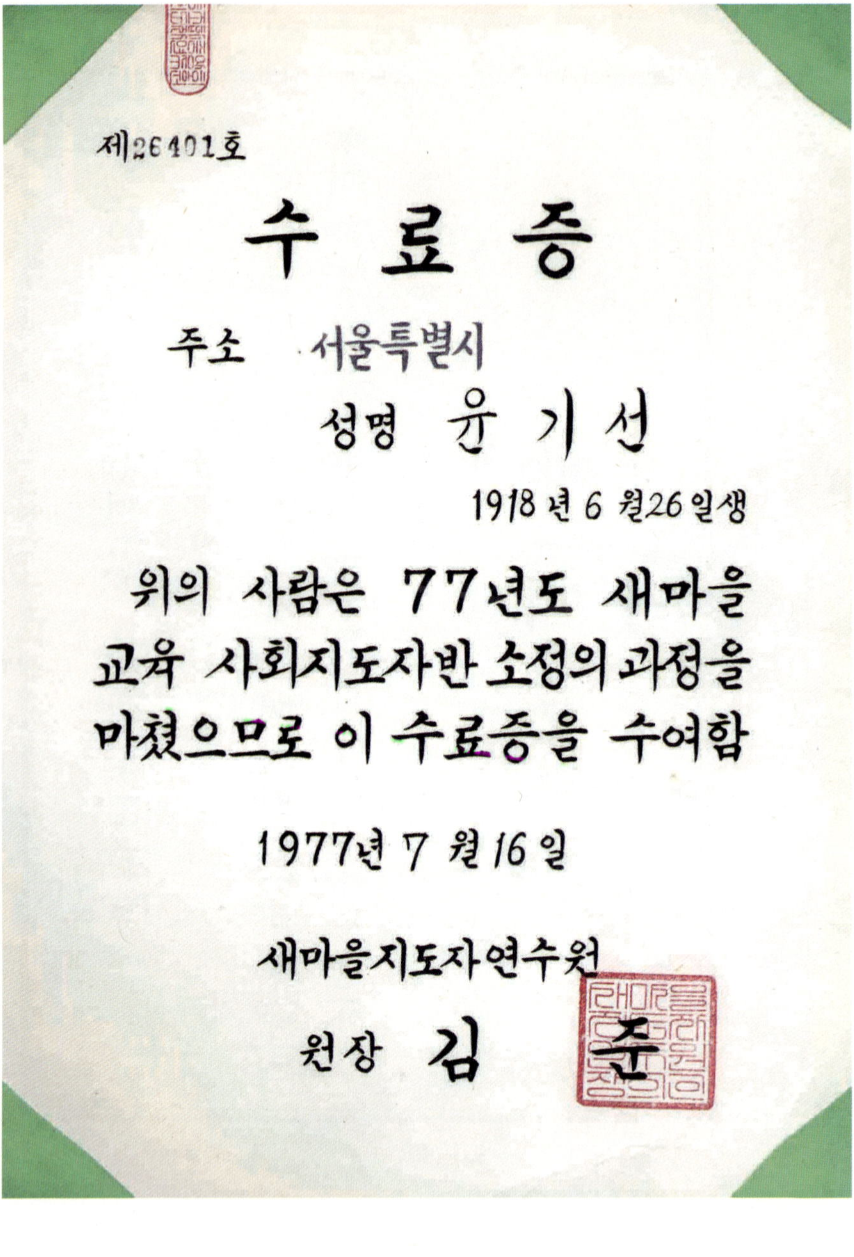
제26401호

수 료 증

주소 서울특별시

성명 윤 기 선

1918년 6월26일생

위의 사람은 77년도 새마을 교육 사회지도자반 소정의 과정을 마쳤으므로 이 수료증을 수여함

1977년 7월 16일

새마을지도자연수원

원장 김 준

韓國海運二十五年史

—外航을 中心으로—

尹 基 善 著

泰 榮 社

(3) 研究論叢

1977年 12月 発表

海洋에 關한 國際立法의 考察

尹 基 善

〈창작시〉

두고 온 山河(산하)

방랑 위엔 진달래 오솔길 옆엔
도라지꽃 피었었다.
어머님 물박에 배꽃이 아버님 지게에
들국화 얹혀 있었다.

꽃이야 다를까마는 故鄕(고향)꽃엔
보고픔이 서려 있는 것을
깊은소엔 피래미 거품진 곳엔 물개 놀았었다.
흐름의 여울에 할머님 잔 주름이 끌리듯 흘러 갔었다.

냇물이야 다를까마는 故鄕(고향) 냇물엔
아쉬움이 남겨져 있는 것을!

보리밭엔 종달새 눈덮인 나무엔 까치 울었었다.
솔잎 꺾던 숲속에 새먹이들 웃음소리 들렸었다.
새소리야 다를까마는 故鄕(고향) 새소리엔
그리움이 사무쳐 있는 것을!

한폭땀에 휴전선 철조망 밖엔 총칼살기 도사렸다.
失鄕民(실향민) 주검에 아련한 山河(산하) 그립기에
눈 못감은 한이 있었다.
죽음이야 다를까마는 故鄕(고향) 언덕엔
누울자리 있었던 것을!

잃어버린 故鄕

초라한 草家집 그리워 제비는 옛둥지 찾고
팔려간 송아지 뛰쳐나와 에미 찾아 밤길 헤매더라
고향땅 몸담아 스무해 접어도
마음은 故鄕하늘 아래 살고 못가는 故鄕山川
山이 막고 물이 막아서 아니더라

맨발로 밟았던 옛 흙
흩어져도 봄 오면 물올라 꽃피고
솟씻던 냇가 옛자리 바뀌어도
가을되면 단풍잎 떼지어 흐르더라
초생달 뜨는 밤 꿈속에
보는 故鄕 그리면서 갈 엄두 못내고
반길 사람 못오라서가 아니요
가고프지 않아서도 아니더라

형제가 싸운 터전 쓰러진 동송엔
故鄕하늘 가라앉고 故鄕에 못 묻힌 시신은 썩어도
孤魂 故鄕기슭 감도리라
여름 비 겨울 눈 地境없이 내려
모두의 가슴 아프게 하고
앞날없는 늙으신 어버이 못돌본 그 不孝 恨되리라

흩어진 家族 찾아 나선 길엔 보람이 넘쳐 흐르고
앞뒷길 코스모스마저 하늘거려 겨레소원 이루자 빌었느니라
떠나온 故鄕 가볼세라 기뻤는데
이 어인 답답하고 가슴 아픔인고
自由의 故鄕 찾으려 우리 모다 民主의 햇불 드높이니라

붉은 빛 검은 맘 몰아내고
찬란한 은빛 내 것을 찾고
서로를 겨누던 銃칼일랑 못찾은 高夕麗(고석려) 땅
新羅(신라) 섬에 옮기리다.

앙상한 철조망 녹여
굳건한 통일교각 세우고
情든 땅 흙 밟고 그리운 손 마주잡아
풀지 못한 오랜 憶拘 밤 새우리라

벼랑우에 진달래 오솔길섶에 도라지 피였는데
어머니손에 쌔꽃이 아버지지게에 들국화 얹혀
꽃이야 다를까마는 故鄕꽃 보고픈 것을

보리밭에 종달새 사과달린 가지에 까치 울었어
솔종꺾든 숲속에 게집애들 웃음소리 들여
새소리야 다를까마는 故鄕새소리 듣고픈 것을

거품난곳에 처 깊은 소에 쇠치며 돌았어
흐름의 여울에 출렁인 할머니모습이 빛여
물이야 다를까마는 故鄕물이 그리운것을

1983.9.23.

北으로 머리둔 똘々이

너와 나의 맛남에서

나는 여러 차례 栄光을 얻었어

너는 내가 挫折할때도

栄光의 그날처럼 나에게

生氣와 勇氣를 북돋아주었어

우리들이 統一을 北의 故鄕을

수없이 말함을 알었음에라

머리를 北으로하고 곱게죽은거두었다

똘々아 똘々아 내가 아끼든 똘이야

마늘골에서 자기않고 그래도

너되로울까 베갤을 했던 내야

가는걸 몰라 너를안방에 못재웠지

후회롭고 또 회회롭구나

똘々아 나의재롱 나의벗이여

인제 아름다운 모습을 못보겠구나

깨어진 歸鄕의 꿈

윤기선

손곱던 첫 귀향기가 末日 뜬단다
샛별이 아침이슬에 앉은 空港
날개 쭉 펴는 대한항공 편으로
마흔해 못 찾은 단천으로 간다.

앉은 燈 달리는 등불빛 순박꼭질 바빠
해방감격 설레이던 바로 그 다다미房
눈감고 찾아본 얼굴은 옛그대로
연기 그을인 굴뚝옆 병아리 닭 안돼
三七세 윤기띤 몸에 거치름만 늘어
검은 머리엔 곳곳에 서리 내렸다
北쪽의 歲月이라 힘없이 돌지않고
옛 記憶 그대로 변하지 않을수야

떠오른 얼굴 중 앞에 나온이 生氣차고
天然色 影像으로 윤곽이 뚜렷한데
世上을 떠났다는 그 사람 모습은
바랜 黑色이어서 가슴이 아파
갖춘 膳物금시계 금가락지 라이터 양복 양장 구두
양품에 한복지
부자집 따님 시집가는 전날밤 예장 차림새도 한결같아

天然色으론 나름대로 놓아보왔지만
百歲넘은 조모 九十 지난 부모님
바랜 黑色影像 되었을까 두근거려
이들없는 膳物 무슨 값 있으랴

묘소참배 위한 삼복놓고 눈물어리어
찾을 일 막연함에 머리는 무거워져
膳物상자 祭物차림 함께 갖추어
人生無常과 歲月無情을 슬피느껴

故鄕찾는데 싸늘한 이방 나그네 心情
레인즈탄환 천제도 不安한 마음
탄피 물고가는 복돌이 달래며
史蹟館 지을 때 같이 가자고 달래
故鄕찾는 즐거운 表情잃은 귀향객
便依服차림의 유격대원 같으니
굳은 표정은 첫 번이란 緊張에선가
女性三名 除外코 一五0名 무장

分界線上서 여객기 아닌 무장기다
화물은 膳物로 위장된 武器類다
귀향객은 위장된 무장선발대다
이것이 平和의 여객기란 말인가

책상다리에 부딪친 머리엔 비뿌려
바람에 홑이불 날려 寒氣 느끼며
歸鄕길 친족 방문도 성묘도 못한
아쉬움과 고달픔만 안겨주었다

밖엔 천둥 벼락 장대비를 몰고와
不孝의 限 望鄕의 情 못풀게 할줄야
날으면 한 時間의 짧은 旅程인데
歸鄕꿈 꿈으로 깨어질줄이야!

「노루」의 죽음

윤 기 선(해사보좌인협회장)

「노루」는 죽은 「곰」의 뒤를 이어 집에서 기른 노란 고양이의 이름이다.

「곰」은 검은 무늬인데다 억세어서 그렇게 이름을 지었다.

곰은 집에서 난 새끼인데 노루는 선반이 즐비한 공장에서 낳았다.

젖이 떨어지자 서울 동숭동 대학가에 있는 심교수 집에 있었다.

동네 병아리를 노리는데다가 이부자리에도 오줌을 떨구는 버릇이 있어 미움을 사다가 우리집 곰이 죽은 후 쓸쓸해하는 우리 집으로 옮겨진 것이 나와의 인연이다. 어린이놀이터 바로 곁에 자리잡고 있는 탓인지 동네 고양이들이 거리낌없이 집을 드나들었다.

지난해 단풍이 물들즈음 노루의 밥을 눈치껏 실례하는 검은 고양이 한 마리가 있었다. 동물을 좋아하는 식구의 관용에 힘입었던지 무례를 무릎쓰고 집에 와 기식하기 시작하였다. 「까맹이」라 이름 지어진 이 고양이는 텃세를 하는 노루의 심사 뒤에 밥을 먹는 예의를 지킬줄 알았다. 새끼를 밴 까맹이는 뜰 안에 있는 앵두나무에 하얀 꽃이 필 무렵 아무 인사없이 가출하였다.

그 후 노루는 호르랑 호르랑 울면서 이층이고 지하실이고 뜰이고 가리지 않고 까맹이를 찾는 듯 돌아다녔다.

안방 미닫이가 열리면 꼭 일어나 버릇처럼 목을 길게하여 밖을 내다보곤 하였다. 그 기다림에 속임수가 없었다.

온 식구는 노루와 같이 까맹이가 돌아오기를 기다렸다. 부엌일을 돌봐주는 정희양의 꿈에도 까맹이가 갓난 새끼를 데리고 부엌으로 오더라는 것이다. 그러나 까맹이는 끝내 돌아오지 않았다.

노루는 밥도 잘 먹지 않았다. 노루가 상사병에 걸린 것이 아닌가하고 아내는 제 나름대로의 진단을 하고 걱정하였다. 곰이고 노루고 까맹이고 한결같이 밤중에 돌아다니다가는 새벽이면 안방에 들어와 자는 버릇이었다.

추운 겨울에도 부엌 옆 유리창 한 쪽은 그를 위해 늘 열어두었다.

미닫이가 닫혀진 안방으로 들어올 때는 발로 미닫이를 척척친다. 아내와 나는 곤히 자다가도 이 노크소리에 잠이 깨면 미닫이를 열어주곤 하였다.

어머니날 새벽 노루의 노크가 없었다. 비통어린 고함소리에 눈이 떠 일어나보니 부엌 깊은데서 나는 소리였다. 끌어낸 노루는 촉촉이 젖어 있었으며 다리에는 흙이 잔뜩 묻어 있었다. 나는 불현 듯 곰이 죽은 때를 연상했다.

서둘러 가축병원으로 데리고 가면서 불길한 예감과 불안에 뒤덮혔다. 퇴계로5가에서 일신국민학교 앞까지 되돌아오는 길에 그래도 큰 가축병원에 들어가 급한 환자라고 전화로 의사를 나오게 하였다. 의사는 식중독이라하며 주사 몇 대를 놓고 나서 따뜻한 아랫목에 안정시키라고 하였다. 나는 아랫목에서 가쁜 숨을 쉬는 노루의 머리를 가볍게 쓰다듬으며 「빨리 나아라」하고 속삭이며 밖으로 나왔다.

나는 어린시절부터 고양이를 좋아했다. 티없는 노루의 눈에는 곰의 그것과 같이 나의 소년시절이 그대로 담겨져 있다.

고양이의 생태에는 북에 두고 온 내 고향 단천의 산하가 함께 있다.

동물을 좋아하던 조모며 부모의 모습을 그려볼 수가 있다.

비록 안부는 알 길 없지만 필시 붉게 변한 이웃은 미워해도 세태와는 관계없이 변치않는 동물의 옛 그대로의 세태는 더 아끼시리라.

어머니날인지라 전에는 카네이션을 가슴에 단 사람들이 많이 눈에 띄었다. 어린시절에는 그것을 몰랐고, 철이 들어서는 학교를 다닌답시고, 학병에 끌려다니느라고, 해방 후는 가로막힌 삼팔선으로 카네이션 한 송이를 어머니 가슴에 달아 들이지 못한 나다.

이 아픈 마음, 그러나 이 어찌 나 뿐이랴! 착잡한 마음으로 그래도 생기에 찬 눈을 반짝일 노루의 모습을 그려보면서 집으로 돌아왔다.

안방 미닫이를 열면서 아랫목을 보았으나 거기에 노루는 없었다.

죽었다는 것이었다.

내 가슴은 소녀같이 뭉크러졌으며 눈시울에 열기가 올랐다.

나는 힘없이 먹을 갈아 백지에 「노루 고해에서 못다한 영광 극락에서 이루리라. 주」라고 써 식어간 그 품에 넣어주었다. 어둠이 깔린 뒤 곰의 집에 나란히 묻어주었다.

노루가 죽은 것을 알면서도 안방 어느 구석에 있으려니하는 내 심정은 일주가 지나고 열흘이 지나도 계속되었다. 오늘은 아련하지 않은 그 모습이 나를 안타깝게 한다. 2년 전 곰이 죽은 얼마 후 있는 경서중학생들의 열차사고 때 나는 내 나름대로 슬퍼하였다.

한 마리의 작은 고양이를 죽이고도 가슴이 아팠는데 저 귀염둥이들이, 그 보람들이 즐겨 집을 나가고 돌아오지 못할 때 그 심경이 어떠하였을까 이들의 부모와 선생, 형제와 친우들은 이 세상을 떠날 때까지 생생한 그 얼굴들이 머리 속에 남아 애를 태울 것이다.

근대사의 물결은 헤아릴 수 없는 사고와 공해를 가져왔다.

그것을 방지하기 위하여 몸부림치고 있다.

잘 살기 위해 공장, 차, 선박, 비행기가 필요하다.

학교연구소, 병원, 교회, 사원이 더 있어야 한다. 법원, 검찰, 경찰, 형무소가 버티고 있다. 동심어린 푸른 꿈을 간직해야할 10대들의 잇따른 살인사건을 버티고 있는 기관들은 너무도 무력화하였다. 연재소설처럼 연일 지면을 메우는 살인사건들, 우리는 언제 이렇게 잔인한 민족으로 변해 버렸던가!

하기야 6·25전란의 붉은 바람에 우리의 눈물은 마르고 인정은 분명히 둔화되었다.

인연이 있어 우리와 세대를 같이한 사람들이며, 자연이 무참하게도 쓰러져 갔다. 조상들이 남긴 문화재도 그러하였다.

우리의 미풍양속이 그 얼마나 병들어 버렸는가? 권세면 다요. 돈이면 그만이라는 그릇된 가치관이며 경험부족과 미숙으로 찬 신흥국가에서 세대교체라는 구실하에 노련한 사람들이 물러났다. 선배도 없고 스승도 없다.

북에서 옳은 본을 보여 주었어야할 우리가 아닌가?

미적분의 차원은 사칙에서, 원자력의 과학은 원소에서 시작되었다.

하루아침에 만능이 된 사람이 많은 이 나라, 불신과 부조리는 바로 여기에 뿌리박고 있음을 알아야 한다.

우리 주변에는 「자조」라는 말이 부쩍 늘었다. 자조란 「하늘은 스스로 돕는 자를 돕는다」라는 격언에서 인용되었으리라.

하늘은 무엇인가? 타조이다. 원시적 단위생활에서 자조는 자위와 자립을 뜻하지만 다원화된 근대사회에는 이런 원시적인 자조란 있을 수 없다. 타조가 세계적으로 원활히 이루어지는 사회는 발전하며 그렇지 못한 사회는 쇠퇴한다.

우리의 몸은 의사의 도움없이 천수를 다 할 수 없다. 그러나 의사는 치료받고자 하는 환자의 타조없이 존재할 수 없다. 우리 것만으로 살 수 없으니 남의 것을 바다 건너서 가져온다. 분명 타조이다.

자조든 타조든, 사고는 금물이다. 바다의 사고는 육지의 그것보다 비참하다.

재판에 변호사 역할이 있듯이 해난심판에 있어서도 해사보좌인이 그 역할을 한다.

올바른 타조를 기하고자 협회를 창설했다.

내게 슬픔을 안겨준 가축병원의 타조는 어떠한가?

열 개의 병원에 야간의사 한 명 없다니 우리의 정치, 경제, 문화, 사회에 혹시 이처럼 남에게 도움을 못주고 남의 도움만 받으려는 이기현상이 수두룩하지나 않는지!

('72 신동아 7월호 게재 수필)

영에게 ;

높은 뫼뿔 솟아도 거짓치수 보탠 풀이
맑은 냇물 흘러도 무게지친 굳은 땅이
고운 꽃닢 웃어도 얼킨뿌리 모된 땅이
밝은 햇빛 저물어 어둠깔린 지른 밭이

앓은 세월 겹쳐도 홀로걷는 굳센 삶이

1983년 새해에

샘

윤기선 작

샘 태어날 때에도 自由였노라
해바라기 붉은 빛 따르던 낮에도
갈대 달무리 아래 그림자 길던 밤도
우리는 온 천지에서 自由로히 솟았노라
태어난 男도 女도 우리와 같았느니

샘 따로 흘렀어도 自由였노라
뜨거운 탄환이 우리를 끓게 했어도
곁에 쓰러진 군복차림 달랐어도

우리는 온 누리를 自由로히 흘렀노라
묶인 自由 南北도 우리와 달랐노라

샘 모여 바다 이뤄도 自由이니라
힘쥔 무리 어진 百姓 억눌렀어도
누릴 自由 뺏으려 날뛴다 해도
한 바다 自由로히 이뤘노라
외쳐 自由의 함성 우리와 같으리라

新年頌

새벽을 싣고 오는배 내가 맞이하고
저녁을 담고 가는배 내가 바랜다네
바다가 좋아 갈매기 나와 함께 날고
달빛도 무릅 찾어서 물속 같이하네
뉘 알래 하늘 겹쳐서 보는 즐거움을!

一九八六年 一月 一日

서울特別市 … 洞 九〇一五

尹喆善

新春漢詩 尹船士의 간

갈매기 벗삼어 배머리 떠돌고 마을제
잔하라 비러준 나르러 모래 내밭에 밟히네
하늘의 주름이여 배건잡이 보람이여!

가는배 오는배 물결에 높은長短 마찬제
삼갈은 그른배 바는쳐 열처 내속에 느끼네
바아의 주름이여 배건잡이 자랑이여!

반자속 남겨진 그甲板 바닥지고 떠날제
젊음의 그바아 울리는 모동 내귀에 들리네
마음의 주름이여 배건잡이 기쁨이여!

一九八四.一.一

尹泰善 作

의리(義理)를 바탕으로
자연(自然)을 사랑하며
성실(誠實)하게 살도록

파평윤문가훈(坡平尹門家訓)

서울 1988
함께 참여했던 영광의 자국들
若泉
제24회 서울 올림픽대회 공식 화보집

〈남한땅 주거공간〉

〈남한땅 정착(충무로5가 18번지), 일본 기와주택〉

〈충무로 주택 앞마당 토기, 풍로 앞에서 거주 아동들〉

〈중구 오장동 90의 3 양옥주택〉

〈주택 철거 후 국진빌딩 신축〉

〈종로구 구기동 10의 9 주택〉

〈삼진파크2차 다동 전경〉

〈윤기선의 동경전수대학 시절〉

〈공병학교 사관임관〉

〈미군정청 운수부 해사국 근무〉

〈상공부 해무청 사무관 시절〉

〈교통부 해운국장〉

〈부산지방 해운국장 시절〉

〈미 해군제독 초청, 군관계자와 환영〉

〈교통부 해운국장, 직원들과 함께〉

〈중앙해난심판위원장 지방순시〉

〈국회 감사평가〉

〈교통부장관 순시〉

〈국회의장, 교체전문위원 임용〉

〈국회교체위 보고〉

〈민주산악회 야유회〉

〈제11대 국회의원 출마 유세〉

〈11대 국회의원 출마 벽보〉

〈11대 국회의원 출마 현수막〉

〈신한민주당 전당대회 임시의장〉

〈제12대 국회의원 당선자 논담〉

〈이민우 신민당총재 문상〉

〈천안 공원묘원〉

〈차례상〉

〈김춘화의 30대 후반 시절〉

〈김춘화의 40대 시절〉

〈김춘화의 60대, 백마강에서〉

〈김춘화의 구기동2차 정원〉

〈피난시절 경남 송정에서, 차·삼·사남〉

〈가정교사 선생과 4형제〉

〈'89년 1월 윤기선·김춘화의 주택 거실〉

〈윤문 아들, 자부, 손주들과 설날〉

〈윤문 손주들, 주택 정원〉

〈사남의 늦둥이 여식 돌상을 아들과 함께〉

〈서울 종로구 구기도 이북5도청 현판〉

〈천안공원 묘비, 비석에 담긴 망향의 한〉

격동의 세월

(실향 : 이산의 세월)

인 쇄 일 2022년 1월 17일
발 행 일 2022년 1월 28일

글 쓴 이 윤 국 열
발 행 인 손 광 춘

발 행 처 도서출판 수 서 원
주 소 서울특별시 성북구 삼선교로2길 7-3(1층)
전화 : 02)765-0924~5, FAX : 02)765-0927
E-mail suseowon@hanmail.net
등 록 1971.12.9. No.2-282
ISBN / 978-89-6798-073-3

〈정가 25,000원〉